高等院校物流管理专业系列教材·物流企业岗位培训系列教材

物流电子商务

张劲珊 ◎ 主　编

清华大学出版社
北　京

内 容 简 介

本书遵循物流电子商务运营全过程，根据各业务环节的需求，系统介绍物流电子商务的系统建设、技术手段、业务环节、操作流程、客户服务、管理过程等基本知识，并通过真实案例分析讲解和就业能力实训，达到强化技能培养、学以致用的目的。

本书既可作为普通高等院校本科物流管理、物流工程和电子商务专业的首选教材，同时兼顾高职高专、应用型大学的教学；也可作为物流和工商企业从业人员的培训教材，并为物流信息技术工作者提供有益的参考和借鉴。

图书在版编目（CIP）数据

物流电子商务 / 张劲珊主编 . —北京：清华大学出版社，2013

（高等院校物流管理专业系列教材·物流企业岗位培训系列教材）

ISBN 978-7-302-31455-4

Ⅰ. ①物…　Ⅱ. ①张…　Ⅲ. ①电子商务—物流—高等学校—教材　Ⅳ. ①F713.06　②F252

中国版本图书馆 CIP 数据核字（2013）第 020172 号

责任编辑：贺　岩
封面设计：汉风唐韵
责任校对：宋玉莲
责任印制：杨　艳

出版发行：清华大学出版社
　　　　网　　　址：http://www.tup.com.cn，http://www.wqbook.com
　　　　地　　　址：北京清华大学学研大厦 A 座　　　邮　　编：100084
　　　　社　总　机：010-62770175　　　　　　　邮　　购：010-62786544
　　　　投稿与读者服务：010-62776969，c-service@tup.tsinghua.edu.cn
　　　　质　量　反　馈：010-62772015，zhiliang@tup.tsinghua.edu.cn
印　刷　者：北京富博印刷有限公司
装　订　者：北京市密云县京文制本装订厂
经　　　销：全国新华书店
开　　　本：185mm×230mm　　　印　　张：16.75　　　字　　数：353 千字
版　　　次：2013 年 8 月第 1 版　　　　　　　印　　次：2013 年 8 月第 1 次印刷
印　　　数：1～4000
定　　　价：29.00 元

产品编号：045594-01

编审委员会

　　物流是我国国民经济的重要组成部分和新的经济增长点。加快我国现代物流发展，对于优化资源配置、调整经济结构、改善投资环境、增强综合国力和企业竞争能力、提高经济运行质量与效益、实现可持续发展战略、推进我国经济体制与经济增长方式的根本性转变，具有非常重要而深远的意义。

　　我国现代物流正处于快速发展时期，与先进国家相比尚有很大差距，但市场潜力和发展前景十分广阔。为推动我国现代物流的发展，国务院正在有序实施《物流业调整和振兴规划》，以促进物流企业加大整合、改造、提升、转型的力度，并逐步实现转型发展、集约发展、联动发展、融合发展，通过物流的组织创新、技术创新、服务创新，在保证我国物流总量平稳较快增长的同时，加快供需结构、地区结构、行业结构、人力资源结构、企业组织结构的调整步伐，创新服务模式，提高服务能力，努力满足经济建设与社会发展的需要。

　　随着全球物流业的快速发展，以及物流战略、营销理念、运营方式、管理手段的不断创新与变化，对物流人才提出了新的要求。物流人才培养是制约我国物流大规模发展的瓶颈，也是当前我国教育界和物流业迫切需要攻克的难题。目前我国物流人力资源，尤其是物流高级管理人才十分稀缺，远不能满足现代物流发展的需求。物流从业员工急需更新观念、学习新知识、掌握新技术设备、提高服务技能、提升业务与道德素质。物流企业呼唤"有知识、懂管理、会操作、能执行"的专业实用型人才。加速物流经营管理专业高层次复合型人才的培养已成为当前亟待解决的问题。

　　针对我国高校物流教材内容陈旧，知识老化的问题，在中国物流技术协会的支持下，我们组织多年在一线从事物流教学和实践活动的知名专家、教授，以及物流企业的经营管理人员，共同精心编撰了此套教材，旨在提高物流管理专业学生和从业者的专业素质，更好地服务于我国已经形成规模化发展的物流产业。

本套教材作为普通高等教育物流管理专业的特色教材，融入了物流运营与管理的最新教学理念，坚持以科学发展观为统领，注重与时俱进。在吸收国内外物流界权威专家学者最新科研成果的基础上，依照物流活动的基本过程和规律，根据物流业发展的新形势和新特点，全面贯彻国家"十二五"教育发展规划，按照物流企业对用人的需求模式，加强实践能力训练，贴近企业业务实际，强化理论与实践的紧密结合，注重管理方法、管理能力、实践技能与岗位应用的培养训练，并注重教学内容和教材结构的创新。

本套系列教材根据高等院校"物流管理"专业教学大纲和课程设置，包括《物流管理概论》、《物流英语》、《物流运输》、《物流法律法规》、《物流市场营销》等 20 本教材。来自北京物资学院、大连工业大学、郑州大学、哈尔滨理工大学、燕山大学、浙江工业大学、河北理工大学、吉林工程技术师范学院、大连交通大学、华北水利水电学院、北京城市学院、江西财经大学、吉林财经大学等全国 30 多所高校的教师参加了教材编写，教材收录了物流企业的成功案例和管理经验，聘请了业内专家对教材进行审定。

本系列教材的出版对强化物流从业人员教育培训、提高经营管理能力；对帮助学生尽快熟悉物流操作规程与业务管理，毕业后能够顺利就业具有特殊意义。

中国物流技术协会理事长　牟惟仲
2012 年 4 月于北京

进入 21 世纪，意味着一个信息时代和网络社会的到来。电子商务将给人类带来一次史无前例的产业革命，这场革命的结果是将人类真正带入信息社会。然而，在电子商务的发展过程中，人们发现作为支持有形商品网上商务活动的物流，不仅已成为有形商品网上商务活动的一个障碍，而且也已成为其能否顺利进行的一个关键因素。电子商务的发展离不开现代物流。因此，如何加强现代物流管理以适应电子商务的需求，已成为当前开展电子商务的企业及机构必须面对的现实问题。与此同时，现代物流的发展呈现出信息化、电子化、虚拟化和网络化的特征，电子商务相关技术在现代物流业中发挥着关键的作用，如何引进现代的信息技术以适应物流的发展，也是当前现代物流企业及机构必须面对的现实问题。

本书根据物流电子商务企业运营管理的基本特点，围绕企业实际运营管理所涉及的工作环节和流程，系统地介绍了物流电子商务 EDI、GIS、GPS 技术，物流电子商务配送中心模式与设计方法，采购管理、仓储管理和运输管理系统，ECR 系统，逆向物流，客户服务等，并通过物流电子商务企业运营管理的"经典案例"启发并指导学生将所学的理论知识与实际相互结合，以达到学以致用、强化综合素质能力培养的作用。

本书结构

全书共分为 8 章。

第一章讲述什么是电子商务，着重论述电子商务在物流企业的作用。

第二章讲解 EDI、GIS 和 GPS 信息技术在物流企业中的应用。

第三章介绍电子商务与供应链管理中的电子商务下的配送中心管理。

第四章介绍采购、仓储和运输三大系统。

第五章讲述在物流电子商务下的 JIT、ECR 系统和 ABC 成本管理。

第六章介绍逆向物流的概念，以及在电子商务下逆向物流的运作。

第七章介绍一般的营销方法和理论、电子商务物流市场分析、调查和营销。

第八章讲述物流电子商务的客户服务管理和客户服务系统。

本书特点

1. 突出实际操作，强化技能训练。 本书无论是对电子商务还是对物流部分的基本理论均不做过多论述，而是重点阐述实际操作，较详细地介绍了电子商务下各物流运作流程。

2. 增加信息量，拓展学生视野。 本书通过提供相应的网站、案例、文章等大量补充材料，在正文中穿插"小贴士"等模块，以拓展学生的视野，培养学生主动学习的能力，并使其能够把握电子商务与物流的发展动态。

3. 实现课堂教学与工作实践的零距离结合。 本书中相当多的案例、操作、规程、界面等素材均是从电子商务或物流企业的工作现场提取的，并经过作者的加工浓缩，具有较强的针对性和仿真性，逐步实现课堂教学与工作实践的零距离结合。

4. 引用最新研究成果，追踪电子商务和物流管理的前沿动态。 本书中的许多概念、观点、方法及理论模型等，均是引进国外电子商务和物流管理有关专家论著中的最新研究成果，具有一定的权威性。

本书导读

学习本书的步骤可以用"学、习、悟"3个字来概括。

"学"指的是听讲或自学。 本书每一章开头都采用一个"经典案例"，通过对案例的分析，使得学生能够对该章的内容有大概的了解。

"习"指的是练习，本书在每一章后面都精心设计了适量的习题，主要是针对重点和难点进行训练，对于掌握本章内容有非常重要的实践作用。 请大家务必认真完成这些习题。

"悟"指的是领悟。 物流电子商务已经逐步融进我们的日常生活中，与我们的生活息息相关，因此，希望大家在学习理论知识的同时一定要与生活中的实践相互结合。

本书严格按照教育部关于加强综合素质教育的要求，根据物流电子商务企业的实际需求，审慎地对书中的内容进行了反复修改，使其更加贴近现代物流电子商务企业的实际，更加符合社会经济的发展，更好地为教学服务。

本书既注重基础知识又注重实践，既注重知识体系的完整又注重实践能力的培养，并且全书采取新颖、统一的设计风格。 结合物流电子商务企业的实际应用，本书注重与时俱进并有所发展，具有定位准、理论适中、知识系统、内容翔实、案例丰富、贴近实际、突出实用、适用范围广、通俗易懂等特点，因此，本书既适合物流管理、物流工程、电子商务、工商管理、经济贸易等专业的教学，又可作为物流与电子商务企业从业人员和各级管理者的在岗培训教材，对于广大社会读者和信息技术工作人员也是一本非常有益的专业参考书。

本书由李大军进行总体方案的策划并具体组织，张劲珊任主编并负责全书的设计构思和统稿，黄沛琛、谢祥添为副主编并协助统稿。作者编写分工：牟惟仲(序言)，张劲珊(第一章)，谢祥添、邓文安(第二章)，邓文安(第三章)，黄沛琛(第四章)，张劲珊、黄沛琛(第五章、第六章)，谢祥添（第七章），黄沛琛、赵立群（第八章）。此外，陈智负责本书的校对工作，王莹负责本书的版式调整。在编写过程中，得到了罗学强、邓文安、黄振宁老师的支持和帮助。陈智、王莹、熊艳兰等老师积极参与了本书的创作和研讨。

在本书的编写过程中，我们参阅、借鉴并引用了大量国内外有关电子商务、物流管理、信息系统建设与物流信息技术应用等方面的书刊资料和业界的研究成果，并得到编委会有关专家教授的指导，在此一并致谢。由于作者水平有限，书中难免有疏漏之处，恳请专家、同行和读者批评指正。

编　者
2013 年 4 月

目录

第 一 章

电子商务与现代物流

❖ 认识电子商务对现代物流的影响;

❖ 熟悉物流电子商务的类型与运作模式;

❖ 了解电子商务在物流企业中的作用;

❖ 了解我国电子商务与物流的发展。

本章关键知识点

❖ 表述电子商务与物流的关系;

❖ 分辨电子商务的类型;

❖ 描述电子商务和物流的发展。

引导案例

"一流三网"——海尔独特的现代物流

海尔的物流改革是一种以订单信息流为中心的业务流程再造,通过对观念的再造与机制的再造,构筑起海尔的核心竞争能力。

海尔物流管理的"一流三网"充分体现了现代物流的特征:"一流"是以订单信息流为中心;"三网"分别是全球供应链资源网络、全球配送资源网络和计算机信息网络。"三网"同步流动,为订单信息流的增值提供支持。

"一流三网"在海尔,仓库不再是储存物资的水库,而是一条流动的河。河中流动的是按单采购来生产必需的物资,也就是按订单来进行采购、制造等活动。这样,从根本上消除了呆滞物资、消灭了库存。

目前,海尔集团每个月平均接到 6 000 多个销售订单,这些订单的品种达 7 000 多个,需要采购的物料品种达 26 万余种。在这种复杂的情况下,海尔物流自整合以来,呆滞物资降低了 73.8%,仓库面积减少了 50%,库存资金减少了 67%。海尔国际物流中心货区面积 7 200 平方米,但它的吞吐量却相当于普通平面仓库的 30 万平方米。同样的工作,海尔物流中心只有 10 个叉车司机,而一般仓库完成这样的工作量至少需要上百人。

全球供应链资源网的整合,使海尔获得了快速满足用户需求的能力。

海尔通过整合内部资源、优化外部资源,使供应商由原来的 2 336 家优化至 840 家,国际化供应商的比例达到 74%,从而建立起强大的全球供应链网络。GE、爱默生、巴斯夫、DOW 等世界 500 强企业都已成为海尔的供应商,有力地保障了海尔产品的质量和交货期。

不仅如此,海尔通过实施并行工程,更有一批国际化大公司已经以其高科技和新技术参与到海尔产品的前端设计中,不但保证了海尔产品技术的领先性,增加了产品的技术含量,还使开发的速度大大加快。另外,海尔对外实施日付款制度,对供货商付款及时率达到 100%,这在国内,很少有企业能够做到,从而杜绝了"三角债"的出现。

1. JIT 的速度实现同步流程

由于物流技术和计算机信息管理的支持,海尔物流通过 3 个 JIT,即 JIT 采购、JIT 配送和 JIT 分拨物流来实现同步流程。

目前通过海尔的 BBP 采购平台,所有的供应商均在网上接受订单,使下达订单的周期从原来的 7 天以上缩短为 1 小时内,而且准确率达 100%。除下达订单外,供应商还能通过网上查询库存、配额、价格等信息,实现及时补货,实现 JIT 采购。

为实现"以时间消灭空间"的物流管理目的,海尔从最基本的物流容器单元化、集装化、标准化、通用化到物料搬运机械化开始实施,逐步深入到对车间工位的五定送料管理系统、日清管理系统进行全面改革,加快了库存资金的周转速度,库存资金周转天数由原来的 30 天以上减少到 12 天,实现 JIT 过站式物流管理。

生产部门按照 B2B、B2C 订单的需求完成以后,可以通过海尔全球配送网络送达用户手中。目前海尔的配送网络已从城市扩展到农村,从沿海扩展到内地,从国内扩展到国际。全国可调配车辆达 1.6 万辆,目前可以做到物流中心城市 6~8 小时配送到位,区域配送 24 小时到位,全国主干线分拨配送平均 4.5 天,形成了全国最大的分拨物流体系。

计算机网络连接新经济速度在企业外部,海尔 CRM(客户关系管理)和 BBP 电子商务平台的应用架起了与全球用户资源网、全球供应链资源网沟通的桥梁,实现了与用户的零距离。在企业内部,计算机自动控制的各种先进物流设备不但降低了人工成本、提高了劳动效率,还直接提升了物流过程的精细化水平,达到了质量零缺陷的目的。

计算机管理系统搭建了海尔集团内部的信息高速公路,能将电子商务平台上获得的信息迅速转化为企业内部的信息,以信息代替库存,达到零营运资本的目的。

2.积极开展第三方分拨物流

海尔物流运用已有的配送网络与资源,并借助信息系统,积极拓展社会化分拨物流业务,目前已经成为日本美宝集团、AFP集团、乐百氏的物流代理,与 ABB 公司、雀巢公司的业务也在顺利开展。同时海尔物流充分借力,与中国邮政开展强强联合,使配送网络更加健全,为新经济时代快速满足用户的需求提供了保障,实现了零距离服务。海尔物流通过积极开展第三方配送,使物流成为新经济时代下集团发展新的核心竞争力。

3.流程再造是关键观念的再造

海尔实施的现代物流管理是一种在现代物流基础上的业务流程再造。而海尔实施的物流革命是以订单信息流为核心,使全体员工专注于用户的需求,创造市场、创造需求。

机制的再造海尔的物流革命是建立在以"市场链"为基础上的业务流程再造。以海尔文化和 OEC 管理模式为基础,以订单信息流为中心,带动物流和资金流的运行,实施"三个零"目标(质量零距离、服务零缺陷、零营运资本)的业务流程再造。

构筑核心竞争力物流带给海尔的是"三个零"。但最重要的,是可以使海尔一只手抓住用户的需求;另一只手抓住可以满足用户需求的全球供应链,把这两种能力结合在一起,从而在市场上可以获得用户忠诚度,这就是企业的核心竞争力。这种核心竞争力,正加速海尔向世界500强的国际化企业挺进。

资料来源:http://club.st001.com/thread-1072-4500108.html

第一节 电子商务概述

电子商务是一种新兴的商务交易方式,世界各国对于电子商务都有自己的认识,但有一点是相同的,就是企业能在电子商务的环境下更好地对整个商务活动进行调整,能有效地提高贸易过程中的效率,增强企业的国际竞争力。

一、电子商务的概念

电子商务(Electronic Commerce,EC)是近年来在全球兴起的一种新的企业经营方式,是信息技术的高级应用,可以用来增强贸易伙伴之间的商业关系,并提高贸易过程中的效率。它是现代信息技术和商务两个子集的交集。

目前,世界各国对于什么是电子商务并没有一个公认的规范定义。一般将电子商务分为广义的电子商务和狭义的电子商务两种。EC 一般称为狭义的电子商务,它是指利用 Internet 开展的交易活动;EB(Electronic Business)一般称为广义的电子商务,它是指利用整个 IT 技术对整个商务活动实现电子化。

那么,到底什么是电子商务呢? 现在普遍认可的定义有以下几种:

（一）世界电子商务会议提出的定义

1997 年 11 月欧亚非等国在法国巴黎召开的世界电子商务会议上提出："电子商务是指对整个贸易活动实现电子化。"

可以看出这个定义较为简单，缺乏必要的叙述。首先，定义没有说明电子化的含义。其次，定义没有交代采用何种技术手段或工具；最后，定义没有点出社会上哪些人群和组织成为交易的参与对象。因此，这个定义被视为狭义电子商务的提法。

（二）联合国国际贸易程序简化工作组提出的定义

联合国国际贸易程序简化工作组对电子商务提出的定义："采用电子形式开展商务活动，它包括在供应商、客户、政府及其他参与方之间通过任何电子工具，如 EDI、Web 技术、电子邮件等共享非结构化或结构化商务信息，并管理和完成在商务活动、管理活动和消费活动中的各种交易。"

这个定义比世界电子商务会议提出的定义更为完整，首先，该定义强调了采用了电子形式及使用了电子工具；其次，交代了主要的参与对象，特别是除了供应商和客户之外，还有政府等机构；最后，还指出共享的商务信息有结构化的，也可有非结构化的；进行的不仅有商务活动，还有管理活动和消费活动。这可以说是广义电子商务的定义，包括了以往的电子数据交换（EDI），也概括了将来可能出现的新技术手段和新工作方式。

（三）行业内提出的定义

行业内比较常见的表述是："电子商务就是在互联网开放的网络环境下，基于浏览器/服务器应用方式，实现消费者的网上购物、商户之间的网上交易、在线电子支付以及有关方的网络服务的一种新型的商业运营模式。"

首先，此定义指明了电子商务是在互联网这一开放的网络环境中实施的。其次，此定义指出电子商务是一种商业运营模式，而不仅是一种方法或手段；最后，还提到了电子商务的一些功能和服务。但这个定义的缺点是没有指出电子商务的参与方是谁。

二、电子商务系统的构成

从技术角度来看，电子商务的应用系统由以下 3 部分组成：

（一）企业内部网 (Intranet)

企业内部网由 Web 服务器、电子邮件服务器、数据库服务器以及电子商务服务器和客户端的 PC 机组成。所有这些服务器和 PC 机都通过先进的网络设备集线器 HUB 或交换器 SWITCH 连接在一起。

（1）Web 服务器：最直接的功能是可以向企业内部提供一个规范名称站点，借此可以完成企业内部日常的信息访问；

（2）电子邮件服务器：为企业内部提供电子邮件的发送和接收；

（3）电子商务服务器和数据库服务器：通过 Web 服务器和由自己对企业内部和外部提供电子商务处理服务；

（4）协作服务器：主要保障企业内部某项工作能协同工作。例如，在一个软件企业，企业内部的开发人员可以通过协作服务器共同开发一个软件；

（5）账户服务器：提供企业内部网络访问者的身份验证，不同的身份对各种服务器的访问权限不同；

（6）客户端 PC 机：客户端 PC 机上要安装有 Internet 浏览器，如 Microsoft Internet Explorer 或 Netscape Navigator，借此访问 Web 服务器。

在企业内部网中，每种服务器的数量随企业的情况不同而不同，如果企业内部访问网络的用户比较多，可以放置一台企业 Web 服务器和几台部门级 Web 服务器，如果企业的电子商务种类比较多或者电子商务业务量比较重，可以放置多台电子商务服务器。

（二）企业内部网与 Internet 的连接

为了实现企业与企业之间、企业与用户之间的连接，企业内部网必须与互联网进行连接才能实现贸易参与各方的连接，但连接后，会产生安全性问题（如计算机网络安全问题和商务交易安全问题）。所以，在企业内部网与互联网连接时，必须采用一些安全措施或具有安全功能的设备，这就是所谓的防火墙。它主要用于解决企业内部网与互联网连接后所产生的安全性问题。

为了进一步提高安全性，企业往往还会在防火墙外设置独立的 Web 服务器和邮件服务器供企业外部访问用，同时在防火墙与企业内部网之间，一般会有一台代理服务器。代理服务器的功能主要有两个：

（1）安全功能，即通过代理服务器，可以屏蔽企业内部网的服务器或 PC，当一台 PC 访问互联网时，它先访问代理服务器，然后代理服务器再访问互联网。

（2）缓冲功能，代理服务器可以保存经常访问的互联网上的信息，当 PC 机访问互联网时，如果代理服务器中有被访问的信息存在，那么，代理服务器将把信息直接送到 PC 机上，省去对互联网的再一次访问，可以节省费用。

（三）电子商务应用系统

在建立了完善的企业内部网和实现了与互联网之间的安全连接后，企业已经为建立一个好的电子商务系统打下了良好的基础，在这个基础上增加电子商务应用系统，就可以实施电子商务了。

一般来讲,电子商务应用系统主要以应用软件形式实现,它运行在已经建立的企业内部网之上。

电子商务应用系统分为两部分,一部分是完成企业内部的业务处理和向企业外部用户提供服务,比如用户可以通过互联网查看产品目录、产品资料等;另一部分是极其安全的电子支付系统,电子支付系统使得用户可以通过互联网在网上购物、支付等,实现真正意义上的电子商务。

三、电子商务的类型

电子商务可以按不同的方式进行分类,通常用的分类方法是按参与对象、交易内容及所使用网络的不同类型进行分类。本书从供应链管理的角度出发,按参与对象可分为以下几种类型。

(一) 企业内部电子商务

企业内部电子商务,即企业内部之间,通过企业内部网的方式处理与交换商贸信息。企业内部网是一种有效的商务工具,通过防火墙,企业将自己的内部网与 Internet 隔离,它可以用来自动处理商务操作及工作流,增强对重要系统和关键数据的存取,共享经验,共同解决客户问题,并保持组织间的联系。

通过企业内部的电子商务,可以给企业带来如下好处:增加商务活动处理的敏捷性,对市场状况能更快地作出反应,能更好地为客户提供服务。还可以实现企业内部的信息、设备共享,并利用局域网,实现企业员工间真正的协同工作。

(二) 企业间的电子商务(简称为 B to B 模式)

企业间的电子商务,即企业与企业(Business to Business)之间,通过 Internet 或专用网方式进行电子商务活动。

由于企业间的交易一般属于大宗交易,所以,企业间的电子商务是电子商务 3 种模式中最值得关注和探讨的,因为它最具有发展的潜力。企业间的电子商务交易,其参与者除了交易双方外,还牵涉银行、货运、工商税务、信息产业部门等,如果是国际间的贸易,还要涉及外汇、保险、商检、海关等机关部门。

实现企业间的电子商务可以给企业带来如下好处:

(1) 加快了企业间的通信速度;

(2) 增加了客户和供货方的联系。如电子商务系统网络站点使得客户和供货方均能了解对方的最新数据和动态,而企业间电子数据交换则意味着企业间的合作得到加强。

(3) 提供了企业的服务质量,能以一种快捷的方式提供企业及其产品的信息及客户所需的服务。

(4) 提供了交互式的销售渠道。使商家能及时得到市场反馈,改进本身的工作。

(5) 提供全天候的服务。

(6) 企业间电子商务的发展带给了国际贸易崭新的运作模式。

(7) 企业间的电子商务增强了企业的竞争力。

(三) 企业与消费者之间的电子商务(简称为 B to C 模式)

企业与消费者之间的电子商务,即企业通过 Internet 为消费者提供一个新型的购物环境——网上商店,消费者可以利用良好的搜索与浏览功能通过网络在网上购物、在网上支付。由于这种模式节省了客户和企业双方的时间和空间,大大提高了交易效率,节省了不必要的开支。

第二节 电子商务的类型和运行方式

在传统商务活动中,用户可以利用电话、传真、信函和传统媒体来实现商务交易和管理过程。而在电子商务活动中用户能够用电子的方式来补充和实现商务交易和管理过程,它们的运行方式已和传统商务有所不同。

一、B to B 电子商务

在整个电子商务活动的发展过程中,企业是最热心的推动者,由于企业和企业之间的交易一般是大宗的交易,资金和货物的流通是密集的,所以,企业对企业(B to B)电子商务是电子商务中的重要部分。

对一个处于生产领域的生产企业来说,它的传统商务过程可以描述为:需求调查—材料采购—生产—商品销售—收款—货币结算—商品交割。当引入电子商务时,由于信息技术和网络的介入,这个企业的商务过程可以用以下过程来描述:以电子调查的形式来进行需求调查—以电子的形式调查原材料信息确定采购方案—生产—通过电子广告促进商品销售—以电子货币的形式进行资金接收—同电子银行进行货币结算—商品交割。

具体地说,电子商务在以下几个方面提高了生产企业的商业效率:

1. 供货体系

电子商务使得企业能够减少订单处理所需的费用,并缩短交易时间,同时减少人力占用,而且可以通过网络加强与供货商的合作关系。

2. 库存

电子商务缩短了从发出订单到货物装运的时间,可以使企业保持一个较为合理的库存数量,甚至实现零库存(Just-In-Time)。大部分的贸易伙伴都由电子方式联系在一起,把原来需要用传真或信函来传递的信息通过网络就可以直接迅速地传递过去。

3. 安全

企业每一笔单证都经过加密,包含了电子签名并由专门的中介机构记录在案,保证了交易的安全性。

4. 运输

电子商务使得运输过程所需的各种单证,如订单、货物清单、装运通知等能够快速准确地到达交易各方,从而加快了运输过程。由于各种单证是标准的,也保证了所含信息的精确性。

5. 信息流通

在电子商务的环境中,信息能够以更快、更大量、更精确、更便宜的方式流动,并且能够被监控和跟踪。

处于流通领域的商贸企业,由于它没有生产环节,电子商务活动几乎覆盖了整个企业的经营管理活动,是利用电子商务最多的企业。通过电子商务,企业可以更及时准确地获取消费者信息,从而准确订货、减少库存,并通过网络促进销售,以提高效率、降低成本,获取更大的利益。

二、B to C 电子商务

B to C 电子商务是以 Internet 为主要手段,由商家或企业通过网站向消费者提供商品和服务的一种商务模式。目前,在 Internet 上遍布了各种类型的 B to C 网站,提供从鲜花、书籍到计算机、汽车等各种消费品和服务。

由于各种因素的制约,目前以及未来比较长的一段时间内,这种模式的电子商务还只能占比较小的比重。但是,从长远来看,企业对消费者的电子商务将会快速发展,并会在电子商务领域占据重要地位。

可以从不同角度对 B to C 的商务模式分类并对它进行分析。

(一) 从企业和消费者买卖关系的角度分析

B to C 的商务模式,主要分为卖方企业——买方个人的电子商务以及买方企业——卖方个人的电子商务两种模式。

1. 卖方企业——买方个人模式

这是商家出售商品和服务给消费者个人的电子商务模式。商家在网站上开设网上商店,公布商品的品种、规格、价格、性能等信息,或者提供服务种类、价格和方式等资料,由消费者自己在网站上查看信息、比较选购,和商家在线填写订单,选择在线或离线付款,由商家负责送货上门。

这种 B to C 商务模式可以使消费者获得更多的商品信息,虽足不出户却可货比千家,买到价格较低的商品,节省了购物的时间。但是这种电子商务模式的发展需要高效率和低成本的物流体系的配合,否则不可能完成。这种方式中比较典型的代表就是全球知名的亚马逊网上书店(http://www.amazon.com),顾客可以自己管理和跟踪货物的快递公司(http://www.fedex.com)。

2. 买方企业——卖方个人模式

这是企业在网上向个人求购商品或服务的一种电子商务模式,这种模式应用最多的就是企业用于网上招聘人才。如深圳人才市场网就是许多企业利用网络招聘各类人才的表现。在这种模式中,企业首先在网上发布需求信息,有符合条件的个人看到信息之后上网洽谈。

这种方式在当今人才流动量大的社会中极为流行,因为它建立起了企业与个人之间的联系平台,使得人力资源得以充分利用。

(二)根据交易的客体分析

可把 B to C 电子商务分为无形商品和服务的电子商务模式以及有形商品和服务的电子商务模式。比如 MP3 音乐可以以数字化的形式从网络下载,属于无形的商品和服务可以完整地通过网络进行,而有形的商品和服务(如图书的购买)则不能完全在网上实现,要借助传统手段的配合才能完成。

1. 无形商品和服务的电子商务模式

计算机网络本身具有信息传输和信息处理功能,所以,以数字化形式表示的无形商品和服务(如电子信息、计算机软件、数字化视听娱乐产品等)可以通过网络直接提供给消费者。无形商品和服务的电子商务模式主要有网上订购模式、广告支持模式和网上赠予模式。

2. 有形商品和服务的电子商务模式

有形商品是指传统的实物商品,它们不能以数字的形式存在,所以采用这种模式,有形商品和服务的查询、订购、付款等活动可以在网上进行,但最终的商品的交付不能通过网络实现,还是要现实中的邮局或其他的物流配送机构来完成。

这种电子商务模式也叫在线销售。目前,企业实现在线销售主要有两种方式:一种是在网上开设独立的虚拟商店,拥有独立的网址;另一种是参与并成为网上购物中心的一部分,依托专业的电子商务平台发展自身产品。有形商品和服务的在线销售使企业扩大了销售渠道,增加了市场机会。

与传统的店铺销售相比,即使企业的规模很小,网上销售也可将业务伸展到世界的各个角落。网上商店不需要像一般的实物商店那样保持很多的库存,如果是纯粹的虚拟商店,则可以直接向厂家或批发商订货,省去了商品存储的阶段,从而大大节省了库存成本。我们可以用以下的过程,来模拟在 B to C 电子商务交易模式下消费者进行网上购物的基本过程:

(1) 消费者将自己的计算机连上互联网,登录网上商店,浏览查寻自己想要采购的商品。

(2) 消费者将查找到的商品放入购物车,系统形成订单,包括商品名称、数量、单价及总价格等信息,订单上还应注明将此货物在什么时间什么地点送给什么人等信息。

(3) 消费者确认后,用电子钱包付钱,将电子钱包装入系统,单击电子钱包的相应项或电子钱包图标,电子钱包立即打开,输入自己的保密口令,消费者确认是自己的电子钱包并从电子钱包中取出其中的一张电子信用卡来付款。

(4) 电子商务服务器对此信用卡号码采用某种保密算法并加密后,发送到相应的银行去,同时销售商店也收到了经过加密的购货账单,销售商店将自己的消费者编码加入电子购货账单后,再转到电子商务服务器上,经电子商务服务器确认这是一位合法的消费者后,将其同时送到信用卡公司。信用卡公司处理请求再送到商业银行确认并授权后送回信用卡公司。

(5) 如果经商业银行确认后拒绝,则说明消费者的这张信用卡上的钱不够用了或者是没钱了,即已经透支。遭到商业银行拒绝后,消费者可以再单击电子钱包的相应项再次打开电子钱包,取出另一张电子信用卡,重复上述操作。

(6) 若商业银行证明此信用卡有效并授权后,销售商店就可付货,与此同时销售商店留下整个交易过程中发生往来的财务数据,并出示一份电子收据,同时出示一份电子收据发送给消费者。

(7) 交易成交后,销售商店就按消费者提供的电子订货单将货物(如一本书)在发送地点交到消费者在订货单中指明的人手中。

B to C 电子商务交易模式的流程可以用图来表示,如图 1-1 所示。

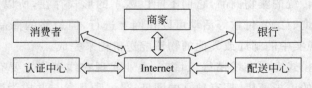

图 1-1　B to C 电子商务交易模式流程

第三节　现代物流概述

一、现代物流的概念

物流是指物品从供应地向接收地的实体流动过程,具体表现为将运输、存储、装卸、搬运、包装、流通加工、配送、信息处理等基本功能有机结合。

配送指在经济合理区域范围内,根据客户要求,对物品进行拣选、加工、包装、分割、组配等,并按时送达指定地点的物流活动。物流与配送关系紧密,在具体活动中往往交织在一起,为此,人们常常把物流配送连在一起表述。

在商品交换关系出现的时候,就有了商品的物理移动,传统意义上的物流在工业化时代的行业划分主要是商品的仓储和运输,而物流管理的概念是在 20 世纪 50 年代的美国,随着发达商品经济的出现而产生的,其发展历程和概念的形成经历了漫长的道路。电子商务的出现使得物流这一概念得到强化并有了更丰富的内涵。

到 20 世纪末期,计算机和网络广泛用于商务活动,互联网传递数字化信息优势凸显的时候,物流才受到了空前未有的重视,物流被当作是电子商务的关键要素和企业的经营策略以及降低商品成本的重要手段,被广泛称为"第三利润源泉"。

二、现代物流的特征

电子商务下的现代物流和传统意义的物流相比,呈现出以下几点特征:

(一)信息化

物流信息化是电子商务的必然要求,是一切基于电子商务的物流配送活动的基础。物流信息化表现为物流信息的商品化、物流信息收集的数据库化和代码化、物流信息处理的电子化、物流信息传递的标准化和实时化、物流信息存储的数字化等。

在物流信息化过程中,将涉及许多信息技术的应用。没有物流的信息化,许多先进的技术设备都不可能应用于物流领域,尤其是计算机网络技术在物流配送中的应用将会变得极其重要并且会彻底改变传统物流的面貌。

实现物流配送信息化后,物流配送过程就像是一条流水线,把原来分散经营的各个物流配送环节系统化,将它们有效地整合、提升,使之成为具有增值功能的综合物流配送系统。

(二)自动化

自动化的核心是信息化基础上的机电一体化,自动化可以扩大物流作业能力、提高劳动生产力、减少物流作业的差错等。物流自动化的设施非常多,如自动识别系统、自动分拣系统、自动存取系统、货物自动跟踪系统等。这些设施在发达国家已普遍用于物流作业流程中,而在我国,由于物流业起步晚,发展水平低,离自动化技术的应用还有一定的差距。

(三)网络化

市场经济的发展使专业分工越来越细,一个加工企业的部件大都采用外购,生产企业与零售商所需的原材料、中间产品、最终产品大部分由不同的物流配送中心提供,社会化的配送中可以进行集约化、合理化物流,从而大量节约流通费用。由于供求需要多批次、少批量的货物,且双方通常不处在同一地理区域之中,所以,要想快速、低廉地将产品交付,物流的网络化就不可缺少。

网络化有两层含义:一是物流配送系统的计算机通信网络,包括物流配送中心与供应商或制造商的联系要通过计算机网络,与下游顾客之间的联系也要通过计算机网络通信;二是组织的网络化,按照客户订单组织生产,生产采取分散形式,即将全世界的资源都利用起来,采取外包的形式进行生产和供销的重新组合,实现网络化经营。

(四)智能化

智能化是物流自动化、信息化的一种高层次应用,物流作业过程大量的运筹和决策,如库存水平的确定、运输路径的选择、物流经营管理的决策支持等问题都需要借助于大量的知识才能解决。各种专家系统、机器人等相关技术已经有比较成熟的研究成果。为了提高物流现代化的水平,物流的智能化已成为电子商务下物流发展的一个新趋势。

(五)社会化

社会化程度的高低是现代物流配送和传统物流配送的一个重要区别。电子商务模式下,交易虽然少了中间环节从而降低了成本,但由于需求商往往需要多批次、少批量的货物,而消费者所购的只是单一的商品,为了有效提高物流效率,需要实现信息共享,充分利用社会资源,组建专业的物流企业。

建立完善的配送体系后,专业物流企业有专业物流管理人员和技术人员,并且充分利用专业化的物流设备、设施,发挥专业化物流运作的管理经验,可以将地理上分散的仓库通过网络连接起来,进行统一的管理和调配,使其服务半径和货物集散空间放大了,以求取得整体最优的效果。

三、电子商务与物流的关系

电子商务带来了对物流的巨大需求,推动了物流的进一步发展,而物流也在促进电子商务的发展,二者是互相依存,共同发展的。

电子商务与物流的关系可以表现在以下几个方面：

（一）物流是电子商务的基本要素

电子商务的任何一笔交易，都包含着信息流、资金流、物流。其中信息流和资金流都可以完全通过信息网络完成，唯独物流是实物的传递，不能通过信息网络完成。

消费者通过信息检索，找到自己需要的商品并上网点击购物，在购销合同签订后进行网络支付，取得了商品所有权，这时已经实现了信息流和资金流，而商品实体并没有因此而移动，电子商务的活动并未结束，只有商品和服务真正转移到消费者手中，商务活动才告终结。

（二）物流是实现电子商务的保证

物流实际上是以交易的后续者和服务者的姿态出现的，如果消费者所购的商品没有物流体系来保证送达，电子商务快速、便捷的优势就得不到发挥，落后的物流使计算机和网络节约的时间和劳动被抵消，消费者最终仍然会放弃这种便捷的方式，转向他们认为更为安全的传统购物方式。

由此可见，物流是电子商务中的一个关键环节，是商品和服务的最终体现，是实现电子商务的根本保证。随着电子商务的推广与应用，物流对电子商务的影响日益明显。

（三）物流是当前电子商务发展的制约因素

物流配送，表面上看起来传统而简单，实质上是电子商务活动过程中做起来最难的一块。我国的现代物流业起步晚、水平低，在20世纪末引进电子商务时，并不具备能够支持电子商务活动的现代化物流水平，不少企业曾因为没有配套物流系统的支持而倒闭，或因为不能有效降低物流成本而亏损，物流一度成为电子商务的"瓶颈"。物流成本过高、物流配送效率低下、配送服务质量差等因素，严重影响着电子商务的快速发展。

（四）物流是实现"以顾客为中心"理念的根本保证

"以顾客为中心"是电子商务的核心理念之一，而物流是实现这一理念的最终保证。因为在整个电子商务的交易过程中，大部分环节是在虚拟环境中进行的，只有物流是直接服务于最终顾客的，人们最为关注的热点问题是送货时间与安全。因此，物流服务水平的高低决定了顾客的满意程度，同时也就决定了电子商务的形象和地位。

四、电子商务对物流配送的影响

（一）电子商务改变了传统的物流配送观念

电子商务作为新兴的商务活动，为物流创造了虚拟的运动空间。人们在进行物流活动时,物流的各种职能及功能可以通过虚拟化的方式表现出来,在这种虚拟化的过程中,可以通过各种组合方式,寻求物流的合理化,使商品实体在实际的运动过程中,达到效率最高、费用最省、距离最短、时间最少的功能。

传统的物流配送企业往往要有大面积的仓库。电子商务系统中的配送企业是将分散在各地的分属不同所有者的仓库通过网络系统连接起来,组成"虚拟仓库",并进行统一管理和调配使用。因此,电子商务系统中的配送企业的服务范围和货物集散空间都放大了,它在组织资源的规模、速度、效率和资源的合理配置方面都比传统的物流配送要优越。

(二)电子商务使配送地位强化

电子商务产生之前,物流活动集中在整个社会再生产的高端,并且主要是企业之间,而从流通到消费的商品物流基本上由消费者自己承担。早期的物流向消费领域延伸是为了促销,建立在这样的层次上,配送不是交易的必要环节,地位并不高,发展也不快。

在电子商务时代,营销的命运与配送业务联系在了一起,没有配送,电子商务就无法实现,发展电子商务可以更快、更有力地促进和推动物流业的发展和物流体系的完善。同时,电子商务使制造业与零售业实现"零库存",实际上是把库存转移给了配送中心,因此,配送中心成为整个社会的仓库。由此配送的作用和地位大大提高。从某种程度上说,电子商务时代的物流方式就是配送。

随着电子商务的进一步推广与应用,物流滞后对其发展的制约越来越明显,物流对电子商务活动的影响被越来越多的人关注。电子商务使物流受到重视的同时,也给物流提供了解决矛盾的手段。

(三)电子商务降低了物流成本

传统的物流配送依靠原始的人工方式管理,周期长、流程烦琐,缺货和积压都会造成浪费。在网络支持下的物流技术可以使物流配送周期大大缩短,整个物流配送管理过程变得简单,更有效率,费用更低。任何一个有关配送的信息和资源都会通过网络管理在几秒钟内传到相关部门,环节的简化和时间的节约都在一定程度上降低了物流成本。

(四)电子商务促进物流管理水平提高和推动物流技术应用

电子商务高效率和全球性的特点,要求物流也必须建立一个适应电子商务运作的高效率的物流系统,实现物流的"电子化",才能满足电子商务的需要,发展电子商务将推动物流技术的应用。只有提高物流的管理水平,建立科学、合理的管理制度,将科学的管理手段和方法应用于物流管理当中,才能确保物流的畅通进行,实现物流的合理化和高效化,促进电子商务的发展。

五、电子商务物流现状和存在的主要问题

在经济发达国家,物流已经有接近 100 年的历史,我国国民经济的发展需要和电子商务的大力促进,也使物流得到了前所未有的发展。2006 年,"大力发展物流业"首次被列入国家"十一五"规划中,使物流逐渐形成新兴的产业。

为了应对全世界金融危机,2009 年国务院出台的保持我国的经济增长,拉动国内消费的政策,把物流作为十大振兴行业之一。但是我国的物流起步较晚,特别是能够支持电子商务活动的现代化配送还存在诸多问题。这些问题主要表现在以下方面:

(一)物流资源配置不合理

最近几年在我国涌现出大量的物流公司,物流企业数量虽具有一定的规模,但是有不少是原来的储运公司摇身一变挂了物流的牌子,能适应现代电子商务的物流企业数量仍很少,规模也小。同时电子商务配送数量也没有达到物流所需的规模化运作要求,分散的配送网络不利于物流企业集中配送,在少量的供给条件下,物流企业无法分摊较高的固定成本而使服务价格难以降低。电子商务对物流的要求与物流企业所提供的供给间差距很大,一方面有的物流存在车辆空驶、仓库闲置现象;一方面又有很多企业在寻找车辆和仓库。

(二)物流配送成本较高

由于物流配送没有规模难以产生效益,因而物流配送中心也就没有能力来更新现有的配送设备以及购买先进的配送设备。设备的落后加之非专业化的物流配送服务体系,导致了物流配送的成本过高,配送的效率低下。

在发达国家,物流成本占商品总成本的 10%～12%;中等发达国家占总成本的 15%～16%;我国的物流成本则占总成本的 20% 以上。高昂的配送成本最终转嫁到消费者身上,使电子商务成了一种奢侈的消费方式而远离大众,其方便、快捷的优势丧失殆尽。

(三)物流企业服务水平参差不齐

物流企业提供的配送不仅仅是送货,而应最终成为电子商务公司和客户的服务商,协助电子商务公司完成售后服务,如跟踪产品订单,提供销售统计、报表等,提供更多增值服务内容,增加电子商务公司的核心服务价值。

但是多数企业的物流信息管理尚未实现自动化,信息资源的利用也未实现跨部门、跨行业整合,服务网络和信息系统不健全,导致电子商务企业与独立的配送公司信息平台脱节,经常出现配送延迟、差错率高等让商家与客户皆不满意的现象。

（四）物流配送的社会环境需要进一步完善

在传统的条块分割的体制安排下，物流的许多活动被割裂至各个部门，如交通运输、邮电通信、对外贸易等，部门之间信息封闭，致使各运输方式之间的转运环节耗费大量时间和成本。

此外，还有海关管理程序、物资采购等方面的一些规定也影响了物流业综合服务水平的提高和业务领域的拓展，进而制约了物流业的发展，这与电子商务的要求也是背道而驰的。因此，物流发展要跨越部门和地区的限制，做到统一化、标准化，就需要建立一部完备的物流法规，才能适应社会化大生产、专业化流通的要求。

第四节　电子商务物流的模式

采用何种模式和方法实现物流配送，不同行业和规模的电子商务有不同的要求。

一、物流模式的类别

目前，物流模式的类别主要有以下几类：

（一）自营物流

自营物流是企业早期物流活动的重要特征。企业为了提高物流效率和服务水平，往往自己组建物流队伍，对物流进行管理，使物流成了营销环节的一部分。

自营物流有利于企业掌握对顾客的控制权，管理方便，但成本高。自营物流由企业直接支配物流资源，控制物流职能，做到供货的准确和及时，保证顾客服务的质量，维护了企业和顾客间的长期关系。但由于需要投入大量的资金购买物流设施、建设仓库和信息网络，这对于货流量不大而又缺乏资金的企业，特别是中小企业来说是个沉重的负担。

（二）外包物流

与自营物流相对应的是将物流外包，它以签订合同的方式，在一定期限内将部分或全部物流活动委托给专业物流企业来完成。物流企业利用专业设施和物流运作的管理经验，汇集社会物流需求，为客户定制物流计划。这是促使物流社会化、合理化的有效途径。

物流规模不大、资金有限和配送分散的中小企业采用的主要方式是外包物流。

（三）物流联盟

物流联盟指货主企业选择少数关系稳定且有较多业务往来的公司形成合作关系，统一使用物流资源,达到规模效益。但是由于现在我国的企业之间存在低水平竞争,许多可以共享的资源被视为商业秘密,行业管理发挥的作用十分有限,缺乏有效的组织和信息沟通,所以目前物流联盟发展缓慢。

二、物流模式的选择

企业在进行物流决策时,应当从电子商务下物流的特点及企业自身的实际情况出发,并结合物流业发展趋势来考虑。

不同企业到底选择何种物流模式,需综合以下几方面进行考虑:

(一)根据企业的业务规模和资金实力选择物流模式

资金充裕的大中型企业有能力建立自己的物流配送体系,"量体裁衣"制订合适的物流需求计划,保证物流服务的高质量。同时,过剩的物流网络资源还可外供给其他企业。小企业则受资金、人员及核心业务的限制,物流管理效率难以提高,更适宜把物流管理交由第三方专业物流代理公司。

如麦当劳公司就是拥有自己的货运公司,每天把汉堡包等保鲜食品运往中国各地,以保证供货的及时准确。

(二)根据企业的物流管理能力及现有的物流网络资源选择物流模式

当企业物流管理能力强,网络资源丰富时,可自营物流。如我国的85818网站就依托原正广和饮用水公司完善的送水网络(三个配送中心、100个配送站、200辆小货车、1 000辆"黄鱼车"、1 000名配送人员),开发建设了自己的物流配送体系。而联合利华上海有限公司则选择了与上海友谊集团储运公司合作,利用友谊集团储运公司经验丰富的储运企业和就近的库房,与其成为物流伙伴。

(三)根据企业自身的核心业务定位来选择物流模式

如果企业的核心业务不包括物流,就应将物流管理外包给从事该业务的专业公司去做,这样从原材料供应到生产,再到产品的销售等都是由专业物流企业来完成的。如电脑行业的Compaq和Dell公司分别将非核心业务的物流外包给英国第三方物流服务商Exel物流集团和美国联邦快递FedEx,而自己专注于计算机研发的核心业务。

总之,如何迅速而准确地实现物流配送,是企业在经营方面必须解决的重要课题。目的在于充分发挥企业人、财、物及时间等方面资源优势,加强核心业务的形成,降低物流成本,提高物流服务效果。

三、第三方物流与电子商务的组合

（一）第三方物流的崛起

第三方物流是物流专业化的形式，它的特点是有专业的物流设施和丰富的客户需求，能使用先进的技术降低物流成本，提高物流质量。随着市场竞争的不断深化和升级，当代企业建立竞争优势的关键已由节约原材料的第一级别和提高劳动生产率的第二级别，转向建立高效的外包物流系统的第三级别。

我国第三方物流市场在增长中细分，第三方物流企业在竞争中整合，第三方物流政策环境进一步改善，中国第三方物流将在新的起点上快速发展。

第三方物流企业的经营效益直接同货主企业物流效率、物流服务水平以及物流系统效果紧密联系、利益一体化，与对象企业的关系不是竞争对手而是战略伙伴，往往能通过物流服务使产品创造新价值，不是一方多盈利，另一方就少盈利的传统交易方式，而是为客户节约的物流成本越多，所获得的利润率就越高。

第三方物流将有限的资源集中于某些业务，使规模经济得以实现。规模经济同时催生信息化要求，应用第三方物流管理软件，运用信息化技术提高运输质量和运输效率，提高客户服务能力，从而提高核心竞争力，是很多第三方物流企业应对市场竞争的必然选择。

由于潜力巨大的国内物流市场，DHL、UPS、TNT、FedEx，国际物流领域的四大擎天柱在角逐过程中先后将触角伸到了中国这块潜力巨大的市场中，亚太转运中心纷纷落户中国，一切的征兆都在向业界告示着发展第三方物流的无限潜力。

中国第三方物流市场和西方国家第三方物流的发展状况相差很大。近些年开始活跃于中国的 UPS、DHL 等世界物流巨头，和占中国第三方物流企业绝大多数的中小型企业，一直沿着不同的路线发展各自的业务。然而，依据中国加入 WTO 的承诺，金融业、商业批发与零售业、物流业等领域在 2005 年 12 月 11 日面向外资开放，国内物流市场的局面业已悄然变化。

一方面，我国成为世界制造基地，原材料采购、成品销售、进出口贸易快速增长，大大促进了第三方物流的需求量的增长；另一方面，进入我国的国外物流企业依仗其强大的物流网络、丰富的运输经验、先进的技术水平，分去了部分物流服务需求量，本土第三方物流企业也开始感觉到来自跨国物流企业的强势竞争压力。但总的来看，跨国生产、零售企业带来的需求量的增加会大大多于国际物流公司在我国的服务供应量，而这部分需求空间便会由我国的第三方物流企业来满足。

（二）B to B 电子商务与第三方物流

企业间的 B to B 电子商务主要有两种情况：一是原材料、半成品或零部件的采购或供应;二是成品的批发销售。

目前的交易中采用第三方物流比例不高,一半以上的生产企业的原材料主要采用供方物流,原因在于:一是目前的第三方物流企业供应链整合能力较差,不能为企业提供一揽子物流解决方案,企业难以通过实施第三方物流达到降低成本、加快资金周转、提高竞争力的目的;二是物流在 B to B 企业战略中处于比较重要的地位,认为不能依赖第三方物流,必须掌握在供应链中的主导权,与原材料供应商结成战略合作伙伴关系。往往不愿意依赖第三方物流,故而普遍采用供方物流和自营物流。

(三)B to C 电子商务与第三方物流

B to C 企业的经营主要分两种情况:一种是交易的对象中有大量音像、在线图书、软件、在线游戏等虚拟化产品或服务,可以在线交货,避开物流配送;另一种交易的对象主要是有形产品,必须借助物流配送。

在 B to C 企业中:规模较大的公司如亚马逊,公司建有自己的物流系统,一部分货物配送由自己的物流系统来处理,但由于面对全球市场,不能处理所有物流业务,将部分海外物流业务外包给第三方;规模较小的 B to C 企业无力组建自己的物流系统,较小规模的业务量也不足以支撑一个自营物流体系,这些企业多采用第三方物流。缺点是不能有效监测物流配送过程,难以控制物流服务质量及直接获得顾客的意见和建议,企业在整个业务流程中处于被动地位。

(四)C to C 电子商务与第三方物流

我国的 C to C 电子商务发展势头迅猛,2004 年的 C to C 交易额为 41.6 亿元,2005 年就猛增到 139.24 亿元,而 2006 年达到 230 亿元。2008 年,淘宝宣布全年销售额为 999.6 亿元,与 2007 年的 433 亿元比较,同比增长了 131%。到 2009 年,淘宝网一天的交易额就达到 4 亿元。C to C 交易多为小件商品,且交易的批量小,物流费用所占比例较高。

目前,C to C 电子商务多数是使用公用的交易平台,个人在网站上发布商品信息,买方在网页上浏览选择商品然后下订单成交。C to C 交易平台上客户一般无力承担也没有必要建立自营物流体系,基本上靠第三方物流来完成,选择的承包商一半以上是邮政快递。

四、物流外包业务流程

(一)拟定外包战略

企业物流外包所推崇的理念是:如果我们在产业价值链的某一环节上不是世界上最好的,如果这又不是我们的核心竞争优势,如果这种活动不至于把我们同客户分开,那我们应当把它外包给世界上最好的专业企业去做。即首先确定企业的核心竞争优势,并把企业内部的技能和资源集中在那些具有核心竞争优势的活动上，然后将剩余的其他企业活动外包给最好的专业企业。

在选择外包前要准确地列出将要外包的项目，公司可能需要供应商提供的服务包括仓储，运输，库存管理，提高附加值的功能（包装、贴标签、组装等），信息支持（产品跟踪、电子支付、结算等），然后，详细定出这些作业的参数。这些都是选择供应商时需要的参考标准。如果服务需求没有量化或不明确，会导致供需双方理解出现偏差。

（二）认真选择外包商

企业应该根据自己的目标需求，对外包进行审慎的选择，一般要从 3 个方面去进行考虑：

（1）外包成本。因为选择外包主要是为了节约成本，所以，外包的时候要注意成本是不是划得来，是不是足够低。

（2）外包速度。外包方的速度，是非常关键的一点。特别是对于快递物流。

（3）外包方的服务质量。一方面是外包方要求的质量；另一方面是外包方的顾客所需要的服务质量。

成本、速度、质量哪个应该排在第一位，哪个应该排在第二位，不同的企业要求不同。统计数据表明，日本 80% 的企业物流外包，美国、欧洲只有 30%～50% 外包，日本外包是比较彻底的。日资企业对成本不是特别看重，它看重的是质量和速度，中国的企业，特别是中小企业，往往比较注重成本，而忽视质量和速度。所以，对不同企业来说切入点都不一样。

在选定合适的物流外包商以后，我们还需在以后的工作中定期对外包商进行考核，来监管物流外包商提供更好的服务，满足要求。考核主要从交货准时率，包装破损率、货物遗失率、信息反馈率、价格比等几方面。

（三）制定良好的规范与流程

签订有效的合同，详细列出责任、期望与解决问题的方法，制定具体的、详细的、具有可操作性的工作范围。工作范围即物流服务要求明细，它对服务的环节、作业方式、作业时间、服务费用等细节做出明确的规定，给物流公司一个作业说明书，并包含全部规范、流程与其他外包合同有效执行的必要信息。

经常注意可能发生的冲突点，规划出当冲突发生时双方如何处理的方案，发现并避免潜在的冲突。

（四）建立共赢关系

企业与选择的物流伙伴是处于同一个供应链的战友，外包关系一旦确立，就意味着双方利益是捆绑在一起的,物流公司必须被看作企业的延伸,协助第三方物流服务供应商认识企业,彼此要进行有效的双向沟通。同时,也要建立考核评测指标和激励机制,通过良好的合作伙伴关系将使双方受益,实现共赢。

第五节　电子商务和物流企业

一、电子商务给物流企业带来的变革

(一)电子商务对企业管理的影响

电子商务改变了企业的竞争方式和企业的竞争基础。

1. 电子商务改变企业的竞争方式

信息技术与管理相结合发展的本质是实现高效率、自动化的流程管理,实现业务流程的优化,提高经营效益。

电子商务对企业的营销方式的影响主要体现在以下几个方面:

(1)电子商务改变了企业之间的合同形式,准确及时的信息交流使企业合同的稳定性增加,加强了企业之间的合同管理。

(2)电子商务给消费者提供了更多的消费机会选择,也给了企业更多的开拓市场的机会,给企业提供了把握市场和消费者需求的能力。

(3)电子商务使企业决策者能及时地了解消费者的爱好、需求和购物习惯,从而促进了企业开发新产品和服务的能力以及开发周期。

(4)电子商务扩大了企业的竞争领域,使竞争从常规的广告、促销、产品设计与包装等扩大到无形的虚拟市场的竞争。

(5)电子商务消除了企业竞争的无形壁垒,主要表现在降低了中小型企业和新型企业进入市场的初始成本。

2. 电子商务改变企业的竞争基础

电子商务作为网络经济的主要内容,使企业的竞争基础也发生了改变。

(1)信息化的程度决定竞争优势

电子商务是以信息为基础的,对信息的处理、接纳能力的高低是企业竞争力高低的一种体现,信息化的程度越深,竞争力越强。高技术含量、高技术人才、信息的高速处理与创新使企业竞争的层次得到提高。

(2)电子商务使得产品的价格竞争异常激烈

由于网上客户的挑选余地较大,价格更为敏感。网上交易中原材料的采购特点、中间渠道的缩短、广告促销费用的降低、管理成本的降低,都使企业的总成本大大降低。企业之间的价格战将取决上述多种因素。

（3）电子商务的开展消除了时空限制

企业需要随时做好准备，为客户提供即时服务。企业有可能在凌晨3点接到客户的需求订单，所以，每年365天，每星期7天，每天24小时的客户支持，是企业竞争力的另一种体现。

（4）电子商务也使企业规模的影响力发生了变化

网络的虚拟性决定了只有2个人管理的企业与传统的200人管理的企业没有什么区别。只要服务和价格好，没有哪位客户会在意公司规模的大小，依照传统资源分配建立的竞争优势逐步淡化。

（二）电子商务对企业内部结构及行业的影响

1. 打破原来业务之间的壁垒

在电子商务的条件下，以市场的最终效果衡量各组织单元之间协作的好坏。企业间的业务单元不再是封闭式的金字塔式层次结构，而是网络状的相互沟通的结构，这种结构打破了原来的业务单元之间的壁垒，业务单元之间广泛进行信息交流，共享信息资源，减少内部摩擦，提高工作效率。

2. 实现了"扁平化"的组织结构

在电子商务的构架下，企业组织信息传递的方式由单向的"一对多式"向双向的"多对多式"转换。这种组织结构的管理模式被称之为"第五代管理"，这种管理模式下的电子商务使得中间管理人员获得更多的直接信息，大大提高了他们在企业管理决策中的作用，从而实现了"扁平化"的组织结构。

3. 改变为分散的决策组织

电子商务模式下的企业结构变革的另一个特点，即是由集权制向分权制转换，使企业过去高度集中的决策中心组织改变为分散的多中心决策组织。

企业的决策都由跨部门、跨职能的多功能型的组织单元来制定。这种多组织单元共同参与、共担责任、并由共同利益驱动的决策过程使员工的参与感和决策能力大大提高，充分发挥了员工的主观能动性。

4. 新型企业——虚拟企业

在电子商务的模式下，出现了一种新型企业——虚拟企业。这种虚拟企业打破了企业之间、产业之间、地域之间的一切界限，把现有的资源组合成为一种超越时空的经营实体。虚拟企业可以是企业中间几个要素的重新组合，也可以是不同企业与企业之间的要素组合。虚拟企业的管理由原来的相互控制转向相互支持，由监视转向激励，由命令转向指导。

二、电子商务对物流企业的要求

（一）电子商务对物流企业的要求

1. 以信息化为企业经营的基础

物流信息化，包括商品代码和数据库的建立、运输网络合理化、销售网络系统化和物流中心管理电子化建设等，没有现代化的信息管理，就没有现代化的物流。

在电子商务时代，要提供最佳的服务，物流系统必须要有良好的信息处理和传输系统。当货物启运时，客户便可以获得到达的时间、位置，使收货人与各仓储、运输公司等做好准备，商品在几乎不停留的情况下，快速流动、直达目的地。

在大型的配送公司里，往往建立了有效的客户信息反馈系统，有了它，就可做到客户要什么就生产什么，而不是生产出东西等顾客来买。

2. 以服务质量为企业竞争的手段

在电子商务下，物流业是介于供货方和购货方之间的第三方，以服务作为第一宗旨。因此，如何服务好便成了物流企业管理的中心课题。

美、日等国物流企业成功的要诀，就在于它们都十分重视客户服务的研究。不是从"我能为客户提供哪些服务"出发，而是从"顾客需要我提供哪些服务"出发。越来越多的生产厂家把所有物流工作全部委托配送中心去干，从这个意义上讲，配送中心的工作已延伸到生产领域。

如何满足客户的需要把货物送到客户手中，这要看配送的作业水平。配送中心不仅要与生产厂家保持紧密的伙伴关系，而且要直接与客户联系，能及时了解客户的需求信息，并沟通厂商和客户双方，起着桥梁作用。

物流企业不仅为货主提供优质的服务，而且要具备运输、仓储、进出口贸易等一系列知识，深入研究货主企业的生产经营发展流程设计和全方位系统服务。

优质和系统的服务使物流企业与货主企业结成战略伙伴关系，一方面，有助于货主企业的产品迅速进入市场，提高竞争力；另一方面，则使物流企业有稳定的资源，对物流企业而言，服务质量和服务水平正逐渐成为比价格更为重要的选择因素。

3. 以供应链物流为企业发展方向

在电子商务时代，物流发展到集约化阶段，这种一体化配送中心不单是提供仓储和运输服务，还必须开展配货、配送和各种提高附加值的流通加工服务项目，也可按客户的需要提供其他服务。现代供应链管理即通过整合从供应者到消费者供应链的运作，使物流达到最优化。

供应链系统物流完全适应了流通业经营理念的全面更新。因为以往商品经由制造、批发、仓储、零售各环节间的多层复杂途径，最终到消费者手里。而现代流通业已简化为由制造环节经配送中心而送到各零售点或客户手中。它使未来的产业分工更加精细,大大提高了社会的整体生产力和经济效益,使流通业成为整个国民经济活动的中心。

(二) 物流企业适应电子商务应用的方面

1. 提高信息化程度

物流信息化程度包括物流信息收集的数据库化和代码化、物流信息处理的电子化和计算机化、物流信息传递的标准化和实时化、物流信息存储的数字化等。只有实现物流配送信息化,才能承担起电子商务时代赋予物流配送的历史任务。

2. 及早应用电子商务

及早应用电子商务可以抢得先机,降低物流成本和配送服务的价格。同时,还应尽可能与客户建立长期稳定的协作关系,还要加快新的物流配送技术的应用,加大配送渠道和设施的建设力度,最终有利于加快实现物流配送系统的信息化、自动化、网络化和智能化。

3. 建立以配送为中心的物流服务体系

随着大批量、少批次的物流配送活动逐步被小批量、多批次所取代,个性化、多样化的市场需求越来越占有更多的市场份额,配送已成为电子商务时代物流活动的中心环节和最终目的。物流企业内部的所有部门和人员都应面向配送、面向市场、面向客户。

此外,物流企业要改变单一送货的观念,协助电子商务公司完成售后服务,提供更多的增值服务内容,如跟踪产品订单、提供销售统计和报表等。只有这样,才能紧跟电子商务的步伐,不被市场所淘汰。

4. 重新整合物流资源

电子商务对商品配送需求的迫切性和多样性,为整合系统内物流资源提供了内在的动力和外在的需要。应在加大投入的同时,对现有仓储和运输等物流资源重新进行整合。以往物流资源分属不同主管部门和行业,应打破它们之间的界限分割,按照客观的经济关系和市场需要集中运作物流资源,最大限度地发挥现有资源的作用。

🐞 - 小贴士

供应链也是一种产品,而且是可增值的产品。其目的不仅是降低成本,更重要的是提供用户期望以外的增值服务,以产生和保持竞争优势。从某种意义上讲,供应链是物流系统的充分延伸,是产品与信息从原料到最终消费者之间的增值服务。

三、电子商务下物流企业的发展战略

企业物流的革新与发展战略有以下几个方面:

（一）即时物流战略

自 20 世纪 80 年代中期以后，企业的经营管理逐步向精细化、柔性化方向发展，其中即时制管理（Just-In-Time）得到了广泛的重视和应用。它的基本思想是"在必要的时间、对必要的产品从事必要量的生产和经营"，即所谓的零库存。

即时制管理是即时生产、即时物流的整和体，即时化的物流战略又表现为以下两个方面：

1. 即时采购

即时采购是一种先进的采购模式或商品调达模式，其基本思想是在恰当的时间、恰当的地点，以恰当的数量、恰当的质量从上游厂商向企业提供恰当的产品。它是为了消除库存和不必要的浪费而进行持续性改进的结果。

要做到即时采购，重要的是如何确立与上游供应商的关系。在传统的采购活动中，企业与供应商只是一种简单的买卖关系，所以，供应商的数量也较多。而在即时采购条件下，要做到同步工程，一方面建立稳固的长期交易关系，保证质量上的一致性；另一方面强化、指导供应商作业系统的管理，逐步降低采购成本。因此，在即时采购条件下，企业是与少数供应商结成固定关系，甚至是单源供应。

2. 即时销售

在构筑企业自身的物流系统、确立即时销售过程中，对于物流企业，物流中心有分散化、个性化发展的趋势，即物流系统的设立应充分对应一定圈内店铺运营的需要，只有这样才能大大提高商品配送、流通加工的效率，减少销售中的损失，同时也使物流服务的速度迅速提高。

如今很多企业一方面通过现代信息系统提高企业内部的销售物流效率；另一方面，也积极利用一些先进的技术在生产企业与批发企业或零售企业之间实现订货、发货自动化，真正做到销售的在线化、正确化和即时化。

（二）协同或一体化物流战略

协同化物流是打破单个企业的绩效界限，通过相互协调和统一，创造出最适宜的物流运行结构。在如今流通形式多样化的情况下，各经济主体都在构筑自己富有效率的物流体系，因而反映到流通渠道中必然会积极推动有利于自身的物流活动合流通形式，这无疑会产生经济主体间的利益冲突。

作为企业物流战略发展的新方向，旨在弥合流通渠道中企业间对立或企业规模与实需对应矛盾的协同化或一体化物流应运而生。

1. 横向协同物流战略

所谓横向协同物流是指同产业或不同产业之间就物流管理达成协调、统一运营机制。前者是产业内不同的企业之间为了有效地开展物流服务,降低多样化和及时配送产生的高额物流成本,而相互之间形成的一种通过物流中心的集中处理实现低成本物流的系统。

不同产业之间的协调物流是将不同产业企业生产经营的商品集中起来,通过物流或配送中心达成企业之间物流管理的协调与规模效益。因为同产业协同物流由于同类型企业的商品活动是集中进行的,因而,各企业经营情况以及商品流转的信息等易为竞争者所获得,即所谓的"企业机密的泄露",从而不利于企业经营战略的施展。

相反,不同产业企业间的协同物流,由于相互之间分属于不同的产业,不存在直接的竞争替代性,因而,既能保证物流集中处理的规模经济性,又能有效地维护各企业的利益以及经营战略的有效实施。正因为如此,如今国际上不同产业间的协同物流相对发展较快。

2. 纵向协同物流战略

纵向协同物流战略是流通渠道不同阶段企业相互协调,形成合作性、共同化的物流管理系统。这种协同作业所追求的目标不仅是物流活动的效率性(即通过集中作业实现物流费用的递减),而且还包括物流活动的效果性(即商品能迅速、有效地从上游企业向下游企业转移,提高商品物流服务水准)。

纵向协同物流的形式主要有批发商与生产商之间的物流协作和零售商与批发商之间的物流协作等形式。

3. 通过第三方物流实现协同化

第三方物流使供应链的小批量库存补给变得更经济,而且还能创造出比供方和需方采用自我物流服务系统运作更快捷、更安全、更高服务水准、成本更低廉的物流服务。

从第三方物流协作的对象看,它既可以依托下游的零售商业企业,成为众多零售店铺的配送、加工中心,也可以依托上游的生产企业,成为生产企业,特别是中小型生产企业的物流代理。目前,第三方物流无论在国际还是在我国国内都有着广阔的市场。

西方国家的物流业实证分析证明,独立的第三方物流要占社会的50%,物流产业才能形成。所以,在积极发展协同物流时应充分关注第三方物流的作用。

(三)互联网物流战略

利用互联网的物流管理具有成本低、实时动态性和顾客推动的特征。

互联网物流战略表现在:

一方面,通过互联网这种现代信息工具,进行网上采购和配销,简化了传统物流烦琐的环节和手续,使企业对消费者需要的把握更加准确和全面,从而推动产品生产的计划安排和最终实现基于顾客订货的生产方式,以便减少流通渠道各个环节的库存。

另一方面,企业利用互联网可以大幅度降低沟通成本和顾客服务成本,增强进一步开发现有市场的新销售渠道的能力。互联网物流的兴起并不是彻底否定了此前的物流体系和物流网络,它们是相互依存的,这是因为虚拟化企业之间的合作必然在实践中产生大量的实体商品的配送和处理,而这些管理活动必须以发达的物流网络为基础才能够实现,作为优秀的物流企业,应将这两者的优势有机地结合起来。

(四)绿色物流战略

从经济可持续发展的角度看,伴随着大量生产、大量消费而产生的大量废弃物对环境产生了严重的消极影响,这不仅因为处理废弃物困难,而且还容易引发社会资源的枯竭和自然环境的恶化。所以,如何保证经济的可持续发展是所有企业在经营管理中必须考虑的重大问题。

从物流管理的角度看,不仅要在系统设计或物流网络的组织上充分考虑企业的经济利益和经营战略的需要,同时也要考虑商品消费后的循环物流,这包括及时、便捷地将废弃物从消费地转移到处理中心,以及在产品从供应商转移到最终消费者的过程中减少容易产生垃圾的商品的出现。

此外,还应当考虑如何使企业现有的物流系统减少对环境所产生的负面影响(如拥挤的车辆、污染物排放等)。显然,要解决上述问题,需要企业在物流安排上有一个完善、全面的规划,诸如配送计划、物流标准化、运输方式等。

在制定物流管理体系时,企业不能仅仅考虑自身的物流效率,还必须与其他企业协同起来,从综合管理的角度,集中合理地实现经济和社会效益的整体最优。

四、传统储运向物流的发展

传统储运业主要由两类组织组成:一类是专业储运企业;一类是生产、批发、零售企业内部的储运部门。

我国大多数的第三方物流企业是由传统的储运企业演变而来的,传统储运向现代物流转化是一条顺理成章的道路。

(一)传统储运转化的必然性

1. 传统储运业的顾客需求发生了重大变化

从传统的流通渠道的角度来看,商流是从制造商经批发、零售到消费者的,与之相对应的物流则是从制造商经储运企业或储运部门到批零企业再到消费者的。现在,消费市场顾客需求已从"少品种、大批量、少批次、长周期"转变为"多品种、小批量、多批次、短周期"。

　　为适应顾客需求的这一重大变化,商流渠道发生了大规模重组,带来物流渠道的重组,其结果是在商流领域出现了多级经销制、多级代销制、多级代理制及配送制,在物流领域出现了物流中心、配送中心,为顾客提供物流、配送服务;传统储运企业所提供的简单的储存、运输、包装等服务在物流渠道的重组中逐步为集成化、系列化、增值化的现代物流、配送服务所取代,为此,传统储运业有必要随着顾客需求的变化进行调整。

2. 传统储运业存在着体制和经营管理方面的问题

　　以往传统储运业中大多数是国有储运企业,无论是在自身的资源方面,还是在其经营管理机制等方面都面临许多困难和弱点,这些都是传统储运业生存与发展的障碍。

　　除了因为受到上游、下游及自身的挑战以外,传统储运向现代物流转化还是发展我国大生产、大市场、大流通的需要,是扶持和发展储运行业的需要,也是提高流通效率、挖掘第三利润源泉的需要。

(二)传统储运向现代物流转化的可能性

1. 现代物流与传统储运在业务功能上有继承性

　　发达国家20世纪60年代以来出现的现代物流企业的前身几乎都是批发企业或储运企业,我国台湾从20世纪90年代开始,传统批发、储运也向现代物流转化,并且出现了一批比较成功的公司。现代物流的主体功能是仓储、运输、装卸搬运、包装、配送等,传统储运是以仓储与运输为主要业务的行业,这种业务功能上的继承性使得这种转化比进入一个陌生行业具有更低的"门槛"。

2. 传统储运具有向现代物流转化的有利条件

　　我国现代物流的发展不是照搬国外全部实现机械化、自动化的高科技的物流,而是结合国际物流发展趋势和我国传统储运业改造的现状,适合我国国情的物流,主要追求机制与管理的现代化,50多年来我国储运业积累下来的设施与设备基本上可为发展我国现代物流所采用,因此,在基础建设上要走的是优化重组的道路,而不是仅仅靠大量投资。

★ 小贴士

　　现代物流要求储运企业有能力在最短的时间内完成任何区域内(包括国际)的物流任务,同时,物流成本还应合理。没有这种能力,商品供应、补货及配送的及时性就得不到保证,就会影响商品的市场占有率。

　　要完成这种任务,必须建立物流网络。我国有足够的物流资源,只是没有联成网。因此,在现代物流条件下,储运企业必须尽可能进行横向联合,开放各自的物流资源。

第六节　我国电子商务与物流的发展

一、我国电子商务的发展现状

（一）我国电子商务的发展历程

我国电子商务发展过程可分为 3 个阶段：

1. 开展 EDI 的电子商务应用阶段

我国在 20 世纪 90 年代开始就开展了 EDI 的电子商务应用，自 1990 年开始，国家计委、科委将 EDI 列入"八五"国家科技攻关项目，1991 年 9 月，由国务院电子信息系统推广应用办公室牵头会同八个部委局发起成立"中国促进 EDI 应用协调小组"，EDI 在国内外贸易、交通、银行等部门广泛应用。

2. "三金工程"为电子商务发展打基础

1993 年，我国相继组织了金关、金卡、金税等"三金工程"，并且取得了重大进展。1994 年 10 月，"亚太地区电子商务研讨会"在京召开，使电子商务概念开始在我国传播。1995 年，中国互联网开始商业化，1997 年 4 月以来，中国商品订货系统（CGOS）开始运行。

3. 互联网电子商务发展阶段

1998 年 3 月，我国第一笔互联网网上交易成功。同年北京、上海等城市启动电子商务工程，开展电子商场、电子商厦及电子商城的试点，开展网上购物与网上交易，建立金融与非金融论证中心以及有关标准、法规，为今后开展电子商务打下基础。

1999 年兴起政府上网、企业上网。进入 2000 年后，我国电子商务进入了务实发展阶段。电子商务逐渐以传统产业为主体。电子商务服务商从虚幻、风险资本市场转向现实市场需求，与原有商务传统企业结合。同时，开始出现一些较为成功、开始盈利的电子商务应用。

（二）我国电子商务的现状

根据中国互联网信息中心的调查，截至 2011 年 3 月底，中国网民数量达到 4.04 亿人，网民规模跃居世界第一位。中国网民规模继续呈现持续快速发展的趋势。中国网民中接入宽带比例为 98.3%，宽带网民数已达到 3.97 亿人。IPv4 地址数量为 2.8 亿个。

我国的域名注册总量为 866 万个。中国 CN 域名数量为 435 万个，占我国域名数量的 50%。网站数量为 191.9 万个，其中 CN 下的网站数为 113 万，占总网站数 59.5%。出口带宽数达到 1 098 956.82Mbps，年增长率为 26.9%。中国互联网国际出口连接能力

不断增强。（更详细的内容可以从 www.cnnic.com.cn 网站中查询）

（三）我国电子商务发展的趋势

据有关专家分析指出,我国电子商务未来将呈现出六大发展趋势。

1. 纵深化

我国电子商务的基础设施将日臻完善,高速宽带互联网将扮演越来越重要的角色,移动通信将成为进行电子商务的主要媒介。

电子商务的支撑环境逐步趋向规范和完善。网民的消费观念和行为将发生变化,对电子商务的接受程度将不断提高。企业实施电子商务的紧迫性和可能性都大大提高。电子商务的法律、法规的出台和实施,将使国内电子商务得到有效的法律保障。

2. 个性化

电子商务个性化趋势将向两个方向发展,一是个性化定制信息。互联网为个性化定制信息提供了可能,这也预示着巨大的商机。二是对个性化商品的需要,消费者将把个人的偏好参与到商品的设计和制造过程中去。

3. 专业化

面向消费者的垂直型网站和专业化网站前景看好,面向特定行业的专业电子商务平台发展潜力大。面向企业客户的专业化趋势使得以行业为依托的专业电子商务平台成为将来的发展趋势之一。

4. 国际化

我国的电子商务开始走向世界,成为缩短国内企业与国外差距的一个最有效的手段。电子商务对我国的中小企业开拓国际市场、利用好国外各种资源是一个有利时机。国外电子商务企业开拓的中国市场,对我国电子商务的发展也产生很好的示范作用。

5. 区域化

立足于我国国情采取有重点的区域化战略是有效地扩大网上营销规模和效益的必然途径。我国地区经济发展的不平衡和城乡二元结构所反映出来的经济发展的阶梯性、收入结构的层次性都十分明显。电子商务企业在资源规划、配送体系建设、市场推广等方面都必须充分考虑这一现实。

6. 融合化

电子商务网站经过大浪淘沙,最终优胜劣汰,专业化网站的整合兼并使资源重新组合。优势互补使不同类型的网站以战略联盟的形式进行相互协作,这些都是电子商务发展的必然趋势。

二、我国物流的发展现状

进入 21 世纪以来,我国现代物流业总体规模快速增长,服务水平显著提高,发展的环境和条件不断改善,在调整经济结构、转变发展方式、推动国民经济又好又快发展中发挥着越来越重要的作用。

物流的发展现状具体表现在以下几方面:

1. 国家政策支持物流产业

在《中华人民共和国国民经济和社会发展第十一个五年规划纲要》和《国务院关于加快发展服务业的若干意见》(国发〔2007〕7 号)中都提出了要"大力发展现代物流业"。

有关部委和地方各级政府相继建立了推进物流业发展的综合协调机制,各地区、各部门分别出台了支持物流业发展的规划和政策。这些将标志着现代物流的产业地位得以确立,有利于改变各部门和地区自成体系、条块分割的管理体制,进一步解除物流发展的制度约束,使得物流资源逐步得到科学、有效的统一配置。

2. 区域物流有特色的发展

围绕着各经济区域产业布局的调整,区域物流的发展各具特色。

如长三角、珠三角和京津冀环渤海三大区域集中了我国经济总量的 53%、外贸出口总量的 85% 和社会消费品零售总额的 54%,因此,这三大地区也成为物流市场最为活跃和集中的地区。

从 2006 年 A 级物流企业的分布看,在公布的全国 132 家 A 级物流企业中,上述 3 个区域占了 70%,这一方面反映了 3 个区域第三方物流发展迅速、现代物流的社会化程度比较高,同时,也反映了 3 个区域现代物流服务的水平比较高。

3. 国外物流资本冲击国内市场

在国际经济一体化的进程中,国际著名物流企业迅速深入我国国内市场,通过自建和收购等方式大力发展自身的网络体系。在国际快递、航运物流以及国外制造企业、餐饮企业带来的物流业务这几个领域中,外资已占据短期内难以打破的垄断地位。

如国际快递领域,国际四大快递巨头美国 FedEx、UPS;德国 DHL;荷兰 TNT 已经控制了我国国际快递市场的 80%。国际产业链中的高端物流服务领域目前主要由外资控制,我国物流企业多是提供中低端的物流服务。

4. 总体物流水平仍比较低

(1) 在总体发展水平上,社会物流总费用与 GDP 的比例高出发达国家一倍左右。

(2) 专业化的物流服务供给能力明显不足,"大而全"、"小而全"的企业物流运作模式还占有相当比例。

(3) 物流基础设施建设缺乏衔接配套,整体效能有待发挥。

（4）体制性制约，如政策的不协调、地方封锁和行业垄断对资源整合和一体化运作形成障碍。物流市场不规范现象仍很严重。

5．物流综合成本比较高

目前在我国，物流成本巨大是企业中的一个主要问题，尤其是在电子商务业务中，物流成本比经济发达的国家高出将近一倍。

由于电子商务发展太快，物流综合成本最小化问题没有引起应有的重视。因而，物流综合成本最小化将是电子商务企业今后所无法回避的一个问题。

6．物流配送建设与电子商务发展不相适应

目前，网络技术发展很快，但物流配送系统建设相对滞后，很多物流企业还没有实现网上作业，仍采用最原始的信息传递和控制方法，它们的信息流主要是建立在书面基础上，因而信息滞后、失真，现代化程度不高，成为电子商务发展的瓶颈。这不仅降低了物流服务水平，而且很难与国际惯例接轨。

入世后，包括物流在内的服务贸易领域逐步对外开放，国外先进的物流企业将进入我国，国内物流企业面临更加严峻的挑战。

三、发展现代电子物流的对策

随着我国加入 WTO，外国物流企业涌入中国市场，给我国的物流业带来很大的竞争压力。能否形成完善的社会电子化物流体系将直接关系到我国物流业在国际竞争中的胜败，也会影响到我国网络企业在产品的价格、交货、服务等方面是否拥有竞争优势。为此，需要从以下方面考虑相应对策：

1．提高对电子物流的认识

要改变过去那种重商流、轻物流的思想，把物流提升到竞争战略的地位，注重社会电子化物流系统的发展。没有电子商务技术的应用，物流企业将和传统的储运没有本质的区别。

2．全社会积极建设电子化物流系统

要形成全社会的电子化物流系统，需要政府和企业共同努力，政府在高速公路、铁路、航空、信息网络等方面投入大量资金，以保证交通流和信息流的通畅，为发展电子商务物流提供良好的社会环境。物流企业若要投资于现代物流技术，要通过信息网络和物流网络，为客户提供快捷的服务，提高竞争力。

3．第三方物流发展电子商务

第三方物流发展电子商务有自己得天独厚的优势：

第三方物流企业的物流设施力量雄厚，有一定的管理人才和管理经验，有遍布全国的物流渠道和物流网络,适应性强,能根据客观的经济需要提高物流技术力量,完成各项物流任务。

第三方物流完全有能力向更广阔的领域延伸,自行组建电子商务网站,突破时间、空间、地域的限制,向供应商采购商品,向用户销售商品和配送商品实行营业性交易。

4. 加强电子商务和物流人才的培养

电子商务和物流都需要复合型的高级人才,这种人才既要懂电子商务,又要懂物流;既要懂技术,又要懂管理。加强对人才的培养力度,建立完善的培训和认证体系,实现学校教育与社会培训的相结合,通过人才作用的发挥逐步使我国物流电子化水平提高。

就业能力实训

(一)课题项目
我国物流企业的现状和主要的作业流程。

(二)实践目的
了解我国物流的水平和物流操作环节。

(三)实践要求
参观本市的物流园区或物流企业。

(四)实践环节
1. 实践前阅读理解第一章中相关内容;
2. 根据教师布置的思考题进行参观准备;
3. 参观中进行记录和调查询问。

(五)实践成果
要求学生完成调查报告。

本章小结

电子商务的出现和发展,正在改变流通领域的经济行为,对我国传统的流通领域影响深远。电子商务带来了对物流的巨大需求,推动了物流的进一步发展,而物流也在促进电子商务的发展,二者是互相依存,共同发展的。

能否形成完善的社会电子化物流体系将直接关系到我国物流业在国际竞争中的胜败,也会影响到我国网络企业在产品的价格、交货、服务等方面是否拥有竞争优势。

电子商务改变了企业的竞争方式和企业的竞争基础。电子商务对商品配送需求的迫切性和多样性,为整合系统内物流资源提供了内在的动力和外在的需要。我国物流向现代化发展的重要措施和出路之一就是物流电子商务。

经典案例

UPS 的成长

几年前,联合包裹公司(简称 UPS)的罢工事件使其竞争对手在 15 天内获取了共 3.5 亿美元的收入。事后,UPS 感觉到,必须尽快修复与公司广大司机及不满客户之间的关系。同时,他们更深刻地认识到,公司日趋成熟的"棕色经营"虽然实现了在每个工作日投递 1 300 万个邮包的创举,但却还不足以在正迈向全球化、知识化的物流业市场中竞争。必须摆脱企业墨守成规的经营模式,向电子物流业发展,才有益于迎接世界商务的新浪潮。

早在 20 世纪 80 年代,UPS 就决定创立一个强有力的信息技术系统。在近 10 年中,该公司在技术方面投入 110 亿美元,配置主机、PC 机、手提电脑、无线调制解调器、蜂窝通信系统等,并网罗了 4 000 名程序工程师及技术人员。这种投入,不仅使 UPS 实现了与 99% 的美国公司和 96% 的美国居民之间的电子联系。同时,也实现了对每件货物运输即时状况的掌握。

UPS 总裁兼首席执行认识到,电子供应链改变了传统供应链的运行方向。在传统供应链中,供应商是将货物沿着供应链向最终用户的方向"推动"。这样的系统需要在仓库里贮存货物,尽管这种做法并不合算。而电子供应链主张的是只及时生产顾客所需的产品,而不需在仓储上耗费巨资。

在电子商务及新的在线购物系统中,顾客可从供应链的每个成员中"拉出"他们所需的东西,结果是顾客可获得更加快速而可靠的服务,而供应商也可减少成本。为了有效地实施拉动战略,企业必须与供应链中的所有成员建立电子联系。因此,UPS 必须使自己成为每个客户供应链中不可缺少的环节。

目前,UPS 已经可向顾客和供应商提供瞬间电子接入服务,以便查阅有关包裹运输和递传过程的信息。在圣诞节期间,在线购物总量的 55% 是由 UPS 送达的。

UPS 能够对每日运送的 1 300 万个邮包进行电子跟踪。例如,一个出差在外的销售员在某地等待某些样品的送达,他可以通过 UPS 安排的 3COM 网络系统中输入 UPS 运单跟踪号码,即可知道货物在哪里。当需要将货物送达另一个目的地时,可再次通过网络以及附近的蜂窝式塔台,找出货物的位置,并指引到最近的投递点。

UPS 的司机是公司大型电子跟踪系统中的关键人物。他们携带了一块电子操作板,称作 DLAD(运送信息获取装置),可同时捕捉和发送运货信息。一旦用户在 DLAD 上签收了包裹,信息将会在网络中传播。寄件人可以登录 UPS 网站了解货物情况。同时,司机行驶路线的塞车情况,或用户需即时提货等信息也可发放给 DLAD。

除利用网络对货件运送与监控外,利用其网络,公司还可以开拓新的综合商务渠道,既做中间商,又当担保人。UPS通过送货件、做担保及运货后向收件人收款,成为商务社会链中一个重要链接点。

资料来源:李红梅.美CPS大力推进网络物流.物流技术与应用,2000(01).

课后思考

❖ 传统物流和现代物流的主要区别有哪些?

❖ 电子商务下的物流有哪几种模式?

❖ 电子商务和现代物流各有什么特征?

❖ 电子商务发展给流通企业带来哪些变革?

❖ 物流与电子商务存在什么关系?

❖ 传统的储运企业如何向物流方向转变?

第二章

物流电子商务技术

课前知识梳理

❖ 了解信息技术的发展及信息技术在供应链管理中的主要应用及作用；

❖ 了解条码技术的概念及有关知识，理解条码技术在供应链管理中的应用和服务；

❖ 了解射频技术的概念及有关知识，理解射频技术在供应链管理中的应用和服务；

❖ 了解 GPS 技术的概念及有关知识，理解 GPS 技术在供应链管理中的应用；

❖ 了解 GIS 技术的概念及有关知识，理解 GIS 技术在供应链管理中的应用；

❖ 了解 EDI 技术的概念及有关知识，理解 EDI 技术在供应链管理中的应用。

本章关键知识点

❖ 能根据实际情况，分析所使用的信息技术；

❖ 掌握信息技术的综合运用。

引导案例

沃尔玛供应链成功秘诀之一：领先全球的信息技术应用

1. 沃尔玛的条码技术

1981 年，沃尔玛开始试验利用商品条码和电子扫描器实现存货自动控制。公司先选定几家商店，在收款台安装读取商品条码的设备。两年后，试验范围扩大到 25 家店;1984 年,试验范围扩大到 70 家店;1985 年,公司宣布将在所有的商店安装条码识别系统,当年又扩大了 200 多家。到 20 世纪 80 年代末,沃尔玛所有商店和配送中心都安装了电子条码扫描系统。

沃尔玛为配合计算机网络系统,充分利用了商品条码技术,实现了存货自动控制。通过应用条码技术,沃尔玛在对商品的整个处理过程中,总共节省了 60% 左右的人工。商品条码加上便携式扫描仪,还可以用于控制门店内存货水平,方便地记录下商品种类、数量、进价、销售价格等信息,使公司能更快地规划存货需求,节约再订货过程所需要的时间。

有了商品的条码,沃尔玛总部的电脑和各个发货中心及各家分店的电脑联接,商店付款台上的激光扫描器会把每件货物的条码输入电脑,再由电脑进行分类统计。当某一货品库存减少到一定数量时,电脑会发出信号,提醒商店及时向总部要求进货。

总部安排货源后,送往离商店最近的一个发货中心,再由发货中心的电脑安排发送时间和路线。这样,从商店发出订单到接到货物并把货物提上货架销售,一整套工作只要 36 个小时就能完成,这就保证了沃尔玛在拥有巨大规模的同时仍保持高效运转。

商品条码可直接贴在货物上或货物的包装、容器上,也可间接印刷在货签上,还可把它作为货架标识用。货物出入库时,用扫描仪(自动读取机)在上面一扫,就可以完成货物的标识和记录。便携式扫描仪在任何场合都能用。特殊事项的数据可以按键盘输入。

2. 沃尔玛的自动补货系统

自动补货系统 AR(Automatic Replenishment)是连续补货系统 CR(Continuous Replenishment)的延伸,即供应商预测未来商品需求,负起零售商补货的责任,在供应链中,各成员互享信息,维持长久稳定的战略合作伙伴关系。

自动补货系统能使供应商对其所供应的所有分门别类的货物及在其销售点的库存情况了如指掌,从而自动跟踪补充各个销售点的货源,使供应商提高了供货的灵活性和预见性,即由供应商管理零售库存,并承担零售店里的全部产品的定位责任,使零售商大大降低零售成本。

一种商品一旦被消费者大量购买,就会促使该商品的制造商大量生产此种商品,也会使该商品在供应链中快速流动起来。随着供应链管理的进一步完善,补货到零售店的责任,如今已从零售商转到了批发商或制造商的身上。

对制造商和供应商来说,掌握了零售店的销售量和库存,可以更好地安排生产计划、采购计划和供货计划。

因此,自动补货系统改变了零售商向贸易伙伴生成订单的传统补货方式,而转由供应商根据从客户那里得到的库存与销售方面的信息,决定补充货物的数量。

从库存管理角度看,在库存系统中,订货点与最低库存之差主要取决于从订货到交货的时间、产品周转时间、产品价格、供销变化及其他变量。订货点与最低库存之差保持一定的距离,是为了防止产品脱销等不确定性情况的出现。

为了快速反映客户"降低库存"的要求,供应商通过与零售商缔结伙伴关系,主动向零售商频繁交货,并缩短从订货到交货之间的时间间隔。这样就可以降低整个货物补充过程(从工厂到门店)的存货,尽量切合客户的要求,同时减轻存货和生产波动。

可见,自动补货系统的成功关键是:在信息系统开放的环境中,供应商和零售商之间通过库存报告、销售预测报告和订购单报文等有关商业信息的最新数据实时交换,使得供应商从过去单纯执行零售商订购任务转而主动为零售商分担补充库存的责任,以最高效率补充销售点或仓库的货物库存。

资料来源:胡松译.向沃玛学供应链管理.北京:北京大学出版社,2006.

第一节 供应链管理中信息技术的应用和服务

信息是现代生活中必不可少的资源,现代信息技术奠定了信息时代发展的基础,同时又促进了信息时代的到来。在 21 世纪,企业管理的核心必然是围绕信息管理来进行的,企业可以利用信息技术(IT)来改进供应链上的薄弱环节,提高运作效率、降低经营成本,建立快速反应策略(QR),更好地面对竞争激烈、变幻莫测的市场环境,获得竞争优势。因此,信息技术革新已成为企业组织变化的主要途径。如何在供应链管理中应用信息技术是企业管理者应该考虑的问题。

一、信息技术的发展

(一)信息的概念

1. 信息的定义

在现代经济生活中我们每天都接触各种信息,那么,什么是信息呢? 根据人们研究目的所不同和定义角度的不同,信息可以有很多种定义。信息的一般定义为:信息是对某个事件或者事物的一般属性的描述。信息是通过数据形式来表示的,信息就是经过加工处理后有价值的数据。

2. 信息的特性

(1)信息的客观性

信息是对事物的一般属性的描述,而事物是客观存在的,所以,信息的存在也是客观存在的,是不以人们的意志为转移的。

(2)信息的共享性

现代企业管理的重要基础之一就是信息的共享。企业内部网络的实现可以使企业各部门进行信息的共享,保证信息的统一性和决策的一致性。在供应链管理信息系统中,供货商可以通过系统了解到分销商的商品分销情况,零售商可以实时掌握在途货物的运输情况等,从而大大提高决策和操作的准确性。

（3）信息的时效性

信息的时效性是指在信息的生命周期里信息是有效的,如果在信息的生命周期中没有及时利用信息,则会造成信息得到了但也失效了的结果。例如,企业在得到用户的需求信息后,如果不及时进行处理和利用,就有可能丢失商机,丧失用户,造成损失。信息的生命周期是指信息从产生、搜集、加工、传输、使用到失效的全过程。

（4）信息的可存储性

现代经济社会的信息量是非常巨大的,如果仍然使用传统的信息载体存储信息,难度相当大,而且不易查找。而现在信息可以被存储在不同的载体之上,而且容易通过计算机进行信息管理。

（5）信息的可加工性

信息可以进行代码信号的转换。例如,将信息存储在计算机里转换成二进制代码,更加便于处理。信息还可以加工提炼。例如,供货商可以把市场需求信息加工成数量信息,零售商可以将商品的条码信息加工成与商品销售量有关的信息,以便更加合理地安排订货。

（6）信息的不对称性

人们认知程度受文化水平、实践经验、获得途径等条件限制,造成了对事物认识的不对称性。在市场中交易双方所掌握的信息是也不相等的,不同的企业掌握信息的程度各有不同,这就形成了信息的不对称性。企业掌握的信息越充分,对其决策越有利。

（二）信息技术的概念及分类

信息技术（Information Technology,IT）是指获取、传递、处理、再生和利用信息的技术,泛指能拓展人们处理信息能力的技术。现代信息技术主要包括传感技术、计算机技术、通信技术、网络技术等,它替代或辅助人们完成对信息的检测、识别、变换、存储、传递、计算、提取、控制和利用。

1. 传感技术

传感技术主要完成对信息的识别与搜集。比如汽车磅,当装载物资的汽车上了汽车磅后,入库数量一次性被采集并被输入计算机,无须人工抄录进行登记,这样既提高数据的准确性、及时性,又减轻了工人的劳动强度。

2. 计算机技术

由于计算机的运算速度快、存储容量大、自动运行及记忆能力强等特点,使得计算机技术经常用于完成信息的加工、存储、检索、分析等方面。如在库存信息处理方面,对时常需要更新的库存数据、图表,计算机能很快给出结果,使企业在及时补充库存、调整库存商品种类、减少冗余库存、合理安排运输路线和装运量、节约资源等方面都能进行有效的改进。

3. 通信技术

通信技术主要实现为信息的传递,过去人们传递信息主要依靠口头、书信、电话和电报等方式。目前,数据传输率最大的光纤通信,其传输率可高达 1 000GB/s,相当于每秒传送 110 000 页文本的信息量。

如以资金周转为例,在我国使用传统方式进行资金流通结算,国内一般需要一个星期,国际一般需要半个月左右。而通过现代通信技术,国内国际的资金流通结算均可在 24 小时内完成。

4. 网络技术

网络技术的实现使各地的计算机能够互相联结并充分共享资源(硬件、软件和数据)。比如在企业内部,可以通过局域网的建设,使企业的人、财、物、产、供、销等各部门之间实现信息共享。这样可以减少企业内部沟通的时间和降低运作的成本,使决策者作出全盘的统筹规划。在外部环境,可以利用网络技术对整个企业工作流程进行全程动态实时跟踪,随时掌握着产品信息、客户情况、对手动态、行业动态、政策法规等最新情况。

(三)信息技术的发展

中华人民共和国信息产业部根据信息产业技术发展趋势、战略需求和发展思路,提出未来 5～15 年以下 15 个领域发展的重点技术。

1. 集成电路技术

重点发展通用的、新结构的 CPU 和 DSP、数/模和模/数转换器、存储器、可编程器件等核心关键芯片;结合 SoC 技术的全球发展趋势,重点发展对未来整机发展有重大影响的 SoC 芯片产品;围绕应用于计算机、网络和通信、数字音视频等 SoC 的发展,重点部署一批关键 IP 核产品和 EDA 产品的开发。

2. 软件技术

优先研制可信网络计算平台,加快发展嵌入式软件、中文信息处理、数字媒体与内容管理软件,以及软件服务,加强软件资源库体系建设。

3. 新型元器件技术

重点围绕计算机、网络和通信、数字化家电、汽车电子、环保节能设备及改造传统产业等的需求,发展相关的片式电子元器件、机电元件、印制电路板、敏感元件和传感器、频率器件、新型绿色电池、光电线缆、新型微特电机、电声器件、半导体功率器件、电力电子器件和真空电子器件。

4. 电子材料技术

重点发展与元器件性能密切相关的半导体材料、光电子材料、压电与声光材料、电子功能陶瓷材料、磁性材料、电池材料和传感器材料等;在电子装备及元器件中用于支撑、装联和封装等使用的金属材料、非金属材料、高分子材料及各种复合材料等;在生产工艺与加工过程中使用的光刻胶、化学试剂、特种气体、各种焊料、助焊剂等。

5. 网络和通信技术

围绕宽带多媒体、新一代移动通信、数字内容应用、农村通信、智能信息处理与智能通信等业务,重点开发下一代网络产品、新一代移动通信设备、宽带无线接入/数字集群设备、家庭网关、智能终端、智能信息处理和无处不在的通信网络设备、宽带多媒体网络设备和数字内容产品。

6. 计算机技术

重点开发高性能计算、网格计算、面向微处理器的计算机体系结构、嵌入式计算和高可信计算等相应产品;开发普适计算、信息打印输出和智能计算等相应产品。同时,开展对量子计算、光计算和生物计算等非经典计算技术的前瞻性研究。

7. 存储技术

重点发展小尺寸硬盘盘片和硬盘驱动器,能适应播放和下载高清晰度视频节目的高密度光盘及光盘机,适应消费和移动应用的各种存储卡,低功耗、小型便携式磁盘阵列系统和高安全性、智能化网络存储系统。

8. 数字音视频技术

重点发展数字音视频编解码设备、数字电视、宽带数据广播设备、数字音频广播设备、数字光盘等。

9. 网络和信息安全技术

重点发展安全处理芯片和系统级芯片、安全操作系统、安全数据库、信息隐藏、身份认证、安全隔离、信息内容安全、入侵检测、网络容灾、病毒防范等产品。

10. 光电子技术

重点发展激光器、光电探测器、光传输和光传感设备、微光机电系统、半导体照明等产品。

11. 显示技术

重点发展液晶、等离子、有机电致发光和投影等显示器件。

12. 测量仪器技术

重点发展高端、通用和市场急需的通用电子测量仪器及电子计量仪器;集成电路测试系统、电路板功能测试系统、光电转换器件、平板显示器件等电子元器件和电路板测试仪器;下一代移动通信、下一代互联网和高速光纤通信所需的通信测量仪器;以及信号源、波形和图像质量测试仪器、音视频码流发生与监视分析仪器等数字电视测量仪器。

13. 电子专用设备制造技术

重点发展半导体和集成电路关键设备、新兴电子元器件关键设备、新型显示器件关键设备、电子整机装联关键设备。

14. 信息技术应用

面向国民经济与社会信息化服务,以电子政务、电子商务、农业信息化、企业信息化、城市信息化及服务业信息化为对象,以利用信息技术促进政府管理、服务和应急能力的提高、制造业企业竞争力的提高、农业信息网络体系的建设、服务个性化和智能化为目标,带动国内自主知识产权的信息技术与信息产品的发展。

15. 导航、遥测、遥控、遥感技术

重点发展卫星导航地面系统及接收机、用户终端,航空、航天测控系统,TDRSS测控网及民用终端,导航、测控基础性电子产品系列。

二、信息技术在供应链管理中的应用和服务

(一)基础信息技术在供应链管理中的应用和服务

1. 标识代码技术

统一的信息编码是实现供应链中各企业间的数据交换与共享的基础。通过将信息编码标准化技术应用到供应链管理系统中,可以实现供应链活动中的自动数据采集和系统间的数据交换与资源共享,真正做到"货畅其流",促进供应链各项活动的高效运转。

2. 自动识别与数据采集技术

自动识别和数据采集(AIDC)是供应链管理过程中处理物流信息的理想技术。通过自动数据识别和数据采集,可保证供应链各环节高速准确的数据获取及实时控制。

目前,供应链管理中,最常用的 AIDC 技术是条码技术。我国国家 GB/T12905——2001《条码术语》中定义:"条码(Bar Code)是由一组规则排列的条、空及其对应字条款组成的标记,用以表示一定的信息。"

条码技术是有关厂家、批发商、零售商、运输业等经济主体进行订货和接受订货、销售、运输、保管、出入库检验等活动的信息源。由于在活动发生时能即时自动读取信息,因此,能及时捕捉到消费者的需要,提高商品销售效果。

3. 电子数据交换技术

EDI 技术是指不同的企业之间为了提高经营活动的效率在标准化的基础上通过计算机网络进行数据传输和交换的方法。EDI 的主要功能表现为电子数据传输和交换、传输数据的存证、文书数据标准格式的转换、安全保密、提供信息查询、提供技术咨询服务、提供信息增值服务等,EDI 是实施快速响应(QR)、高效消费者响应(ECR)、高效补货等方法必不可少的技术。

4. 互联网技术

互联网技术的发展为供应链成员实现信息共享和交流提供了相对方便、快捷和廉价的方式,供应链成员可以不受空间限制地从事商业活动。未来的供应链管理将充满无限的商机。

(二) 基于信息技术的信息系统在供应链管理中的应用和服务

1. 销售时点信息系统(POS)

POS 是指通过自动读取设备(收银机)在销售商品时直接读取商品销售信息,并通过通信网络和计算机系统传送至有关部门进行分析加工,以提高经营效率的系统。

2. 电子自动订货系统(EOS)

EOS 是指企业间利用通信网络(VAN 或 Internet)和终端设备以在线(on-line)方式进行订货作业和订货信息交换的系统。相对于传统的订货方式,EOS 系统可以缩短从接到订单到发出订货的时间,缩短订货商品的交货期,减少商品订单的出错率;有利于减少企业的库存水平,提高企业的库存管理效率;对于生产厂家和批发商来说,通过分析零售商的商品订货信息,能准确判断畅销商品和滞销商品,有利于调整商品生产和销售计划。

3. 计算机辅助技术

CAD/CAPP/CAE/CAM 等计算机辅助技术主要用于支持新产品设计与制造。随着PDM(产品数据管理)发展,有效地建立了 CAD、CAPP、CAE、CAM 之间的信息集成,实现供应链上各企业之间正确而快速的数据交换,从而进一步加快产品开发时间,降低了费用。

4. 企业资源计划(ERP)、制造资源计划(MRPⅡ)、及时生产制造(JIT)

ERP/ MRPⅡ/ JIT 等主要是用于企业生产控制和库存控制。在这些计划中 ERP 已体现出了供应链管理的思想,它的应用领域从传统制造业拓展到其他类型的行业。

ERP/ MRPⅡ/ JIT 等技术的应用可以解决企业生产中出现的多种复杂问题,促进了企业业务流程、信息流程和组织结构的变革,提高企业生产和整个供应链的柔性,保证了生产及供应链的正常运行。

5. 客户关系管理（CRM）

客户关系管理是指在企业的运营过程中不断累积客户信息，并使用获得的客户信息来制定市场战略以满足客户个性化需求。CRM 最主要的功能模块是客户服务、市场营销、销售。通过将 CRM 应用于企业之间的信息共享，可以提升供应链上各企业之间的服务水平，提高客户满意度、维持较高的客户保留，对客户收益和潜在收益产生积极的影响等。

6. 电子商务

电子商务是各参与方之间以电子方式完成的任何形式的业务交易，它包括电子数据交换（EDI）、电子支付手段、电子订货系统、电子邮件、传真、网络、电子公告系统、条码、图像处理、智能卡等。

在供应链管理中，电子商务一般表现为企业对企业（B to B）和企业对消费者（B to C）两种类型。电子商务在供货体系管理、库存管理、运输管理和信息流通等方面提高了企业供应链管理运作的效率。

三、信息技术对供应链管理的影响

随着全球化市场竞争的加剧，企业必须在提高服务水平的同时降低成本，必须在提高市场反应速度的同时给客户更多的选择，企业的运行规则也从传统的"推式"转变为以客户需求为源动力的"拉式"。

在这种情况下，以客户需求为中心的供应链管理逐渐受到重视，供应链管理覆盖了从供应商到客户全部过程，包括采购、制造、分销、库存管理、运输、包装、仓储、客户咨询等，而这全部过程都涉及信息技术的应用。

（一）信息在供应链管理中的重要性

任何一个企业都要面对如何利用信息的问题。信息既有来自上下游企业的纵向信息，也有来自企业内部的横向信息，还有来自宏观层面上的信息。信息成了决定企业生存与发展的关键因素。

与单个企业情况相比，供应链作为一种扩展企业，其信息流动和获取方式表现出自己的特色。合理地利用信息，可以缩短需求响应时间；减少需求预测偏差；提高送货准确性和改善客户服务质量；降低存货水平，缩短订货提前期；节约交易成本；降低采购成本，促进供应商管理；减少生产周期；增强企业竞争优势，提高顾客的满意度。

（二）信息技术对供应链管理的影响

在供应链管理中，我们需要收集信息，访问信息和分析信息。因此，信息技术的运用是非常必要的,可以说没有当今高速发展的信息技术,供应链管理就根本不可能实施。

信息技术包括在整个供应链中用以收集和分析信息的硬件和软件。采用先进的信息技术进行供应链的优化和重组,实现供应链上各个节点的信息共享,从而缩短订货提前期,降低库存水平,提高搬运和运输效率,减少递送时间,提高订货和发货精度以及回答顾客的各种信息咨询等目标,提高供应链整体的竞争力。

信息技术的发展及其成本的不断降低,使得上述提到的供应链管理的目标成为可能。许多企业已经与顾客和供应商之间进行计算机与计算机的联结,通过多媒体技术,及时、精确地传输图像、声音和文字等信息,方便地进行数据的存取,因而,极大地提高了供应链的运作效率和顾客满意度。成功的企业通常利用信息技术(如 EDI、GPS、RFID 等)来提高供应链活动的效率,增强整个供应链管理的经营决策能力。

Tom Nickles、James Mueller 和 Timothy Takacs 的研究表明,将信息技术应用在供应链管理过程中,可产生以下的效果:

1. 建立新型的客户关系

信息技术使供应链管理者通过与它的客户和供应商之间构筑信息流和知识流来建立新型的客户关系,从而使得从供应商到客户的整条供应链进行双向的、及时的、完整的信息交流成为可能。

另外,在此基础上,用 Internet 等信息技术来交换有关客户的信息成为企业获得客户和市场需求的有效途径。例如,供应链的参与各方通过信息网络交换订货、销售、预测等信息。信息技术是了解客户和市场需要的有效途径。

2. 改进营销渠道的效率

企业利用信息技术与其分销商、零售商等合作伙伴协作建立订货和库存系统,可以获得有关商品销售的信息,在这些信息的基础上,进行连续库存补充和销售指导,从而与合作伙伴一起改进营销渠道的效率,并进而提高客户满意度。

3. 改变传统的供应链构成

在信息技术迅速发展的今天,产品和服务的实用化趋势正在改变它们的流通和使用方式,信息技术也改变了传统供应链的构成并模糊产品和服务之间的区别。

例如,音像、电影、游戏等软件产品多年来一直是以 CD 或磁盘等方式投入市场进行流通销售,这需要进行大量的分拣和包装作业。现在许多软件产品通过 Internet 直接向客户进行销售,无须分拣、包装、运送等作业,从而改变了产品和服务的存在形式和流通形式。

4. 重新构建企业间或跨行业的价值链

国内外的许多企业早就采用现代化的电子手段进行信息处理和客户服务,通过利用每个企业的核心竞争能力和行业共有的做法,使信息技术开始用来构筑企业间的价值链。

比如将部分业务外包,使生产厂家、零售商以及第三方服务供应商形成了一条价值链;或者在航空运输行业,航空公司采用全行业范围的订票系统而不是各个企业独自的订票系统。

5. 具有及时决策和模拟结果的能力

信息技术的发展使得供应链管理者在进行经营革新或模拟决策结果的时候可以利用大量有效的信息,供应链管理者基于这些信息可以对供应链进行有效的管理。

比如,企业在市场投放某种产品时,通过模型可以提前计算出可能会出现的一些结果。企业基于这些结果可以对应市场的变化做出最佳决策。因此,需要开发许多适应于供应链管理的决策模型软件(如 ERP、WMS 等)。

6. 具有全球化管理和基于客户要求的定制营销的能力

经营的全球化一方面要求企业在全球市场进行经营活动;另一方面要求企业对应当地的需要、习惯、文化等从事经营活动。许多企业应用信息技术发展企业的信息系统,这些信息系统可以根据客户需求定制产品,并协调和管理世界各地的经营活动。

7. 不断学习和革新

供应链管理者需要不断地发送它们供应链的运行过程,在供应链内部和企业内部分享有用的信息。重要的是企业有能力获得有关导致供应链革新和增强供应链能力的信息。为此,企业应该建立相关的知识管理系统等信息系统使有效的信息和知识电子化,并且使之能与整个供应链共同分享。

小贴士

目前,世界 500 强企业都具备很高的信息化水平。它们通过实施管理信息化,对管理流程进行优化,规范管理程序,细化管理对象,强化管理力度,实现了资金的集中管理和有效监控,减少了决策的盲目性,大大提高了企业管理的效率和水平,一般能使劳动生产率提高 10%～30%;库存降低 30%～60%;流动资金周转速度提高了 60%～200%;报表周期缩短 90% 以上。

美国福特汽车公司通过应用网络技术,完成一个票据审核流程由原来的 2 周缩短为 2 小时,专门负责票据处理的人员由 500 人减少到 150 人;而福特投资 800 万美元开发的知识管理系统,运行后的第一年为公司节约的运营成本就达 2.4 亿美元。

第二节　条码技术在供应链管理中的应用和服务

信息的收集和交换对于供应链管理来说是至关重要的。传统的收集和交换信息的方法是通过手工来完成的,因此造成了效率低下和容易出错的现象。条码技术作为自动化识别技术,能够快速、准确而可靠地收集信息,使得这种现象出现的可能性大为降低,而且实现了入库、销售、仓储的自动化管理。

1988 年 12 月,我国成立了"中国物品编码中心",并于 1991 年 4 月 19 日正式申请加入了国际编码组织 EAN 协会。我国国家 GB/T12905—2001《条码术语》中定义:条码(Bar Code)是"由一组规则排列的条、空及其对应字符组成的标记,用以表示一定的信息"。

目前我国所推行的 128 码是 EAN-128 码,如图 2-1 所示。EAN-128 码是根据 EAN/UCC-128 码定义标准将资料转变成条码符号,并采用 128 码逻辑,具有完整性、紧密性、联结性及高可靠度的特性。辨识范围涵盖生产过程中一些补充性质且易变动的资讯,比如生产日期、批号、计量等。可应用于货运栈版标签、携带式资料库、连续性资料段、流通配送标签等。

图 2-1　EAN-128 码的结构

企业运用条码技术,并借助于先进的扫描技术、POS 系统及 EDI 技术,能够对产品实现跟踪,获得实时数据,作出快速、有效的反应,同时减少了产品的不确定性,去除了缓冲库存,提高了服务水平。

条码技术同时也是实现 ECR、QR、连续补充(CR)、自动化补充(AR)等供应链管理策略的前提和基础。比如在生产领域,为了满足市场多元化的需求,企业生产制造从过去的大批量、单一品种的模式向小批量、多元化品种的模式转移,给传统的手工处理方式带来了很大的压力。

利用条码技术对企业的产品信息进行采集跟踪的管理信息系统,可满足企业在物料准备、生产制造、仓储运输、市场销售、售后服务、质量控制等方面的信息管理需求。

一、在生产管理中的应用和服务

条码生产管理是产品条码应用的基础,它建立了产品识别码。在生产中应用产品识别码监控生产,可以采集生产测试数据及生产质量检查数据,进行产品完工检查,建立产品识别码和产品档案。利用条码生产管理能有序地安排生产计划,监控生产及流向,提高产品的下线合格率。

(一)条码技术在生产管理中的应用

1. 制定产品识别码格式

根据企业规则和行业规则确定产品识别码的编码规则,保证产品规则化,建立唯一标识。

2. 建立产品档案

通过产品标识条码在生产线上对产品生产进行跟踪,并采集生产产品的部件、检验等数据作为产品信息,当生产批次计划审核后建立产品档案。

3. 通过生产线上的信息采集点来控制生产的信息

通过生产线上的信息采集点来监控生产信息,并通过图表或表格实时反映产品的未上线、在线和完工情况,从而保证生产的正常运行,提高生产效率。

4. 通过产品标识码条码在生产线采集质量检测数据

以产品质量标准为准绳判定产品是否合格,从而控制产品在生产线上的流向及是否建立产品档案。如果产品合格则为产品打印合格证。

(二) 条码技术在生产管理中的服务

条码技术能为 ERP 的生产管理提供准确的统计数据,它能接收计划部门的生产订单,并根据生产订单建立生产线的计划批次,按照不同的时间段、生产计划、产品品种实时统计出生产报表,并显示生产计划批次产品列表。

此外,利用条码技术还可以统计分厂生产、生产线完成数、包装线工作量、产品完工等生产数据。

二、在市场销售链管理中的应用和服务

为了占领市场、扩大销售,企业会根据各地的消费水准不同而制定不同的产品批发价格,并规定只能在此地销售。但有些违规的批发商为了获取自身更大的利益以较低的地域价格名义取得产品后,将产品在地域价格高的地方低价倾销,扰乱了市场,使企业的整体利益受到极大的损害。所以,为保证政策的有效实施,企业必须能够跟踪向批发商销售的产品品种或产品单件的信息。

1. 条码技术在市场销售链管理中的应用

在市场销售链管理中,条码主要用于管理控制销售链,跟踪产品销售过程。针对不同销售采取相应的销售跟踪策略:企业直接销售(企业下属销售实体的销售)在仓库销售出库过程中完成跟踪;其他单位销售按其上报销售单件报表或用户信息返回卡建立跟踪。

市场规范检查监督区域的销售政策实施。市场销售跟踪建立完整销售链,根据销售规范检查销售。也可以建立部分销售链,根据市场反馈检查销售。对销售商进行评估时按品种、数量来评估销售商能力及区域市场销售特点。

2. 条码技术在市场销售链管理中的作用

在供应链中采用条码技术解决方案,为加强企业管理提供了以下基础:提高产品质量;客观评价供应商,降低成本;制定合理的服务战略;加强对市场的控制与管理;指导企业产品的设计定位;提高经营决策的及时性。

借助自动识别技术、POS 系统、EDI 等现代技术手段,条码技术的应用可使企业随时

了解有关产品在供应链上的位置,并及时做出反应。

三、在产后销售跟踪服务中的应用和服务

1. 建立产品销售档案

根据产品标识码建立产品销售档案。记录产品信息、重要零部件信息。

2. 进行售后维修产品检查

通过产品上的条码进行售后维修产品检查,检查产品是否符合维修条件和维修范围。同时分析其零部件的情况。

3. 建立产品售后维修档案

反馈产品售后维修记录,建立产品售后维修档案。通过产品标识号反馈产品售后维修记录,监督产品维修点信息,记录统计维修原因。建立产品售后维修档案。

4. 建立维修零部件档案

对产品维修部件实行基本的进、销、存管理。与维修的产品一一对应。建立维修零部件档案。

5. 条码技术在产后销售跟踪服务中的服务

通过产品的售后服务信息采集与跟踪,为企业产品售后保修服务提供了依据,同时,能够有效控制售后服务带来的困难,如销售产品重要部件被更换而造成保修损失,销售商虚假的修理报表等。

- 小贴士

条码技术已广泛应用于商业、交通运输、医疗卫生、制造控制、仓储管理、考勤、邮政、国防等领域,并极大地提高了数据采集和信息处理的速度,改善了人们的工作和生活环境,提高了工作效率。

比如,常用的柯达彩色胶卷上有 4 种不同条码,它们分别应用于胶卷生产、流通、拍摄和冲印的各种不同过程。在包装盒外面的条码是商品条码;胶卷盒内侧的条码保证所装胶卷的型号正确无误;胶卷暗盒上的条码转换系统能自动设定照相机上的"胶片速度"钮;还有一种条码要待胶卷冲好后才能见到,它为印制照片的工艺过程提供参数指令。

第三节　射频技术在供应链管理中的应用和服务

无线射频识别技术(Radio Frequency Identification,RFID)的基本原理是电磁理论,利用无线电波对记录媒体进行读写,识别的距离可达几十厘米到几十米,射频技术实际上

是自动识别技术在无线电技术方面的具体应用与发展。

射频识别技术的优点是不局限于视线范围,其识别距离比光学系统更远,射频识别卡还具有读写能力,可携带大量数据,具有极高的保密性,且有智能功能。最重要的优点是它具有非接触式识读能力,它能够穿透障碍物(如雨雪、尘垢、气体等)来阅读标签,在条码无法使用的条件下依然能够正常作业。

信息的准确性和及时性是供应链管理与运作的关键,RFID 技术能够较好地满足这种对信息获取和处理的需求。RFID 系统可以实现从商品的设计、原材料的采购、半成品与产成品的生产、运输、仓储、配送,一直到销售,甚至退货处理和售后服务等所有供应链上的环节进行实时监控,大大提高业务运行的自动化程度,大幅降低差错率,显著提高供应链的透明度和管理效率。

一、在零售环节中的应用和服务

在零售环节中可以将 RFID 标签置入商品内,由计算机系统来实时监控商店中各种商品的标签。商品实现标签化之后,零售商就能放心地开架销售。若顾客选购某种商品的话,商店还能利用 RFID 系统在付款台实现自动扫描和计费,取代人工收款方式,还能通过自动补货系统发出补货信息。

RFID 还可以改进零售商的库存管理,有效跟踪运输与库存,提高效率,减少出错。同时,智能标签能够对某些具有时效性商品的有效期限进行监控,例如,对某种食物或药品进行跟踪,一旦它们超过了有效期,智能标签就会发出警告;在未来的数年中,智能标签将大量用于供应链终端的销售环节,特别是在超市中,RFID 标签免除了跟踪过程中的人工干预,并能够生成 100% 准确的业务数据,因而具有巨大的吸引力。

二、在存储环节中的应用和服务

在仓库里,射频识别技术最广泛的使用是存取货物与库存盘点,它能用来实现自动化的存货和取货等操作。例如,叉车驾驶员和送货员进行实时通信,RFID 系统可以使叉车驾驶员获得实时的指示,进行无纸化取货作业。选货员通过终端设备将指令传递给操作员,并接受操作员传回的信息,其反应时间仅为 3.6 秒。

在整个仓库管理中,通过将供应链计划系统制定的收货计划、取货计划、装运计划等与射频识别技术相结合,能够高效地完成各种业务操作,如指定堆放区域、上架/取货与补货等,系统提供批处理或直接连接的方式和外部主机系统交换数据。

由于有完整的数据接口,避免了不必要的数据重复输入和因此所造成的错误。这样,增强了作业的准确性和快捷性(可达到 99% 以上),提高了服务质量,降低了成本,节了劳动力(8%～35%)和库存空间,同时减少了整个物流中由于商品误置、送错、偷窃、损害和库存、出货错误等造成的损耗。

RFID技术的另一项优点就是在库存盘点时降低人力。RFID的设计就是要让商品的登记自动化,盘点时不需要人工的检查或扫描条码,更加快速准确,并且减少了损耗。RFID解决方案可提供有关库存情况的准确信息,管理人员可由此快速识别并纠正低效率运作情况,从而实现快速供货并最大限度地减少储存成本。

三、在运输环节中的应用和服务

射频识别技术在运输环节的主要应用有以下两方面:

1. 高速公路的自动收费及交通管理

车辆自动收费是指当车辆通过收费站时,不需驾驶员和收费者接触,车载上的标签就被触发,发射出能唯一表明通过车辆身份的代码信息(如车牌号码、车型、车辆颜色;银行账号、单位名称和用户姓名等),收费站的阅读器接收信号后,经处理传输到计算机系统,进行数据管理及存档,并将该信息传送到相应的银行,进行划账处理。

我国RFID的应用也已经开始,一些高速公路的收费站口,使用RFID可以实现不停车收费。

2. 火车和货运集装箱的识别和防伪

近来,便携式数据终端PDT和射频通信被频繁地用于运输作业中,通过PDT扫描位置标签、产品数量等信息,再通过RFID技术把这些数据传送到计算机管理系统,能够及时掌握在途物资和实时跟踪运输工具。RFID技术允许企业跟踪供应链中特定的库存单元,直到在供应链中传递的某一特定托盘上的集装箱商品。

目前,UPS公司已经使用射频识别技术来阅读运送包裹上的信息,提高了运作效率。RFID还主要用于对托盘和集装箱的识别与跟踪,下一阶段的主要目标是应用于单件产品。

2001年3月起铁道部正式联网启用车次车号自动识别系统,使自备车企业、合资铁路和地方铁路为实现信息化智能运输管理得到了更好的发展。

四、在配送/分销环节中的应用和服务

在配送环节中采用射频识别技术能大大加快配送的速度和提高拣选与分发过程的效率与准确率;能减少人工、降低配送成本。以一般产品的配送为例,当产品生产完成之后,供应商给产品加上RFID标签。

当货物运到配送中心之后通过RFID阅读器读取标签信息,因此,不需开包检查里面的货物就可以直接验收入库,通过与相应的采购单进行核对无误之后可以很快地上货架存放。通过RFID标签还可以确切了解目前有多少货箱处于转运途中、转运的始发地和目的地,以及预期的到达时间等信息。

在整个供应链中,RFID 技术的应用能缩短作业流程、改善作业质量、增大配送中心的吞吐量、降低运转费用,捕获数据信息更加准确、迅速,确保了及时供货,并降低了成本。

五、在生产环节中的应用和服务

在生产制造环节应用射频识别技术可以完成自动化生产线运作,实现在整个生产线上对原材料、零部件、半成品和产成品的识别与跟踪,减少人工识别成本和出错率,提高效率和效益。特别是在采用 Just-In-Time 生产方式的流水线上,原材料与零部件必须准时送达到工位上。

采用了 RFID 技术之后,就能通过识别电子标签来快速从品类繁多的库存中准确地找出工位所需的原材料和零部件。RFID 技术还能帮助管理人员及时根据生产进度发出补货信息,实现流水线均衡、稳步生产,同时也加强了对质量的控制与追踪。

以汽车制造业为例,目前在汽车生产厂的焊接、喷漆和装配等生产线上,都采用了 RFID 技术来监控生产过程。例如,通过对电子标签读取信息,再与生产计划、生产调度相结合,对生产线上的车体等给出一个独立的识别编号,实现对车辆的跟踪;在焊接生产线上,采用耐高温、防粉尘/金属、防磁场、可重复使用的有源封装 RFID 标签。通过自动识别作业件来监控焊接生产作业;在喷漆车间采用防水、防漆 RFID 标签,对汽车零部件和整车进行监控,根据调度安排完成喷漆作业,同时减少污染;在装配生产线上,根据供应链计划器编排出生产计划、生产调度,通过识别 RFID 标签中的信息,完成混流生产。

小贴士

通用汽车公司正在将射频技术用于它的生产与物料环节,并将在 3~5 年之内采用该技术来监控与跟踪其整个供应链的运行;丰田汽车公司也已采用了这一先进技术,除了将其用于生产过程中之外,还将其用于车辆的销售与售后服务领域,对车辆的运抵时间进行监控以及记录客户和车辆保修的有关信息。

第四节　GPS 技术在供应链管理中的应用和服务

我国地域广阔,但道路情况和交通状况却成为我国交通的一个瓶颈。对于企业而言,车辆和货物在运输途中的监管是一个需要关注的问题。另外,如何提高车辆的运输效率,减少空驶消耗也是企业为之头疼的问题。

在这种情况下,如果能建立一个覆盖全国的移动通信网,使调度中心能及时与移动的车辆建立联系,并且能够依靠定位系统,使调度中心能随时监控车辆(货物)的位置,这样就能从配送方面保证整个供应链正常运转。

一、GPS 介绍

（一）GPS 的定义

GPS 是英文 Global Positioning System 的缩写，即全球定位系统。它是利用卫星星座、地面控制部分和信号接收机对对象进行动态定位的系统。

GPS 最早是由美国军方开始使用的，用于定时、定位及导航。由于 GPS 能对静态、动态对象进行动态空间信息的获取，能快速、精度均匀、不受天气和时间的限制反馈空间信息。因此，GPS 广泛用于船舶和飞机导航、对地面目标的精确定时和精密定位、地面及空中交通管制、空间与地面灾害监测等。

（二）GPS 的主要特点

1. 定位精度高

GPS 卫星定位系统是目前世界上精度最高的一种卫星导航系统，动态定位精度小于 10cm，静态定位精度达到百万分之一；测速度精度达到 0.1m/s。

2. 覆盖面广

GPS 卫星定位系统可以在任何时间、任何地点连续地覆盖全球范围，从而使 GPS 卫星定位系统得到广泛的使用。

3. 全球、全天候导航定位

GPS 系统能实时导航与定位，并不受恶劣气候的影响。

4. 定位快、价格低

GPS 导航信号接收终端机都具有国际通用的标准仪器接口，可以和交通工具、电台、话音通道及计算机等仪器对接，能够迅速地与其他信息系统连接实现快速定位。GPS 导航信号接收终端价格较低，从 2 000 元到 5 000 元不等。

5. 抗干扰能力强、保密性强

GPS 采用扩频技术和伪码技术，用户的 GPS 导航信号接收终端机是只接收而不发射信号，不受 GPS 卫星系统和地面控制系统的控制，这使得 GPS 卫星所发送的信号具有抗干扰性好和保密性强的特点。

（三）GPS 技术的新趋势

美国科学网站 2003 年 8 月 25 日报道，目前全球约有 2 000 万人在使用全球定位系统（GPS）来进行导航，尤其是在阿富汗和伊拉克战争期间，GPS 被证明是美军取得战争胜利所必不可少的。

斯坦福大学 GPS 实验室主任 PerEnge 说,GPS 技术近期有三大趋势。第一个大趋势就是频率分集技术(frequency diversity),实际上已经在第二代 GPS 系统替换老化卫星过程中进行。完成以后,现代化的卫星星座将为民用用户提供 3 种新的定位信号。而且,为美军提供的另外两种高功率信号能更好地抗干扰。

第二个大趋势就是克服射频干扰(RFI)。GPS 广播的功率特别低,相当于 5 个灯泡的功率。如果被接收信号的功率是 10～16 瓦,那很容易就会被周围的射频信号淹没。GPS 接收器将通过把接收到的测距码与储存在本地的复制码的相位进行匹配来穿透噪声。当相位一致时,接收器就能够以定时信号作为精确的参考,因此就可以准确地定位。

第三个大趋势就是安装保证定位误差小于某一个特定值的综合机械系统。采用微分GPS 技术,系统将获得来自地球同步轨道通信卫星的最新误差校正信息,修正数据来自于地面参考接收器。过去 GPS 的误差为 2m,现在将更小。

二、GPS 技术在供应链管理中的应用和服务

1. 车辆跟踪

通过车载 GPS 和电子地图可以及时查看车辆的有关信息,如经度、纬度、速度等,在电子地图上显示出车辆的实际位置,并任意放大、缩小、还原、换图;可以随目标移动,使目标始终保持在屏幕上;还可实现多窗口、多车辆、多屏幕同时跟踪,利用该功能可对重要车辆和货物进行跟踪。

2. 出行路线规划和导航规划

GPS 可以提供自动线路规划和人工线路设计两种功能。自动线路规划是由驾驶员确定起点和终点,由计算机软件按照要求自动设计最佳行驶路线,包括最快的路线、最简单的路线、通过调整公路路段次数最少的路线等。

人工线路设计是由驾驶员根据自己的目的地设计起点、终点和途经点等,自动建立线路库。在线路规划完毕后,显示器能够在电子地图上显示设计线路,并同时显示汽车运行路径和运行方法。

3. 交通指挥

通过车载 GPS 可以将信息传递到交通指挥中心,指挥中心可通过电子地图来监测区域内车辆的运行状况,对被监控车辆进行合理调度。指挥中心也可随时与被监控目标通话,实行指挥、调度。

4. 紧急援助

通过 GPS 定位和监控管理系统可以对遇有险情或发生事故的车辆进行紧急援助。监控台的电子地图可显示求助信息和报警目标,公安、消防、医疗急救可以通过 GPS 迅速确定各自的位置,规划出最佳援助方案,缩短反应时间、减少损失。

5. 反劫反盗

当车辆遇到抢劫、被盗时,车辆报警系统的感应器被激活,车载系统自动寻呼车主并向监控中心报警。监控中心接到报警后可以对车辆进行遥控熄火或锁门等措施,从而控制车辆的动行状态并和警方联络。

6. 货物跟踪管理

货物跟踪是指在供应链上的企业利用现代信息技术及时获取有关货物运输状态的信息(如货物品种、数量、在途情况、交货期间、发货地点、到达地点、货主、送货车辆和责任人等),提高物流运输服务质量和服务水平。

小贴士

百年老店全聚德为原料鸭运输车辆安装了 GPS 定位系统。管理人员可以监控车辆是否按规定的线路行进,并且可以通过车载电话进行指导调度。

系统平台还可以对车厢温度进行实时监控,解决了企业在原料运输过程中的一大监控难题。通过使用卫星定位平台,每月还能自动生成各种统计报表。

第五节 GIS 技术在供应链管理中的应用和服务

GIS 主要用于数据分析,可以运用在供应链的多个方面,如 CRM 中服务提供者、客户和服务等信息的空间化(Spatial Enable),可以挖掘 CRM 系统信息中所隐含的空间现象、过程和规律,为企业的管理与决策服务。

另外,GIS 的网络分析功能可以用于企业为客户服务的物流管理。目前,国内外已开发出利用 GIS 为供应链管理提供分析的工具软件。

一、GIS 介绍

(一) GIS 的定义

地理信息系统(Geographic Information System,GIS)是以地理数据库为基础,在计算机软硬件的支持下,对空间相关数据(资源与环境等的空间信息和属性信息)进行采集、管理、操作分析、模拟和显示,并采用地理模型分析方法,实时提供多种空间和动态的地理信息,为地理研究和地理决策服务而建立起来的计算机技术系统。

GIS 与地理信息、信息系统之间的关系,如图 2-2 所示。

(二) GIS 的技术组成部分

GIS 系统主要由 5 部分组成:硬件、软件、数据、人员和方法,如图 2-3 所示。

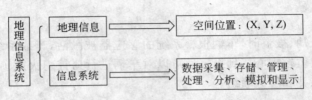

图 2-2　GIS 与地理信息、信息系统关系示意图

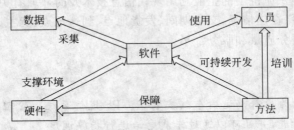

图 2-3　地理信息系统 GIS 组成示意图

1．计算机硬件系统

GIS 计算机硬件系统是指 GIS 所必须的一切计算机资源，如计算计主机，数据存储设备（磁盘、光盘），数据输入设备（扫描仪）数据输出设备（绘图仪、打印机）以及网络通信设备。

2．计算机软件系统

计算机软件系统指运行 GIS 所需的各种程序。通常包括计算机系统软件（如操作系统、汇编程序、编译程序以及各种维护程序等）、基础软件（图形、数据库等）和地理信息系统软件（包括 GIS 基本功能软件、GIS 应用软件等）。

3．地理数据

数据是 GIS 中最重要的组成部分，没有数据，GIS 将不能运行，而运行 GIS 的相关地理数据是用户通过数字化仪、扫描仪等设备输入到 GIS 的地理数据库中的。

4．人员

从事 GIS 的工作人员包括 GIS 系统的设计、开发和维护的计算机技术专家、程序员及操作人员。

5．方法

GIS 常用一些对专业领域的具体对象与过程进行大量研究的基础上总结出来的规律进行分析来解决实际问题。

（三）GIS 的主要特点

1. 空间地图的电子化

GIS 系统能够根据用户的要求生成各种类型的专题地图,电子地图可以拥有比一般地图大几百、几千倍的地理信息容量。

2. 方便灵活地查询与交流空间地理信息

GIS 系统能够对空间地理信息进行快速搜索和复杂查询。

（1）可视化查询:直接通过地图进入数据库进行查询相关内容;

（2）基于空间地理信息的条件查询:可以在地图上任意划定的区域内进行查询;

（3）以某一点为中心的查询:可以在指定任意半径区域范围内查询;

（4）基于互联网的查询:可以实现远程空间地理数据与图形、图像的查询。

3. 快速采集与分析空间地理信息

GIS 系统能够对各种空间地理数据进行查询、采集、编辑、统计与分析。如准确计算出指定区域的面积、地图中任意两点的距离,地图中任意两点的路线选择方案,估算出现代物流移动终端在地图上两点间移动所需要的时间等。

二、GIS 技术在供应链管理中的应用和服务

通过 GIS 所提供的地理数据处理功能,可以将电子地图和关心的数据同时展现出来,并通过在电子地图上的点击,获得与地理相关的企业运营信息。比如,在供应链管理中的配送服务,GIS 就能够充分利用自身的优势进行数据分析。

1. 车辆路线模型

利用分析和模拟车辆路线模型,可以解决在一个起始点、多个终点的货物运输中如何降低作业费用,并保证服务质量的问题。包括决定使用多少车辆,每辆车行驶的路线等。

2. 网络分配模型

利用网络优化配送路径,解决寻求最有效的分配货物路径问题即网点布局问题。例如将货物从 N 个仓库送到 M 个商店,每个商店都有固定的需求量,因此,需要确定由哪个仓库提货送给哪个商店,所耗的运输代价最小。

3. 分配集合模型

应用分配集合模型可以根据各个要素的相似点把同一层上的所有或部分要素分为几个组,来解决确定服务范围和销售市场范围等问题。如某一个公司要设立 X 个分销点,要求这些分销点要覆盖某一地区,而且要使每个分销点的顾客数目大致相等。

4. 设施定位模型

运用设施定位模型,来确定一个或多个设施的位置。例如,在企业配送中心,仓库和运输线共同组成了配送网络,仓库处于网络的节点上,节点决定着线路,如何根据供求的实际需要并结合经济效益等原则,在既定区域内设立多少个仓库,每个仓库的位置,每个仓库的规模,以及仓库之间的货物配送关系等问题,运用上述模型能容易地得到解决。事实上,凡是涉及地理分布的领域都可以运用 GIS 技术。

-小贴士

一家 24 小时连锁零售企业,在全国各地都有自己的店面,以及设在许多城市中的商品配送中心,巨大的物流、资金流、信息流在不同的点之间 24 小时无间断地流动。现在的ERP 系统通常只能为管理者提供来自不同店面的数据表格。

当它运用 GIS 系统之后,则可以动态地从地图的某个自行定义的视窗上,通过颜色、柱状图或者其他可视化方式,直观地反映出来自不同店面的数据,让数据随地区分布的特征一览无余。

第六节 EDI 技术在供应链管理中的应用和服务

在供应链管理的应用中,EDI 是供应链企业信息集成的一种重要工具,它可以在合作伙伴企业之间交互信息,特别是在全球进行合作贸易时,它成为供应链中联接节点企业的商业应用系统的媒介。

一、EDI 介绍

(一)EDI 的定义

电子数据交换(Electronic Data Interchange,EDI),是 20 世纪 80 年代发展起来的集计算机应用、通信网络和数据标准化为一体的产物。

国际标准化组织(ISO)把 EDI 描述成"将贸易(商业)或行政事务处理按照一个公认的标准形成结构化的事务处理或信息数据格式,从计算机到计算机的数据传输方法"。

国际电报电话咨询委员会(CCITT)将 EDI 定义为"从计算机到计算机之间的结构化的事务数据互换"。又由于使用 EDI 可以减少甚至消除贸易过程中的纸面文件,因此,EDI 又被人们通俗地称为"无纸贸易"。

构成 EDI 系统的 3 个要素是 EDI 软件和硬件、通信网络以及数据标准化。实现 EDI需要相应的硬件和软件,EDI 软件将用户数据库系统中的信息翻译成 EDI 的标准格式,以供传输和交换。通信网络是实现传输和交换的必要条件。同时 EDI 需要标准的数据格式。

（二）EDI 和传统交易的不同

EDI 实行一种采用计算机通过数据通信网络将标准化文件在参与方之间进行自动交换和处理的工作方式。从 EDI 定义不难看出，EDI 包含了 3 个方面的内容，即计算机应用、通信、网络和数据标准化。

EDI 的工作方式是用户在现有的计算机应用系统上进行信息的编辑处理，然后通过 EDI 转换软件（Mapper）将原始单据格式转换为平面文件（flat file）。平面文件是用户原始资料格式与 EDI 标准格式之间的对照性文件，它符合翻译软件的输入格式，通过翻译格式变成 EDI 标准格式文件。

最后，在文件外层加上通信交换信封填充，通过通信软件送到增值服务网络（VAN）或直接传给对方用户。对方用户则进行反向处理，最后转换为用户应用系统能够接受的文件格式，并进行收阅处理。

下面以企业贸易伙伴间手工处理和 EDI 处理贸易单证的两种方式来说明 EDI 和传统交易的不同。

1. 手工处理

（1）操作人员首先将企业数据库中存放的数据打印出来，形成贸易单证。

（2）通过邮件或传真的方式发给贸易伙伴。

（3）贸易伙伴收到单证后，再由录入人员手工录入到自己企业的数据库中，以便各个部门共享。整个过程，如图 2-4 所示。

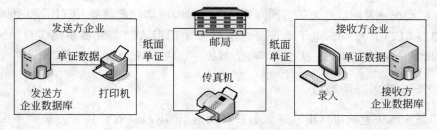

图 2-4　手工条件下贸易单证的传递方式

2. EDI 处理

（1）数据库中的数据通过一个翻译器转换成字符型的标准贸易单证。

（2）通过网络传递给贸易伙伴的计算机。

（3）贸易伙伴的计算机通过翻译器将标准贸易单证转换成为本企业内部的数据格式，存入数据库。整个过程，如图 2-5 所示。

图 2-5 EDI 条件下贸易单证的传递方式

从上面两个处理方式可以看出,在 EDI 交易模式中用计算机网络进行电子数据交换,免去了人工产生纸张文件及传送和再输入计算机等环节,使效率大大提高,错误减少,成本降低。

(三) EDI 的特点

在几十年的发展和应用中,EDI 形成了如下特点:

(1) 成功地应用于不同的组织之间(企业或与事业机构间)的电子贸易,但在设计上不是为方便企业与消费者之间的交易。

(2) 所传送的资料文件必须是格式化的,这样有利于文件的查错、纠错,以及计算机自动完成资料的相关处理和传递。

(3) 做到了贸易链上的各个环节或行政事务的各个单位都共享一次性输入的数据,完全避免了人工的重复输入。

(4) 尽量减少人工操作的介入,尽量交由收方、发方的计算机系统自动完成业务处理。

(5) 已经统一采用世界公认的国际标准。(例如,通信标准遵照 CCITT X. 400,电子单证传送遵照 CCITT X. 435,电子单证格式遵照 UN/EDIFACT。北美早期实行 ANSI ASC X. 12,而欧共体采用 TEDIS。从 1997 年起,都统一到联合国制定的 UN/EDIFACT。)

(四) EDI 技术的新趋势

EDI 是实施快速响应(QR)、高效消费者响应(ECR)、高效补货等方法必不可少的技术。目前几乎所有的供应链管理的运作方法都离不开 EDI 技术的支持,美国《财富》杂志评选出的全球 500 家大企业都应用 EDI 系统与它们的主要顾客和供应商交换商业信息。

随着 Internet 的迅速发展,传统的基于增值网(VAN)的 EDI 模式不再是单一的模式,一种新的以 Internet 为基础,使用可扩展标识语言 XML 的 EDI 模式,即 XML/EDI 越来越受欢迎。基于 XML 的 EDI 有很好的发展前景,因为 XML 可用于 Web 服务器和浏览器之间无须原有系统对数据结构的任何预先描述,它保持了数据的内容和结构,却将商业规则从数据中分离出来,这种灵活性使得运营费用大为减少,使得更多企业可以加入到电子商务中。

二、EDI 技术在供应链管理中的应用和服务

在供应链管理中,EDI 是供应链企业信息集成的一种重要工具。同时也是一种在合作伙伴企业间交换信息的有效技术手段,是供应链中联结各节点企业的商业应用系统的媒介。通过 EDI,可以减少纸面作业,更好地实现沟通和通信,使企业快速获得信息,提高生产率,降低成本,并且能为企业提供战略性的利益,如改善运作、改善与客户的关系、提高对客户的响应、缩短事务处理周期、减少订货周期、减少订货周期中的不确定性,增强企业的国际竞争力等。

EDI 技术被应用于供应链管理中,成为供应链管理实现快速反应(QR)、高效客户反应(ECR)、高效补货等方法必不可少的支撑技术。有统计表明,通过使用 EDI 技术,能够缩短整条供应链订单履约周期 36%,降低存货水平 36%,增加数据交换的准确性 27%,并大大缩短了供应链的反应时间。

(一)EDI 技术在供应链管理中不同行业的应用和服务

1. 在制造业

对于制造业来说,利用 EDI 和 JIT 即时响应可以有效地减少库存量及生产线待料时间,降低生产成本。制造业 EDI 模型的运作步骤如下:

(1)制造商需要采购一批零件,通过订单信息系统自动启动本单位的 EDI 系统向生产厂家发出订单。

(2)生产厂家接到 EDI 订单后,EDI 系统自动处理该订单,检查其合法性和完备性,回复确认订单。通知生产厂家的生产管理系统或 CIM 系统,以便安排零件生产,并同时向供应商发出 EDI 订单订购原材料或零件,向交通运输单位发出预订货物运输集装箱 EDI 订单,必要时向海关、商检等有关部门申请出口的 EDI 证书,向制造商开出 EDI 交货通知和发票,通知银行结算等。以上过程启动了报文生成及处理模块,并生成相关单证。

2. 在零售流通业

对于零售业来说,利用 EDI 可以建立快速响应系统,减少了商场库存量与空架率,加速资金周转,降低物流成本;建立起物流配送体系,完成产、存、运、销一体化的供应链管理;在各部门不需经常接触的情况下,EDI 能加强组织内部的协调。

3. 在运输配送业

在运输配送业,利用 EDI 可以快速通关报检、经济的使用运输资源,降低贸易运输空间、成本与时间的浪费。

4．在金融业

EFT 电子转账支付，减少金融单位与其用户间交通往返的时间与现金流动风险，并缩短资金流动所需的处理时间，提高用户资金调度的弹性，在跨行服务方面，更可使用户享受到不同金融单位所提供的服务，以提高金融业的服务品质与项目。

5．在外贸行业

在外贸行业中已经实现了进出口业务中单据的 EDI 自动传递和无纸化贸易。

（二）EDI 技术给供应链带来的效益

1．缩短业务运作时间

由于供应链中交易双方的信息是由计算机网络传输，瞬间即达，可大大缩短业务运作的时间。

2．降低出错率

由于 EDI 是采用通用格式，并且信息处理是在计算机上自动完成的，无须人工干预，所以除节约时间外，也可大幅度降低业务处理过程中的差错率，从而降低出错成本。

3．节省库存费用

由于使用 EDI 后可大幅度缩短供需双方的业务处理时间，因而需方可减少库存，从而降低库存成本。

4．节省人事费用

使用 EDI 后不再需要人工填表、制单、装订、打包、邮寄等一系列过程，可节省人力。

5．降低贸易文件成本

EDI 技术实现贸易无纸化，大幅度节省纸张、印刷、贮存及邮寄的费用，降低了贸易文件成本。

6．企业国际化

随着企业使用 EDI，并且 EDI 采用国际标准，在业务上不再受到地域的限制，而是走向全球，使企业能和国际上的各个企业进行贸易合作。

7．消除不确定因素

供应链中最主要的不确定性因素是最终消费者的需求，为消除不确定性，必须对最终消费者的需求做出尽可能准确的预测，供应链中的需求信息都来源于而且依赖于这种需求预测。利用 EDI 相关数据进行预测，可以减少供应链系统的冗余性，提高预测信息的质量，从而减少来自用户需求的不确定性对供应链的影响。

（三）EDI 技术在供应链管理中的地位

在供应链管理的应用中，EDI 是实现供应链上下游信息交互的有效技术手段。特别是在国际贸易中有大量文件传输的条件下，EDI 更是供应链管理的主要信息手段之一。利用 EDI 能清除职能部门之间的障碍，使信息在不同职能部门之间通畅、可靠地流通，能有效减少低效工作和非增值业务（Non-Value Added），提高企业内部的生产效率，降低运作成本。

与此同时，可以通过 EDI 快速地获得信息，更好地进行通信联系、交流，改善渠道关系，提高对客户的响应，缩短事务处理周期，减少订货周期以及不确定性，更好地为用户提供服务，有助于企业争取到一般销售人员可能联系不到的顾客。

利用 EDI 相关数据，并借助于某些 ERP 软件，能够对未来一段时期内的销售进行预测，从而控制库存水平，缩短订单周期，提高顾客满意度并且提高企业的国际竞争力。

就业能力实训

EDI 技术在供应链管理中的应用——上海港航 EDI Express 的应用

【技能训练】

学会安装信息技术软件，按软件的要求进行设置并调试。

（基本计算机操作，在供应链中常用到信息技术，因此，常用信息技术的使用及安装是对学生的基本要求。）

【技能学习】

在老师的指导下学习使用信息技术软件。

一、进入系统
单击桌面"EDI Express"图标。

二、系统维护
可以进行用户设置、获取管理员密码及进行系统设置。

三、单证制作
单证制作是 EDI 软件在本地操作的一个重要环节。制作过程如下：

1. 选择
选择"单证制作"菜单，选择"新建"，弹出"创建新单证"窗口。

2. 制作

在弹出的窗口中选择要制作的单证类型,制作单证(以创建装箱单报文为例制作新单证)。双击"COSTCO 装箱单报文",进入单证制作窗口,如图 2-6 所示。

3. 输入单证内容

输入界面是以箱号为关键字段,同一箱号下可以输入多票提单。输入数据时,请注意使用标准化代码。如有补充信息,单击"补充信息"按钮或按"ALT+Z"键,在弹出窗口中输入相关信息,(本例仅供参考,不代表真实数据)如图 2-7 所示。

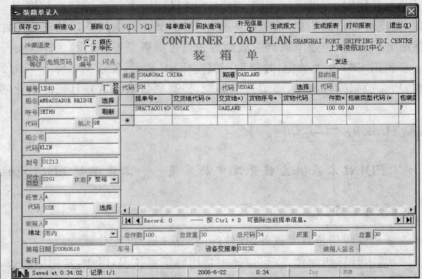

图 2-6 创建新单证   图 2-7 输入单证内容

4. 保存单证

单证内容输入完整后即可单击"保存"按钮或利用"Actrl+S"键保存单证。若单证必选内容没有输入,系统会弹出提示信息,输入必要内容。

5. 生成报文

制作好的单证以 EDI 报文形式发送出去,要将单证翻译成 EDI 报文。软件 EDI Express 具备将单证转化成标准的 EDI 报文的功能。

(1)装箱单的数据信息输入完毕后,生成 EDI 报文。单击"生成报文"按钮,进入"报文生成"窗口。

(2)选择"船名/航次",自动生成报文头信息。报文还可以发给多个接收方,若要将此报文发送给多个接收方只需要在其他接收方后的编辑栏中选择用户,如图 2-8 所示。

(3)单击"生成报文"按钮,生成 EDI 报文。文件保存到先前系统参数设置时的发送

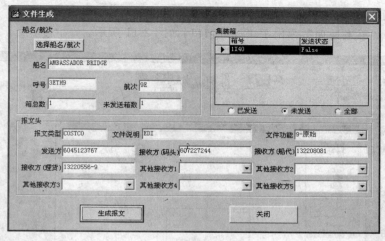

图 2-8　文件生成

目录下，文件名为"COSTO.＊"。此装箱单报文为 COSTCO.176。

四、单证校验

单证校验是 EDI Express 系统的重要功能之一。为了保证接收方能正确处理报文，对文件进行格式校验是十分必要的。系统在两个地方实现校验功能：

1. 在"/单证校验/格式校验/"或工具栏中"格式校验"按钮中实现。

（1）选择"格式校验"，弹出文件选择窗口。

（2）选择要校验的报文进行校验。

（3）显示校验结果，如图 2-9 所示。

图 2-9　校验结束

（4）查看校验结果，如图 2-10 所示。

图 2-10　显示校验结果

2. 在"手工处理"或"自动运行"中发送报文前进行校验。

(1) 选择"手工处理",弹出手工处理窗口,如图 2-11 所示。

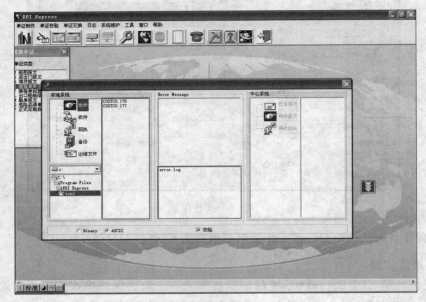

图 2-11 手工处理

(2) 在手工处理窗口中将校验前面的复选框选中,选择要发送的报文,在报文发送之前即对它进行校验。

五、单证交换

单证交换是报文发送传输的过程,有以下几个步骤:

1. 拨号

用户通过拨号或通过专线连接到 EDI 中心。在拨号连接界面中,如果自动拨号参数设置为 true,系统将自动拨号号码簿选择框中的信息保存起来,在系统自动运行时,系统会调用该自动拨号号码簿来拨号。注意:如果用户在自动运行时,不需要断开拨号连接,而应将自动拨号参数设置为 false。

2. 连接

当用户通过拨号连接到 EDI 中心的服务器上时,即连接上了用户的远程目录。进入菜单"/单证交换/连接"或单击"连接"按钮,如果系统已设置好,即可连接网络。连接成功后,可进行报文收发处理。进入菜单"/单证交换/断开连接"或单击"断开连接"按钮,将断开网络连接。

3. 报文发送

EDI Express 提供了手工处理和自动处理两种传输方式。

（1）手工处理

单击快捷按钮 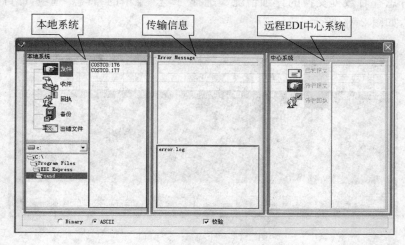即可进入手工处理方式。手工处理方式窗口界面分为本地系统、传输信息和远程 EDI 中心系统 3 个部分，如图 2-12 所示。

图 2-12　手工处理运行界面

选中文件后，右击文件列表框，可打开、删除、复制、粘贴该文件，或刷新该目录。

（2）自动处理

自动处理是指用户与 EDI 中心连接之后，系统进入自动运行状态。当系统检测到有需要发送的报文，将自动拨号、连接中心主机、发送/接收报文以及断开拨号连接，如图 2-13 所示。

图 2-13　自动处理运行界面

4. 接收回执

当中心接收到报文，会及时反馈给用户一个"Received"的回执，确认已收到报文；再过数分钟，反馈给用户另一个"Sent"的回执，确认报文的接收方已收取该报文。

六、查看日志

EDI 软件 EDI Express 会将收发报文的信息都存放在数据库中，用户可以通过查看数据交换日志查看数据交换的详细情况。选择"日志"菜单的"日志"选项，即可打开"传输日志"窗口，如图 2-14 所示。

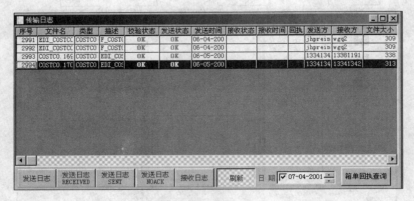

图 2-14 "传输日志"窗口

注：本部分参考上海港航 EDI 中心的 EDI Express 软件的相关内容及《物流信息技术与应用》

要求学生利用 EDI 软件制作一个完整的流程，包括单证的制作、单证的校验、单证的交换及在日志中查看各种报文收发的信息。

【实践过程】

分组实验：假定学生自己为买方，利用 EDI 软件实现一个完整的流程。

1. 制作订单

买方根据自己的需求在本地计算机上操作，在订单处理系统上制作订单，产生一份电子订单，并生成 EDI 报文。

2. 订单校验

为了保证接收方能正确处理报文，在发送报文之前应对生成的报文进行检验。

3. 报文发送

买方将此电子订单通过 EDI 系统传送给供货商，从本章的 EDI 交易过程图中可知该电子订单是通过网络进行传输，实际上是发向供货商的电子信箱，它先存放在 EDI 交换中心上，等待供货商进行接收。

4. 查看日志

EDI 软件 EDI Express 会将收发报文的信息都存放在数据库中，用户可以通过查看数据交换日志查看数据交换的详细情况。

本章小结

信息技术是指获取、传递、处理、再生和利用信息的技术,泛指能拓展人们处理信息能力的技术。本章介绍信息技术在供应链中得到了广泛的应用。条码技术作为自动化识别技术,能够快速、准确而可靠地收集信息,条码技术同时也是实现 ECR、QR、连续补充(CR)、自动化补充(AR)等供应链管理策略的前提和基础;RFID 可以对所有供应链上的环节进行实时监控,大大提高了业务运行的自动化程度,大幅降低差错率,能提高供应链的透明度和管理效率;GPS 技术在供应链管理中可以有车辆跟踪、出行路线规划和导航规划、交通指挥等的应用和服务;GIS 在供应链管理中主要应用于物流分析。

在供应链管理中应用 EDI 技术,可以为快速反应、高效客户反应、高效补货等方法提供必不可少的支撑技术。

总之,采用先进的信息技术,进行供应链的优化和重组,实现供应链上各个节点的信息共享,可以降低库存水平,提高搬运和运输效率,减少递送时间,提高订货和发货精度以及回答顾客的各种信息咨询等目标,提高供应链整体的竞争力。

经典案例

沃尔玛供应链管理中的信息技术

沃尔玛公司作为全球有名的零售商,在 2006 年 1 月 31 日的财政年度里取得了 3 124 亿美元的销售额。目前,沃尔玛在全球拥有超过 170 万名员工,在美国拥有 3 864 家分店,并且在包括墨西哥、波多黎各、加拿大、阿根廷、巴西、中国、韩国、日本、德国以及英国等国家拥有 2 670 家分店。沃尔玛的核心竞争力是建立高质量、高效率的供应链管理。

实现供应链的基础是信息共享,沃尔玛在运用信息技术支撑信息共享方面一直走在许多零售连锁集团的前面。

1. 利用电子交换系统(EDI)与供应商建立了自动订货系统,通过网络系统向供应商提供商业文件、发出采购指令,获取收据和装运清单等,同时也让供应商及时准确把握其产品的销售情况。

2. 和体斯公司合作发射了一颗商用卫星。使公司总部与全球分店、配送中心以及供应商通过卫星和共同的电脑系统进行联系。位于全球的门店通过全球网络可在 1 小时之内对每种商品的库存、上架、销售量全部盘点一遍。

3. 庞大的数据中心使管理人员能够对日常运营与企业战略做出分析和决策。并且实现了快速反应的供应链管理库存 VMI。供应商通过这套系统可以进入沃尔玛的电脑配销系统和数据中心,直接从 POS 得到其供应的商品流通动态状况;或查阅沃尔玛产销计划。这套信息系统为生产商和沃尔玛两方面都带来了巨大的利益。

4. 沃尔玛及其供应商 WarnerLambert,以及他的管理软件开发商一起联合成立了零售供应和需求链工作组,进行合作计划、预测与补给,即 CPFR。在供应链运作的整个过程中,CPFR 应用一系列技术模型,对供应链不同客户、不同节点的执行效率进行信息交互式管理和监控,对商品资源、物流资源进行集中的管理和控制。

通过共同管理业务过程和共享信息来改善零售商和供应商的伙伴关系,提高采购订单的计划性,提高市场预测的准确度,提高供应链运作的效率。

先进的商业管理思想和信息技术的结合,使沃尔玛摆脱了传统零售业分散、弱小的形象,并创造了零售业工业化经营的新时代。

资料来源:胡松译.向沃尔玛学供应链管理.北京:北京大学出版社,2006.

课后思考

❖ 简述 GIS 在供应链中的应用。
❖ 简述 GIS 系统的 5 个构成部分。
❖ 简述 GPS 系统的特点。
❖ 简述 EDI 的特点。
❖ 简述 EDI 的工作方式。

第 三 章

电子商务与供应链管理

课前知识梳理

- ❖ 了解电子商务下供应链管理的模式和策略；
- ❖ 熟悉电子商务的配送模式；
- ❖ 掌握电子商务配送中心的设计方法。

本章关键知识点

- ❖ 区别不同电子商务的供应链管理；
- ❖ 分辨电子商务的配送模式；
- ❖ 设计简单的电子商务配送中心。

📖 引导案例

沃尔玛公司的物流配送业务运作

沃尔玛公司是全美零售业务年销售收入居第一的著名企业，素以精确掌握市场，快速传递商品和最好地满足客户需要著称。之所以能取得如此辉煌的业绩，其中一个极为重要的因素就是沃尔玛拥有自己庞大的物流配送系统，并实施了严格有效的物流配送管理制度。这确保了公司在效率和规模成本方面的最大竞争优势，也保证了公司顺利地扩张。

1. 配送中心的设立

从建立沃尔玛折扣百货公司之初，公司就意识到有效的商品配送能保证公司达到最大销售量和最低成本的存货周转及费用的核心。而唯一使公司获得可靠供货保证及提高效率的途径就是建立自己的配送组织，包括送货车队和仓库。

随着沃尔玛的成长,公司意识到配送中心的好处不仅是使公司可大量进货,而且通过要求供应商将商品集中大量送到配送中心,再由公司统一接收、检验、配货、送货,比让供应商将商品分散送至各分店更经济。于是在1969年,沃尔玛的第一个配送中心建成了,当时即可集中处理公司所销售商品的40%,提高了公司大量采购商品的能力。

2. 第二个配送中心的建立

第一个配送中心始建于1975年,约1.4万平方米,它不承担仓储功能,而是一个转运站,统一接收供货方送来的大宗物品,经检测、编配后转换到公司的送货卡车上。到20世纪80年代末,沃尔玛的配送中心已增至16个;20世纪90年代初达到了20个,总面积约160万平方米。整个公司销售8万种商品,85%的商品由这些配送中心供应。

3. 配送作业方式

在配送运作时,大宗商品通常经由铁路送达自己的配送中心,再由公司卡车送至商店。每店一周收到1~3卡车货物,60%的卡车在返回自己配送中心途中又捎回从沿途供应商处购买的商品。这样的集中配送为公司节约了大量金钱,据统计,20世纪70年代初,公司的配送成本只占销售额的2%,比一般大零售公司低了近一半。同时,集中配送还为各分店提供了更快捷、更可靠的送货服务,并使公司能更好地控制存货。竞争对手却只有50%~65%的商品实行集中配送。

4. 配送中心的运行及管理

沃尔玛的配送中心运行完全实现了自动化。每个配送中心约10万平方米,相当于23个足球场,占地约6 000万平方米。中心的货物从牙膏、卫生纸、玩具到电视、自行车等应有尽有。每种商品都有条码,由十几千米长的传送带传送商品,电脑追踪每件商品的储存位置及运送情况,每天能处理约20万箱的货物配送。

配送中心的一端是装货月台,可供30辆卡车同时装货,另一端是卸货月台,有135个车位。每个配送中心有600~800名员工24小时连续作业,每天有160辆货车开进来卸货,150辆车装好货物开出。配送中心每年处理商品在配送中心停留的时间总计不超过48小时。数亿次商品,99%的订单正确无误。

资料来源:http://wenku.baidu.com/view/066456ef5ef7ba0d4a733bf2.html.

第一节　供应链上的电子商务平台

具有信息技术特点的电子商务使企业在进行横向一体化时能提高整个供应链的核心竞争能力,从而达到提高自身的市场占有率。因此,供应链中的现代企业必须了解电子商务对其带来的影响,以及充分利用电子商务的特点,实现企业的利润最大化。下面我们分别从电脑行业、图书销售行业两个方面用实例来分析电子商务与供应链的整合。

一、在电脑行业——戴尔公司

戴尔计算机公司于 1984 年由现任总裁暨执行长 Michael Dell 创立,他同时也是目前在计算机界任期最久的总执行长。他的简单经营理念创造出戴尔企业独树一帜的风格:依照不同需求,为客户量身定做计算机。

在传统的个人电脑行业中,个人电脑的制造商为了在零售店销售电脑必须先装配好电脑。而像戴尔等个人电脑公司采用了电子商务之后可以依照不同需求,为客户量身定做计算机。即在接到订单之后才开始装配电脑。

(一)电子商务对个人电脑行业收入的影响

戴尔公司在 Internet 上销售个人电脑的主要劣势是:不能吸引需要几天的等待才能拿到电脑的客户;不能吸引在选购时需要大量指导的客户。但是相对而言愿意选择自己的电脑并愿意等待送货的客户群是庞大的。戴尔公司和其他计算机厂商网上销售的目标就是这部分客户。

戴尔公司能够利用由电子商务提供的绝大多数提高收入的机会:

1. 向客户提供直销

制造商在传统销售渠道中与客户是没有直接联系的,运用电子商务,制造商和供应链其他成员可以跳过中介机构直接向客户销售产品,以降低中介机构成本,增加总收入。戴尔公司就是面向消费者直接销售电脑,而不通过分销商。这样,戴尔公司就不必与分销商分享利润,故提高了收益。

2. 提供个性化信息和产品定制服务

客户可以利用 Internet 来选择推荐的电脑配置,也可以通过定制来选择自己满意的处理器、内存、硬盘和其他配件,戴尔公司可以由有限的种类组合出几乎是无限的电脑配置。这使得戴尔公司可以吸引看重这项服务的客户,并且戴尔公司透过首创的"直销模式",直接与大型跨国企业、政府部门、教育机构、中小型企业建立合作关系。

大规模定制能够充分了解、捕捉与满足顾客的真正需求,因为它是根据顾客的实际选择,按订单制造、交货的,没有生产效率的损失,且实现了一对一的直接联系。

3. 缩短新产品上市时间

计算机行业的产品更新速度非常快,只有几个月的生命周期。戴尔公司能够充分利用 Internet 将新产品推向市场,只要有第一台新型号的电脑准备开始装配,戴尔公司就可以在网上向客户介绍该产品,一旦有了这种新产品的配件,戴尔公司就可以向客户提供,而通过零售商销售的电脑厂商要花更长的时间才能把新机型推向市场。这使得戴尔公司能更快地在产品的生命周期中获得利润优势。

4. 实施弹性定价

利用电子商务,戴尔公司能及时掌握客户的实际选择,了解基本配件的需求情况,能及时根据当前库存和需求情况调整价格,实现收入最大化。

(二)电子商务对计算机行业成本的影响

电子商务在为供应链总收入的提高提供机会的同时,也提供了降低供应链成本的机会。戴尔公司作为网上直销方式的代表主要在以下几个方面降低成本:

1. 库存成本

传统的销售电脑的连锁零售店要求在每个商店都设置库存,这使得库存成本增加。而电子商务不必在客户居住地附近设置库存,因此它能够在地理位置相对集中的地方设置库存,方便进行库存管理,降低库存成本。

比如,戴尔公司在全球有 6 座工厂,包含马来西亚的槟城(1996 年 1 月成立)和中国的厦门(1998 年 8 月成立)。它将原本下给 200 多家供货商的订单集中交给其中 50 家,但条件是他们在戴尔工厂旁边盖仓库,就近供货,不愿配合的就从供应链剔除。

戴尔公司本身的零件库存不到 2 小时,接到订单后,再通知供货商送零件来,从进料到组装完出货只要 4 小时。戴尔公司通过客户下完订单之后再进行装配这样的事实,以零配件的形式保持库存,而零配件对于多样化的产品是通用的。

对于新型的电脑需求,戴尔公司主要采取延迟策略以降低库存成本。因为从客户发出订单到他预期的货物送达时间之间会有一段时间滞后,这使得戴尔公司可以在产品订单发出之后再开发新的产品,就能够显著降低库存成本。

电子商务能够很容易地实现供应链各节点企业之间需求信息共享,这也从一方面减少了库存,从而缓解了"牛鞭效应"。

2. 设施成本

由于戴尔公司采用的是网上直销型,所以它没有实体的分销和零售网点,这使得戴尔公司只需承担制造设备成本和为存放零配件的仓库成本,也就是说电子商务保证了戴尔公司有较低的设施成本。

戴尔公司由于有顾客参与产品的选择并下订单,有利于降低资源成本。因为顾客一般会先查看产品是否有存货再下订单。

3. 运输成本

相对于通过分销商和零售商销售电脑的供应链而言,电子商务使得戴尔公司供应链的整体运输成本更高。因为戴尔公司是直接将单台电脑从工厂送到客户手中,而通过分销商和零售商销售电脑的制造商则用卡车将大批电脑运到仓库或零售店中。

（三）电子商务对戴尔公司供应链的影响

对于个人电脑行业来说，戴尔公司完成了电子商务和制造业的完美整合，下面从各方面来列举电子商务对戴尔公司供应链的影响：

（1）戴尔所开创的直销模式，冲击所有的制造业，进而改变产业形态。

（2）网络的出现，让戴尔的先接单后生产模式，交货时间提升到只要 8 小时。

（3）使用供应链管理软件彻底 e 化供应链，整合上下游厂商。

（4）戴尔组装一台计算机只要 4 小时，存货周转天数只有 5 天，约为同业的 1/10。

（5）戴尔位于得州 20 万平方米的大 OptiPlex 工厂，组装零组件的库存时间只要 2 小时，零件的库存间只有 10 平方米。

（6）零库存减少库存造成的现金积压和跌价损失。

（7）用信息取代库存——管理供应链的精神，就在于用信息取代库存。

戴尔计算机每 2 小时排一次生产流程，好处是库存可以降低，如果客户取消订单，戴尔计算机可以把这笔订单转到其他客户，或在网络上拍卖，减低损失。

（8）把顾客和供货商的营运活动一起整合进来

戴尔用供货商关系管理（SRM）系统来管理全球各地不同供货商，包括做预估、订货、出货、品质、物流和服务等，便于评鉴供货商，作为选择成为长期伙伴或替换的依据。供货商关系管理等于是供应链管理的延伸，从物料管理进入更深层的信息流通，让合作关系更密切。

（9）顾客关系管理

在顾客方面，整合了顾客关系管理（Customer Relationship Management，CRM）的软件，让顾客那一头的下单状况透明，使得工厂和后续供货商那边可以配合更好，预估做得更准确。

（10）贴近市场需求

接单生产的模式可以真实掌握客户需求的数据，一笔勾销由订购、制造到配送的高摩擦成本，使它可以发动价格大战，把对手逼上死角。

（11）产品永远新鲜

正因跟市场一样快的接单生产，戴尔从不担心库存跌价带来的庞大损失，因为戴尔产品的平均库存天数只有 5 天，远远领先竞争对手惠普公司与捷威公司的 50～90 天，产品永远新鲜。

（四）电子商务对传统个人电脑厂商的价值

以上综述，可以看出采用电子商务定制模式的戴尔公司最适合利用电子商务的优势，但是并不是说通过零售商和分销商销售的传统计算机制造商就完全没有可借鉴之处。

通过常规渠道可以销售一些需求容易预测的标准化产品,这样可以降低供应链运输成本,常规渠道适合低成本型号的电脑产品。而一些需求难以预测的新机型或个性化定制的电脑则可以通过电子商务的方式进行销售。

对于传统的计算机厂商来说,可以根据各自销售的产品特性,既利用电子商务的优势,又利用传统分销商和零售商渠道的特点。

对于计算机化程度不高的地区相对的无法享用到电子商务带来的便利,比如目前在中国会上网,根据自己需求订购计算机的人远比其他美洲国家少很多,甚至在亚洲国家这样的消费市场版图就相对地缩小了,原因在于线上采购机制付款方式还不够完善、PC 的普及率程度及对计算机之专业知识还很低。

若想攻占亚太地区市场,除沿用直销方式直接与客户打交道外,还应寻求其他销售管道,使消费者可有多重渠道买到戴尔计算机,真正达到与消费者双赢的状况。

二、在图书行业——亚马逊公司

亚马逊网上书店成立于 1995 年,是全球电子商务的成功代表。在亚马逊网站上读者可以买到近 150 万种英文图书、音乐和影视节目。自 1999 年开始,亚马逊网站开始扩大销售的产品门类。现在除图书和音像影视产品外,亚马逊也同时在网上销售服装、礼品、儿童玩具、家用电器等 20 多个门类的商品。

就在 2004 年快结束的 12 月 27 日,亚马逊(Amazon)公告说,在当年的美国圣诞假期之前的一天,平均每秒接下 32 张订单,创下了其成立 10 年来的新高。如果考虑到盈利状况的话,亚马逊公司实际上是亏损的。

(一)电子商务对图书行业收入的影响

电子商务对图书行业造成损失的原因有如下几方面:

1. 供应链增长

书店实际上是从出版社的折扣价格和零售价格的差价中取得利润的。但这种差价是出版社与传统书店在长期合作过程中约定俗成的,这样的利润对传统书店是合适的,但对网络公司而言显得有些不足。

亚马逊书店不能像戴尔公司那样可以自己生产产品,而是要从出版社或其他分销商那里购买书籍,这造成了更长的供应链,分销商的利润增加了采用电子商务的图书行业的成本。

2. 折扣定价

为吸引消费者在网上购书,亚马逊公司还经常打折以吸引顾客,这就更是雪上加霜,在本不多的利润中又少了一部分。

3. 等待时间过长

亚马逊书店不能吸引想尽快拿到书的客户,它不能像传统书店一样当客户想买哪种书时直接到收银台付款就可以拥有这本书。当然,亚马逊书店也能利用电子商务提供的优势来提高自己的收益。

通过亚马逊书店的 Web 网站,用户在购书时可以享受到很大的便利,比如要在 100 万种书中查找一本书,传统的方法可能要跑上几个书店,花费很多的时间,但在亚马逊,用户可以通过检索功能,只需点击几下鼠标,不久就会有人把想要的书送到家里了。

亚马逊书店另一个吸引人的方面是提供了很多的增值服务,包括提供了众多的书籍评论和介绍。而在传统销售方式下,这些增值服务会变得非常昂贵。

(二)电子商务对图书行业成本的影响

1. 库存成本

网上书店仍需有自己的仓库以便及时、可靠地把顾客需要的图书送达他们的手上。事实上,亚马逊公司通过在地理位置上把库存集中到几个地方来降低库存成本,一般情况下,顾客买书、下了订单后,亚马逊才从出版商或分销商那里进货,这有效地降低了库存成本。

2. 设施成本

相比传统的书店,网络公司的成本包括员工成本、网络设备等的成本远远大于传统书店。须知一个书店店员的工资是不能与一个网络工程师的工资相提并论的,一个 CEO 的工资可能要比整个书店所有员工工资和设备的总和还要多。

另一方面,电子商务也降低了亚马逊公司的部分设施成本。这主要体现电子商务通过集中所有库存、减少所需设施的数量,来降低设施成本。在网上商店不需要像传统连销书店一样必须拥有零售设施。

3. 运输成本

亚马逊公司供应链的运输成本比连锁零售书店的运输成本要高,因为零售书店不存在向单独客户送货的成本,而亚马逊公司的客户基本上是单独客户,因此,承担了把书从仓库送到客户手中的运输成本,并用最快捷的方式送货上门,这种成本占了书收益的相当大的比例。

4. 订单处理成本

在许多情况下,顾客参与产品的选择并发出订单有利于电子商务降低其资源成本,但这对于像戴尔公司这样的制造商而言是有效的,对于像亚马逊公司这样的网上书店而言则增加了订单成本。在传统书店,客户只需将书在收银台结账即可拥有这本书。而亚马逊公司则必须将书从仓库中提出来并包装好递送给客户,这需要较高的订单处理成本。

（三）电子商务对亚马逊公司供应链的影响

对比戴尔公司和亚马逊公司的表现可以得出电子商务给个人电脑行业带来更大的商机。两种商品的最大区别在于：个人电脑行业的产品可以在客户订单发出之后再进行组装发出，而图书行业的产品则是在订单形成之前就已经存在。

从亚马逊公司后来不得不涉及图书之外的产品可以看出，如果公司产品能够通过网上下载，则可以节省运输成本和时间。例如，网上音乐的 MP3 格式避免了所有与运送 CD 相关的成本。类似地，软件的下载避免了所有与生产、包装、向零售店运输 CD 相关的成本。

（四）电子商务对传统连锁书店的价值

传统连锁书店可以通过建立电子商务来弥补零售店的不足，利用电子商务的全天营业、不分地域、信息搜集迅速、信息量大的优势来补充传统连锁书店的缺陷（按时段工作、固定店铺、店内书的种类有限）。可以将网络的核心价值和传统书业的雄厚基础嫁接起来。

可以在传统书店中提供网上购书的功能，让消费者从中查找书店中暂时没有的图书，并通过网上下订单，这增加了书店提供书籍的多样性。而且在传统连锁书店中销售大多数消费者购买的书可以降低运输成本，设置网上购书的功能则有助于供应链降低库存成本。

对于网上书店的送货服务，传统连锁书店也可以提供一些差异化服务，比如客户支付较高的价格获得送货上门的服务，书店则支付运输成本；或者客户以较低的价格直接到书店进行取书，书店省去运输费用。

（五）电子商务下供应链的内容

随着数字签名、网上支付等关键技术的攻破和现代物流的不断完善，以网上商品采购销售为核心的电子商务迅速发展起来。在企业活动中，供应链以"链"的形式将供应商、制造商、零售商连接起来，形成了一条不可分割的、能共享技术和资源的业务流程。

企业利用现代信息技术，通过改造和整合业务流程，与供应商以及客户建立协同的业务伙伴联盟，应用先进的信息技术实施电子商务实现供应链管理目标，彻底打破"大而全"、"小而全"的传统企业模式，不断提高企业核心竞争力，使企业在复杂激烈的市场环境中立于不败之地。

1. 供应链管理产生的背景和内容

21 世纪，随着科学技术的进步和生产力的发展，全球经济一体化的特征越来越明显，国际市场日渐成熟，无国界化的企业经营的趋势也越来越明显。这主要表现在：顾客消费价值观发生了显著变化；面对一个机遇可以参加竞争的企业越来越多，增加了国际竞争的激烈性；全球政治、经济、社会环境发生了巨大变化。

此外，高新技术的迅猛发展提高了生产效率，缩短了产品更新换代周期，加剧了市场竞争的激烈程度，传统的管理思想已不能满足新的竞争形势，以"纵向一体化"为特征的传统的企业经营管理模式受到挑战。

20 世纪 80 年代，美国意识到了全球性的竞争使得市场变化太快，单个企业依靠自己的资源进行自我调整的速度赶不上市场变化的速度。为了解决这个影响企业生存和发展的世界性问题，有关报告提出了以虚拟企业或动态联盟为基础的敏捷制造模式，从而奠定了供应链管理的理论基础，并形成了一种新的企业经营模式。

从 80 年代后期开始，国际上越来越多的企业开始采用这种经营模式。企业只抓住最核心的产品方向和市场，资源延伸到企业之外的其他地方，借助外部资源快速响应市场需求，避免了自己投资带来的周期长和风险大的问题，赢得产品在低成本、高质量、早进入市场等方面的竞争优势，初步形成了"横向一体化"的思维方式。由此而产生的供应链管理是这种管理思想的一个典型代表。

供应链管理的基本思想是：任何一个企业都不可能在所有业务上成为世界上最杰出的企业，只有优势互补，才能共同增强竞争实力。供应链管理提出的时间虽然不长，但是已经引起了许多学者和企业界人士的广泛关注。

从 20 世纪 80 年代以来，工业发达国家中有近 80％的企业放弃了"纵向一体化"模式，取而代之转向全球制造和全球供应链管理这一新的经营管理模式，使供应链从一种作业性的管理工具上升为管理性的方法体系。

进入 21 世纪之后，供应链管理已成为企业适应全球竞争的一个有效途径，21 世纪的竞争不是企业与企业之间的竞争，而是供应链之间的竞争。

2. 供应链管理的特征

（1）在供应链上既有物流，又有商流、信息流

在信息充分流动、共享的前提下，供应链实现两种明显的功能，即物流功能和商流功能。物流功能是将原材料转化为最终产品，并将它们从供应链的一个节点转移到下一个节点；商流功能是确保各种产品具有一定的市场，能满足顾客的要求，并能实现价值增值。每种功能的实施均需一定的成本，主要为物流成本和商流成本。

物流成本包括运输、储存、包装、装卸、流通加工、配送等费用；

商流成本则包括市场购销行情预测费用、业务洽谈费用、缺货损失费用、供给超过需求的商品降价损失和企业因不能满足顾客需求所带来的负面效应而丧失的潜在顾客收入等。

物流成本与商流成本之和构成供应链的总成本，而影响这个总成本的关键因素是信息流的流动。无论在供应链哪一个环节上，都需要信息流的沟通，通过信息流的流动，让

供应链成为一个"有生命的整体"。

（2）供应链管理的侧重点在于物流

供应链管理是要对整条供应链中的物流和信息流进行管理，范围是供应链中的所有企业，即供应链成员（包括供应商、制造商、分销商、第三方物流公司、零售商和客户等）。信息流的管理技术如数据交换、信息共享等已得到初步的解决，对供应链的管理主要在于物流的管理，物流管理是一个系统的问题。

就库存来讲，不仅考虑在供应链上各个成员的库存，还要考虑各个成员之间的在途库存。同样对于运输，不仅要考虑运输成本，还要考虑库存的成本，要达到两者的统一。

（3）供应链管理有别于纵向一体化

纵向一体化是指建立一个包含生产和销售所有步骤的组织，从原材料的获取、提炼，经过产品的加工、装配，直到产品销售都集中到一个企业身上。一般而言，纵向一体化的公司具有非常强的独立性，在生产、流通、销售的许多环节都不会依靠别的企业。

随着经济的发展，人们逐渐认识到社会分工需要各企业集中优势资源发展核心业务，企业不擅长的方面则交给伙伴公司去做，于是，纵向一体化日渐被供应链管理所代替。实施供应链管理，可以为参与供应链的各企业带来巨大的经济效益外，也可以为消费者提供更好的服务和更大的价值。

3. 供应链管理的意义

（1）降低物流费用

供应链管理中降低物流费用主要是降低库存成本。在实施供应链管理的企业之间，通过电子数据交换，关于生产、销售、库存、配送的信息和数据能由各方共享，这样，供应链中的每个成员便能及时、准确地掌握整条供应链中原材料、在制品和制成品的流动情况、在途运输或配送的情况、库存状况、商品销售情况和顾客需求状况，使整条供应链的透明度增高，不确定性因素降低。在此基础上，企业就能根据市场需求信息迅速调整生产和配送，不需要备有大量的库存。

（2）降低交易费用

交易过程需要人力和时间，支付信息费用和其他一切开支，所以，市场的交易是要付出代价的。科斯认为，"通过形成一个组织并让某种权力（企业家）来支配资源，部分市场费用可以节省。"

交易费用的理论同样适用于供应链，重复发生的交易费用是社会财富和企业资源的浪费。然而，在供应链管理中，上、下游企业建立的是长期、稳固的关系，能在一定程度上减少谈判和履约费用，为企业节约资金。

（3）提高物流效率

按照产权经济学家阿尔钦和德姆塞茨的团队生产理论，通过团队生产创造的总产品大于每一参与单位的分产出之和。同样，供应链管理所产生的整体效益会大于各个供应链成员单独管理物流所得到的效益之和。它能实现单个企业无法完成的任务。

通过上、下游企业的合作建立快速反应系统,实施及时配送、不间断补货、有效客户回应等项目,可以缩短订货周期,对市场和顾客需求做出更加快捷的反应,提高供应链物流工作的效率。

(4) 提高顾客满意度

顾客满意度的提高一方面来源于物流成本的降低,顾客可以购买到更加便宜的商品;另一方面来源于物流服务水平的提高,送货速度的加快、缺货次数的减少、配送可靠性的增加和满足顾客个性化需求等都能提高顾客的满意度。

4. 供应链管理与电子商务的关系

信息技术的迅猛发展促成了电子商务的发展,电子商务为供应链管理提供了强有力支持。当然,单纯依靠电子商务技术手段,供应链管理不是就能够实现的,应该从系统工程的角度看待供应链管理。要实现供应链的科学管理必须将系统管理技术、电子商务技术、供应链技术、决策支持系统等有机地结合起来,并贯穿应用于供应链管理的各个环节。

(1) 系统管理技术是实现集成供应链管理的科学方法

所谓系统管理技术,是指用于供应链企业从市场研究分析、产品设计、加工制作、质量控制、物流、销售与用户服务等一系列活动的管理方法和技术的总和,体现对供应链企业的设计、管理、控制、评价和改善。

对供应链战略联盟的企业来说,进行管理是一项复杂的系统工作,它既需要先进的电子商务技术手段,又需要系统的管理方法来协调各方面的利益。协调各方面的利益就是要实现各方面利益的最大化,没有一个全局整体的管理是没有办法做到的。

对于单个企业来说,如何选择合作伙伴、寻求和评估机遇、进行企业流程重组、完成内部条件与外部环境的有机结合、对市场变化做出迅捷反应,都是非常关键的决策,而系统管理技术提供了对这种决策的方法支持。系统管理技术从管理信息系统、决策支持系统、信息接口技术、计算机辅助设计与制造等多方面为企业提供了开发、利用信息资源和智力资源的方法和手段,从而为供应链上资源的总体优化和产品寿命周期的缩短提供了方法上的支持。

(2) 电子商务技术为供应链管理提供技术支持

供应链上的企业都需要产品流动的信息,以便对产品进行接收、跟踪、分拣、储存、提货以及包装等。随着供应链上信息数量的增加,信息交互的频繁,对信息进行精确、可靠及快速地采集变得越来越重要。而电子商务技术正是为了降低信息交互成本、优化业务流程以及信息处理自动化而产生的。这些技术包括条码、EDI、EOS等。

(3) 供应链技术成为比以往更为有力的优化技术

供应链技术主要指快速反应、即时制配送、有效客户回应、不间断补货等技术。供应链技术能够使企业联系在一起,大面积地覆盖市场,建立起最大范围的供应链。企业通过广泛的网络联系,能够得到更多的市场信息,广泛地选择合作伙伴,使供应链能够灵活地适应市场的变化。

供应链技术的应用,一方面,可以理解为生产控制自动化向两端延伸,覆盖到企业间业务的无缝连接,从而形成了企业间无边界的、开放式的增值链条;另一方面,大大拓展了经济活动的范围,使供应链贯穿于整个生产经营活动全过程。而且这种以企业为中心、以电子商务为技术手段的供应链与传统的生产经营方式,正在发生着越来越明显的背离。

(4) 决策支持系统是辅助不确定需求管理

在电子商务条件下,供应链上驱动信息流和物流流动的是用户,供应链的管理必须深刻理解现实的和将要出现的顾客需求,顾客需求具有不确定的特点,对顾客不确定需求的管理变得非常重要,而决策支持系统就是为了解决不确定因素下的供应链管理提供了方法和途径。

在供应链的需求端,可以用一系列的电子商务智能决策支持工具对不确定需求的决策提供支持。电子商务智能决策支持工具主要有 3 个方面:

第一,采用含有计算机芯片的智能卡来收集顾客数据、顾客需求水平数据,用来发展在不同的当地市场提供个性化仓储类别和顾客定制的产品,满足多样化的需求。

第二,利用在线分析处理系统,对顾客的各种数据进行各方面的观察和分析,为决策提供思路。

第三,利用云计算。随着存放在大型数据库中信息可访问性的提高和扩大,随着云计算的出现,被授权的供应链决策者都能够通过网络得到决策支持的数据,在进行数据分析的过程中,通过互联网与用户进行互动,进行真实的模拟。

此外,群体决策为虚拟企业提供技术支持。

电子商务改变了企业的传统结构,使供应链企业成为复杂的网状结构,这时,供应链管理面对的是虚拟的战略联盟,群体决策支持成为供应链管理的必要辅助手段。

群体决策系统和分布式网络相结合,再综合利用电子商务提供的网上视频会议、电子数据交换、数字签名等技术手段,可以为战略联盟的决策、合同的签订等提供强有力的支持。

第二节　电子商务下供应链的分类

一、根据电子商务方式不同分类

1. 电子商务 B to B 供应链

在电子商务 B to B 下,供应链节点上的企业与企业之间是通过 Internet 或专用网方式进行各种贸易活动,供应链上的信息是共享的,企业与企业之间是共生的关系,在这样的条件下,企业之间的活动可以全部程序化:从企业内部和企业之间,从交易的达成,到产品的生产、原材料供应、贸易过程单据的传输、货款的清算、产品提供的服务等,均实现了一体化的网络信息传输和信息处理。

例如,一笔交易所涉及的信息,只需要人工的一次性输入,并得到网络的自动处理后,按照交易的流程自动生产适应供应链上企业内部与企业交流的相关单据或文件。这时,企业对企业的电子商务与企业内部的电子商务有机结合起来,实现供应链最大程度的自动化连接。

2. 电子商务 B to C 供应链

电子商务 B to C 下的供应链上游是网上购物的消费者,通过自动订货系统等信息技术,供应链上的企业直接面对着消费者,可以第一时间收集到市场的信息。与传统的供应链相比,结构进一步得到了简化,产品的周期大大缩短。

在电子商务 B to C 平台下,消费者通过搜索引擎,可以十分方便地比较不同供应链的产品的优劣,供应链的竞争将会非常激烈。生产没有个性化,性格比不高产品的供应链很快会被淘汰,而柔性的,虚拟的供应链将会脱颖而出。

二、根据供应链位置不同分类

1. 电子商务内部供应链

电子商务内部供应链是指企业内部产品生产和流通过程中所涉及的采购部门、生产部门、仓储部门、销售部门等组成的供需网络,通过 MRP/ERP 等信息化后,把原本分割的部门连成一个系统的整体,从整体上考虑成本和利润。

企业内部在实施信息化过程中往往需要进行业务重组,业务重组的关键是以顾客为中心进行业务流程优化,一般经过业务重组后根据需要生成采购管理、生产制造管理、销售管理、成本管理、财务管理、仓存管理、人力资源管理等系统。

2. 电子商务外部供应链

电子商务外部供应链则是指企业外部的,与企业相关的产品生产和流通过程中涉及的原材料供应商、生产厂商、储运商、零售商以及最终消费者组成的供需网络,通过 Intranet/Internet 等通信手段把它们连接起来。

电子商务内部供应链和外部供应链的关系:二者共同组成了企业产品从原材料到成品再到消费者的供应链。可以说,内部供应链是外部供应链的缩小化。如对于制造厂商来说,其采购部门就可看作外部供应链中的供应商。它们的区别只在于外部供应链范围大,涉及企业众多,企业间的协调更困难。

第三节 电子商务下供应链的配送控制

一、电子商务配送的特点

配送是电子商务的最后一个环节,是完成资源配置和满足消费需求的物流方式。配送能实现定时、定量、准时性、计划性、即时性,低费用甚至可以实现零库存,以至可以完全取代客户原有的供应系统,用更高的供应质量和更低的供应成本,对客户实现供应,达到企业销售和客户供应的一体化。

配送具有以下特点:

配送是严格按照用户所要求的货物名称、品种、规格、数量、质量、时间、地点等进行的,具有一定的计划性和相对稳定性;

货物的配备是在物流节点上进行的,包括配送中心、中转仓库、生产企业仓库、车站、港口等;

货物配送中的送货是以最合理的方式进行的,是通过科学计算制定的;

货物配送中的送货是送到用户认为最合理的地点,不一定是用户所在地。

电子商务模式下的配送由于顾客分布区域分散且不确定,所购商品的品种多,购买量小,因此,对配送时间、配送地点要求比较严格。正因为它比传统经济模式下的物流配送更加复杂,要求更严格,也就增大了物流配送的难度和物流配送的成本。因此,电子商务的配送要以最低的价格,在准确的时间把准确数据的商品送到客户手里。

二、配送中心的功能

1. 库存管理功能

库存管理功能包括商品入库的数量清点、质量检验、码垛堆放等,商品在库房中的分类、养护、保管、盘点、货位调整等,出库的拣货、打单、装卸、搬运等。

2. 商品配送功能

商品拣取及包装处理好后,需由运输设备送达客户手中,故商品配送时需包括派车计划及出货路线选择、装车调度等。其中,派车计划包括该批次出货商品所需配送车辆品种及数量,计算机管理系统中应包括路线选择系统来决定配送顺序,装车人员还可据此顺序装载商品。此外,还需开发配送途中配送状况的信息传输,以便在商品配送途中进行商品的跟踪、运送设备的监控管理及意外状况的处理。

3. 流通加工功能

配送中心的流通加工作业包括分类、拆包、分装、改装、组合、贴标、标签等。

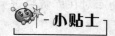**小贴士**

电子商务物流配送是指物流配送企业采用网络化的计算机技术和现代化的硬件设备、软件系统及先进的管理手段，针对客户的需求，根据用户的订货要求，进行一系列分类、编码、整理、配货等理货工作，按照约定的时间和地点将确定数量和规格要求的商品传递到用户的活动及过程。这种新型的物流配送模式带来了流通领域的巨大变革，越来越多的企业开始积极搭乘电子商务快车，采用电子商务物流配送模式。

三、物流配送信息系统的作用

物流配送信息系统的作用主要有如下几点：

1. 进行业务管理

主要用于物流配送中心的入库、验收、分拣、堆码、组配、发货、出库、输入进（发）货数量、打印货物单据，以便仓库保管人员正确进行货物的确认。

2. 进行统计查询

主要用于物流配送中心的入库、出库、残损及库存信息的统计查询，可按相应的货物编号、分类，便于供应商、客户和仓库保管人员进行统计查询。

3. 进行库存盘点

主要用于物流配送中心的货物盘点清单制作、盘点清单打印、盘点数据输入、盘点货物确认、盘点结束确认、盘点利润统计、盘点货物查询、浏览统计、盘亏盘盈统计，以便实行经济核算。

4. 进行库存分析

主要用于物流配送中心的库存货物结构变动的分析，各种货物库存量、品种结构的分析，以便分析库存货物是否积压和短缺问题。

5. 进行库存管理

主要用于物流配送中心的库存货物的管理，对库存货物的上下限报警：对库存货物数量高于合理库存上限或低于合理库存下限的货物信息提示，从库存呆滞货物报警：对有入库但没有出库的货物进行信息提示，对货物缺货报警：对在出库时库存货物为零但又未及时订货的货物进行信息提示，以便对在库货物进行动态管理，以保持相应合理的库存货物。

6. 进行库存货物保质期报警

主要用于物流配送中心的库存货物的质量管理，对超过保质期的货物进行报警：对库存货物的保质期在当天到期的货物进行信息提示，对超过保质期的货物进行报警，以及时进行处理,对货物保质期查询:对库存货物的保质期进行查询,便于仓库对在库货物进行质量管理,及时处理超过保质期的货物,提高货物库存质量。

7. 进行货位调整

主要用于物流配送中心对库存货物的货位进行调整,进行货位调整查询,以便仓库管理人员掌握各种货物的存放情况,便于仓库及时准确地查找在库货物。

8. 进行账目管理

主要用于物流配送中心核算某一时间段的每种货物明细账、每类货物的分类账和全部在库货物的总账,便于仓库实行经济核算。

9. 进行条码打印

主要用于物流配送中心的货物自编条码打印、货物原有条码打印等,以仓库实行条码管理,自动生成打印各种货物的条码。

小贴士

物流配送信息系统是物流配送信息化的核心,有较强的综合性,主要目的是向各配送点提供配送信息,根据订货查询库存及配送能力,发出配送指令、结算指令及发货通知,汇总及反馈配送信息。

四、配送的作业流程

配送的作业流程是根据实际业务过程进行策划,将整个业务过程分解成若干子流程。现在分别描述如下:

(一)订单处理

配送中心的交易始于客户的询价、业务部门的报价,然后是订单的接收,业务部门需查询出货日的库存状况、装卸货能力、流通加工负荷、包装能力、配送负荷等是否能满足客户需求。当无法按客户要求交货时,业务部门需进行协调。由于配送中心不随货收款,因此,在订单处理时,需根据公司对客户的信用状况进行查核。

另外,需统计该时段的订货数量,并调货、分配出货程序及数量。退货数据也在此阶段处理。此外,业务部门还需制定报价计算方式,做报价历史管理,制定客户订购的最小批量,订货方式或订购结账截止日。

(二)入库作业

入库进货管理员根据采购单上预定入库日期进行入库作业调度;在商品入库当日,进行入库资料查核、入库质检,当质量或数量不符时即进行适当修正或处理,并输入入库数据。入库管理中可按一定方式指定卸货及托盘堆叠。对于退回商品的入库需经过质检、分类处理,然后登记入库。商品入库后有以下两种作业方式:

1. 商品入库上架等候出库需求时再出货

商品入库上架可由计算机或管理人员按照仓库区域规划管理原则或商品生命周期等因素来指定储放位置并登记,以便日后的库存管理或出货查询。

2. 直接出库

此时管理人员需按照出货要求将商品送往指定的出货码头或暂时存放地点。入库搬运过程中需由管理人员选用搬运工具,调派工作人员,并安排工具、人员的工作流程。

（三）配货运输

订单进入配货系统以后,根据库存情况对货物进行自动分配。通过自动配货系统完成配货处理。配送作业包括商品装车并实际配送。完成这些作业需事先规划配送区域的划分或配送路线安排,由配送路线选用的先后次序来决定商品装车顺序,并在商品配送途中进行商品跟踪、控制及配送途中意外状况的处理。

（四）库存管理

库存管理作业包括库区管理及库存控制。库区管理包括:商品在仓库区域内摆放方式、区域大小,区域分布等规划;商品进出仓库方式的选择,如先进先出方式或后进先出方式;进出货方式的制定,如商品所需搬运工具、搬运方式,仓储区货位的调整及变动等。此外,库区的管理还包括包装容器的使用与保管维修。

库存控制则需按照商品出库数量、入库所需时间等来制定采购数量及采购时间,并计划好采购时间预警系统;制定库存盘点方法,定期打印盘点清单,并根据盘点清单内容清查库存数、修正库存账目并制作盘盈盘亏报表。

（五）补货及拣货作业

统计客户订单即可知道商品真正的需求量。在出库日,当库存数满足出货需求量时,即可根据需求数量打印出库拣货单及各项拣货指示,进行拣货区域的规划布置、工具选用及人员调派。出货拣取不仅包括拣取作业,还需补充拣货货架上的商品,使拣货不至于缺货。补货作业包括补货量、补货时点、缺货作业水准的确定和补货作业人员调派。

（六）流通加工

配送中心的各项作业中,流通加工能提高商品的附加价值。流通加工作业包括商品的分类、过磅、拆箱重包装、贴标签及商品组合包装。这就需要进行包装材料及包装容器的管理、组合包装规则的制定、流通加工包装工具的选用、流通加工作业的调度、作业人员的调派。

（七）出库作业

处理完成商品拣取及流通加工作业后,即可进行商品出货作业。出货作业包括:根据客户订单为客户打印出货交易计划,制定出货调度计划,打印出货批次报表、出货商品上含所需地址的标签及出货核对表;由调度人员决定集货方式、选择集货工具、调派集货作业人员,并决定运输车辆大小与数量;由仓库管理人员或出货管理人员决定出货区域的规划布置及出货商品的摆放方式。

（八）全程跟踪

从客户提交订单－订单确认－财务确认－订单处理－库房配货－客户收货等各个环节,系统会记录操作时间并进行自动计算,可以调出进行运作分析,同时系统对每一段的处理时间进行标准化,如果超过标准化时间,系统会自动通过报警系统发送电子邮件给相关人员。

五、城市配送中心的选址

配送中心合理选址的目的是为了提高电子商务企业物流的服务质量,最大限度地增加物流系统的经济效益和社会效益。

（一）配送中心选址的宏观影响因素

1. 政策因素

配送中心的建设首先需要使用土地,而城市土地的使用都有其用地规划。因此,物流配送中心选址必须在土地使用规划允许的地方选择。同时,还要符合国家、城市的相关政策如环境保护、车辆流控制等,即应尽量选在远离城市中心区的地方。

2. 自然环境因素

配送中心是货物的集散、储存、包装、分拣地,储存的货物较多、时间较长。选址时应考虑配送中心的气候、水文、地质、地形、地貌等自然条件,以免因为自然因素的限制而影响物流配送中心的正常运行。

3. 交通因素

物流配送中心的主要功能是储存货物与货物配送,其使用交通工具的频率很高,发达的水路、公路、铁路及航空等交通设施有利于货物的配送。

4. 土地价格

不同地段土地价格差异很大,在符合城市土地用地规划的许可、满足企业自身发展的前提下,尽量选择土地价格相对较便宜的地方。

5. 经营环境因素

由于物流配送需要相关行业的支持,物流配送中心选址时必须考虑周边经营环境较好,物流设施、工具较齐全,劳动力充足的地方。

(二)配送中心选址微观影响因素

1. 库存费用

货物储存在配送中心需要占用资金,保管会产生费用,因此,库存费用不容忽视。库存费用的最优化是最优库存进行分析的。

2. 运营费用

物流配送中心在日常的运营过程中需耗用水、电、人力等,因此,需要日常运营费用。

3. 运输费用

货物从物流配送中心到达用户需求点,运输过程需要费用,如果配送中心与需求点之间达到最优,则能够降低运输费用,进而降低整个物流成本。

小贴士

配送中心选址是指在一个具有若干供应点及若干个需求点的经济区域内,选一个地址设置配送中心的规划过程。较佳的配送中心选址方案能使商品通过配送中心的汇集、中转、分发,直至配送到需求点的全过程的效益最好。

第四节　电子商务下的物流客户服务

一、客户服务的重要性

在市场经济高度发达、买方占主导地位的情况下,客户资源是企业生存的必要前提。物流行业的性质是服务,因此,客户服务成了业务结构中的一个重要战略要点。

客户服务的目标是通过客户联系、收集客户信息,了解客户需求,提供解决方案,解决客户存在的问题。满足客户需求的这些活动导致物流产品或服务的价值增值,企业获得服务效益而让客户也会忠诚地与公司合作。

一般认为,客户服务是公司区别自己的产品,保持客户忠诚,增加销售和提高利润的一种方法。客户服务的关键是理解和认识客户,并了解他们的期望。因此,物流客户服务必然是企业所提供的总体服务中的一部分。我们可以认为,客户服务在被有效的利用之后,它可以是企业强有力的竞争武器。

在电子商务环境中,如何使第一次成交的买家放心成交,如何留住一批忠实的老用户,客户服务起着举足轻重的作用。

(一)客户服务的特点

物流的本质是服务,它本身并不创造商品本身的价值,而是产生空间效用和时间效用。它是属于非物质形态的劳动,它生产的不是有形的商品,而是一种伴随销售和消费同时发生的即时性服务。

客户服务是整个物流体系设计和运作的必要组成部分。物流企业在市场竞争中需要确定自己的核心业务和核心优势,差异化的客户服务能给企业带来独特的竞争优势。客户服务质量上的改进,如按时送货的改善、订单满足率的提高、准确的票据、订单提前期的缩短,以及整个物流系统生产率的提高等,在短期内是竞争对手难以模仿的。因此,加强物流管理、改进客户服务是创造持久竞争的有效手段。

物流过程直接与顾客接触,主要从 3 个方面影响顾客的满意程度:首先,物流过程通过产品配送提供顾客所要求的基本增值服务、时间效用与地点效用;其次,物流直接影响其他业务过程中满足顾客的能力;最后,配送和其他物流作业经常与顾客发生直接联系,影响客户对于产品以及相关服务的感受。

(二)客户服务的认识误区

1. 客户服务是客服人员或客服部门的事

往往在专门的客服人员和客服机构产生之后,其他部门的服务意识淡化,客户服务方面的扯皮现象时有发生。

2. 客户服务就是受理投诉和接受咨询

在客户服务就是受理投诉和接受咨询思想的指导下,客户培训、客户指导等重要内容很有可能被忽视掉,客户服务的外延大大缩小。

3. 客户服务是售后工作

认为客户服务是售后工作而忽视了售前和售中服务的重要内容。这种售后的、被动的客户服务会慢慢地吞噬掉企业的竞争力。

4. 客户服务是面向公司以外客户的工作

按照现代的客户定义来理解,客户还包括企业内部生产或服务流程的下一个环节的组织和个人。

5. 客户服务就是面向消费者的工作

全方位的客户服务不仅面对消费者,还包括经销商、分销商、零售商以及供应链上的一切合作伙伴,也包括必要的社会关系。

二、物流客户服务的策略

物流公司在制定自己的物流战略时,应时时处处想到客户的利益和要求,以客户为核心。确立以客户为核心的目标,就要制定出行之有效的物流服务策略,因为它们往往影响具体的物流服务水准和能力。所以,科学合理地进行物流服务策略的分析和策划是物流服务管理的一项十分重要的职能。

(一) 了解顾客需求

顾客需求的不断变化和市场竞争的压力意味着顾客需求在不断地改变,物流公司必须预期这些变化,并对此做出积极反应,不断地改变业务目标。随着需求的改变,物流作业必须适应这种改变以保证顾客满意。

物流配送人员必须切实了解顾客对于配送的需求和期望。不同顾客有不同的要求,例如,顾客对于配送环节的要求可能包括适时和可靠的送货、良好的沟通、高频率送货、准时送货、订单状态信息的可得性、高效的反馈过程、紧急情况的及时处理、货物的完好率、出现问题后的态度、精确和及时的结账、对咨询的答复等。

了解顾客需求的过程比较复杂,可以细分为以下两个步骤:

1. 站在客户的角度和位置理解顾客的需要

在多数较大的公司,购买部门不是最终用户,因此可能会存在不同的满意标准。如果是由采购部门来购买商品,可能会受到像生产、质量控制、物流、产品开发和财务等部门的影响,买方可能更关心价格和送货时间,其他部门可能会对质量更感兴趣,而用户会认为产品的效力和特征更重要。了解购买部门和用户在购买过程中所扮演的不同角色,有助于供应商确定顾客需求和满足他们的期望。

2. 鉴别顾客需求和愿望

物流公司必须同顾客一起探讨哪种服务的特性更为关键,并提出一些定性的、开放型的问题,从而使客户能够灵活地表达他们真正的需求。例如,这些问题可以大致包括:

购买过程中你会考虑哪些要素,这些要素中你认为哪些最重要;物流公司采取哪些措施会增加你的购买? 评价的标准是什么,哪些问题是不能容忍的,会使你减少购买或不再与之合作;本公司能满足你的要求吗? 本公司的竞争对手能满足你的要求吗?

诸如此类的问题能够使物流服务的提供者和服务的接收者之间增加了解,供应商提供的服务能切实得到客户的认可,从而避免了投资的浪费并且可以赢得客户的信任。

（二）分析当前服务和顾客要求的差距

了解了顾客的想法以后，物流公司必须找出他们当前的服务能力和实际要求之间的差距，这还包括采取什么步骤来满足特定的服务目标和了解竞争对手所提供的服务。

许多公司会认为，顾客需求与他们提供的服务之间差距很小，调查之后，他们通常会发现自己曲解了顾客需求。当公司做出了改进服务的正确决定后，还必须认真分析服务水平的提高可能导致的成本支出情况、收益增加情况，以及有可能存在的风险，最后得出一个平衡点，也就是最终确定的服务水平。

除了显性的支出和收益，公司还会使顾客的忠诚度增加，也提高了竞争优势。公司要仔细权衡，才能确保收益超出成本。

（三）制定物流服务组合

对顾客需求进行类型化之后，首先，针对不同客户群体制定出相应的物流服务基本方针，从而在政策上明确对重点顾客群体实现经营资源的优先配置。

其次，进入物流服务水准设定的预算分析，特别是商品单位、进货时间、在库服务率，特别附加服务等重要服务要素的变更会对成本产生什么样或多大的影响，这样，既可以使物流公司实现最大程度的物流服务，又能将费用成本控制在公司所能承受或确保竞争优势的范围之内。

在预算分析的基础上，结合对竞争企业服务水准的分析，根据不同的顾客群体制定相应的物流服务组合。这里应当重视在物流服务水准变更的状况下，企业应事先预测这种变更会对顾客带来什么样的利益，从而确保核心服务要素水准不能下降。

就业能力实训

（一）课题项目
电子商务下的物流配送中心。

（二）实践目的
对电子商务配送中心设计有全面的认识和理解。

（三）实践要求
在实践活动中对企业管理的内容和状况进行观察和分析。

（四）实践环节
参观1~2个物流企业的配送中心。

（五）实践成果

要求学生完成调研报告。

本章小结

电子商务下供应链管理是结合了先进电子商务的技术和现代供应链管理的理念，适应互联网时代要求的新型的企业管理。它有效地解决了网上购物、全球化生产的问题。

电子商务下供应链管理具有全球化、虚拟化、敏捷化、柔性化的发展趋势。

电子商务下供应链管理的实质是信息流、资金流和物流的管理。而物流既是这"三流"管理中的难点，也是重点。

电子商务中物流配送管理其实是电子商务下供应链管理的物流管理的重要一部分，它集中体现了电子商务下供应链管理的管理理念。

电子商务中的物流配送模式根据管理的侧重点不同主要有基于零售商电子商务物流配送模式、基于网上购物电子商务物流配送模式以及基于第四方物流电子商务配送模式3种，其中基于网上购物电子商务物流配送模式是应用最广泛的模式，它代表了电子商务配送未来的发展趋势。同时，也促使了物流业中具有强大发展潜力，代表物流业未来发展方向的快递业快速发展。

经典案例

联想集团的电子商务供应链管理

联想集团从 2008 年正式发展电子商务以来，2009 年取得了年处理订单超过 8 万件、平均日订单处理量为 200 件左右、销售总额超过 4 亿元人民币的良好业绩，最小订货量为 1 台，同时供应链成本持续降低，运营后期配送成本低于每个订单价格的 1%。通常每单的供应链成本为 30～40 元，根据地区有所区别，但是仍然低于业界平均的 2% 左右的平均水平。

当电子商务零售年订单额在达到万量级之后，供应链通常将面临严峻的考验。行业研究表明，随着订单的增加，仓储、打包和配送成本并不是像通常想象的那样按照线性上升，而是呈阶梯状上升，即物流成本在订单量达到某个拐点后，将会快速上升至一个平台后随之平稳，订单达到另外一个新高之后又快速上升。如何降低物流成本在订单临界点的快速提升对电子商务网站运营的影响，是电子商务运营过程中面临的巨大挑战。

多数电子商务企业在市场份额快速提升的阶段都面临物流配送方面的困惑，特别是大多数电子商务从业者缺乏传统行业的物流建设和维护经验,这种经验和知识的欠缺导致物流本身的特点对企业经营的影响更加明显。

联想电子商务运营部门创新地将供应链管理采用外包的形式,通过与第三方物流商紧密合作,将自己不擅长的物流工作交付给专业机构,而自身则专注于电子商务中的营销和客户运营的形式,有效地补充了自身物流能力的不足,为联想电子商务的突出表现提供了基础。

尽管采用第三方物流可以通过专业分工来提升物流配送效率,进而有效地降低电子商务企业在物流管理方面的风险,控制物流成本,但是其中带来的对物流商的管理和质量控制的难题,一直困扰着各大电子商务运营商。京东商城、卓越网和当当网等大型电子商务运营商均在近期表示要投入大量经费进入物流建设;同时,德意志银行等资本市场也对存在物流设施的电子商务运营商表示了更多的偏爱。但是联想的成功,向市场提供了另外一种开展电子商务的物流选择。

联想在物流方面的特点主要有以下 3 点:

1. 充分利用联想原有的物流体系

由于联想及主要合作分销伙伴神州数码现有的供应链体系已经非常成熟,因此,充分利用现有的资源开展电子商务是其最优的选择。同时,由于神州数码自身的定位是整合IT 服务提供商,并不是单纯的分销商,因此,联想电子商务的业务模式与神州数码的业务并不冲突。

对于大多数传统企业来讲,现有的物流渠道体系已经成熟,如何高效地利用现有体系为自己的电子商务服务,可以帮助其快速降低、甚至迈过电子商务的物流门槛。

2. 物流方备货模式

通过物流服务提供商根据每月预测向联想的工厂提交订单,由物流服务商备货,降低联想的资金压力,并且最大限度的利用物流商对于供应链的经验和知识,保证供应链体系的柔性化。同时,联想还致力于将整个供应链流程电子化,使客户端的信息快速反馈到供应链后端。

物流方备货是一种对于电子商务运营商来说非常有优势的模式,但是这种模式要求电子商务运营商在供应链中具有相当强势的地位,并不是每个运营商都有这种能力。联想在供应链管理的过程中,充分利用前端数据,并且通过电子商务的手段将前端数据快速传递给生产商,保证了供应链的高效率,也值得其他传统厂家学习。

3. 仓储和配送的细节优化

联想在保证客户体验和提升物流效率的平衡两大方面进行了大量的工作,包括要求对在售的主要型号都有一定备货,配送速度方面的要求等。最终联想电子商务在达到平均订单送达时间 36 个小时以内,每单物流成本小于 1% 的佳绩。

联想电子商务的供应链管理与联想电子商务自身资源和能力有一定的相关性,但是联想在其供应链管理中的创新和努力,使其成为采用第三方物流电子商务运营商中的佼佼者。

资料来源:http://www.e6gps.com/IndustryInformation/Medium_Details.aspx?Id=6395

课后思考

❖ 电子商务下的供应链有什么特点?与一般供应链的异同点是什么?
❖ 电子商务中配送中心的模式有哪些?与一般的配送中心有何区别?

第四章

物流电子商务生产运作

课前知识梳理

- ❖ 认识采购管理系统；
- ❖ 认识仓储管理系统；
- ❖ 认识运输管理系统。

本章关键知识点

- ❖ 分辨传统生产计划和控制与供应链管理思想的差距；
- ❖ 描述物流配送中心的作用。

引导案例

全球化采购的实施——沃尔玛公司的实践

沃尔玛公司被惊叹为世界零售业的一大奇迹，这一奇迹的产生是和沃尔玛的全球化采购战略分不开的。沃尔玛的全球采购战略、配送系统、商品管理、电子数据系统、天天平价战略在业界都是可圈可点的经典案例。可以说，所有的成功都是建立在沃尔玛迅速地利用信息技术整合优势资源的全球化采购战略的基础之上。

在沃尔玛的全球采购战略中最重要的一环就是它的配送管理。20 世纪70 年代沃尔玛提出了新的零售业配送理论：集中管理的配送中心向各商店提供货源，而不是直接将货品运送到商店。其独特的配送体系，大大降低了成本，加速了存货周转，形成了沃尔玛的核心竞争力。沃尔玛的配送系统由3 部分组成：

1. 高效率的配送中心

沃尔玛的供应商根据各分店的订单将货品送至沃尔玛的配送中心,配送中心则负责完成对商品的筛选、包装和分拣工作。沃尔玛的配送中心具有高度现代化的机械设施,送至此处的商品85%都采用机械处理,这样就大大减少了人工处理商品的费用。

2. 迅速的运输系统

沃尔玛的机动运输车队是其配送系统的另一个无可比拟的优势。沃尔玛可以保证货品从仓库运送到任何一家商店的时间不超过48小时,相对于其他同业商店平均两周补货一次,沃尔玛可保证分店货架平均一周补两次。通过迅速的信息传递与先进的电脑跟踪系统,沃尔玛可以在全美范围内快速地输送货物,使各分店即使只维持极少存货也能保持正常销售,从而大大节省了存贮空间和存货成本。

3. 先进的卫星通信网络

1983年,沃尔玛用了2 400万美元开始建立自己的卫星通信系统,通过这个系统,沃尔玛每天直接把销售情况传送给5 000家供应商。就拿深圳的几家沃尔玛商场来说,公司电脑与总部相连,通过卫星通信系统,可以随时查货、点货。任何一家沃尔玛商店都具有自己的终端,并通过卫星与总部相连,在商场设有专门负责排货的部门。

沃尔玛每销售一件商品,都会即时通过与收款机相连的电脑记录下来,每天都能清楚地知道实际销售情况。沃尔玛各分店、供应商、配送中心之间建立的卫星通信网络系统使沃尔玛的配送系统完美无缺。这套系统的应用,使配送中心、供应商及每一分店的每一销售点都能形成在线作业,在短短数小时内便可完成"填妥订单→各分店订单汇总→送出订单"的整个流程,大大提高了营业的高效性和准确性。

资料来源:http://wenku.baidu.com/view/5c29818271fe910ef12df847.html

第一节　供应链管理环境下的生产计划与控制

供应链管理思想对企业管理的最大影响是对传统生产计划与控制模式的挑战,因为现代企业的经营管理活动是以顾客需求驱动,以生产计划与控制活动为中心而展开的,只有通过建立面向供应链管理的生产计划与控制系统,企业才能真正从传统的管理模式转向现代的管理模式。

我们探讨传统生产计划和控制与供应链管理思想的差距,其目的就在于找出传统生产计划和控制模式与供应链管理思想不适应的地方,为供应链管理运行机制的建立提供保证。

一、传统生产计划和控制与供应链管理思想的差距

生产计划是根据需求预测和优化决策,对企业的产出品种、产出质量、产出速度、产出时间、劳动力和设备的配置以及库存水平等问题所预先进行的考虑和安排,将企业的生产任务同各生产要素进行反复地综合平衡,从时间和空间上对生产任务做出总体安排,并进一步对生产任务进行层层分解,落实到车间、班组,以保证计划任务的实现。

企业的计划能否得到很好的贯彻执行,需要有效的监督控制机制作为保证。传统的生产计划和控制与供应链管理思想的差距主要表现在如下诸多方面:

传统的生产计划和控制只涉及单个企业。企业生产计划考虑的约束条件仅限于本企业可利用的资源条件约束,生产控制仅涉及单个企业内部生产过程控制;而在供应链管理环境下,企业的生产计划和控制的难度增大,范围不再只是围绕企业内部,而是扩展到上下游企业。

传统的生产计划信息往往来源于企业内部,信息的共享程度非常低,信息的反馈机制是一种链式反馈机制;而供应链管理是一种网络化的管理,供应链环境下生产计划的特点表现在信息多源化。企业不但要将内部的信息共享,甚至要在整个供应链上实现信息资源的全方位共享。生产计划信息的传递是沿着供应链不同的节点方向(网络结构)传递。

传统的生产计划是一种基于"控制权"的集中式决策,是在单一企业内进行的生产决策,带有指令性,是必须执行的;而供应链环境下,各个企业是相互独立,不能直接控制的,企业之间更多靠协商机制来进行企业的生产计划。传统的生产计划与客户需求的偏离较大,信息传递的"牛鞭效应"使企业的生产计划与客户需求之间存在了较大的差异,常常呈现出很大的波动性。而供应链的生产计划追求订单拉动式,只生产客户需要的,使得生产计划依据客户实际需求而设定,极大地增强了计划的稳定性。

传统的生产计划和控制系统(如 MRPⅡ)以固定的环境约束变量应付不确定的市场环境,缺乏柔性(如提前期的柔性和生产批量的柔性等)和敏捷性,不能适应剧烈多变的、复杂的市场环境需要;供应链管理环境下的生产计划是在不稳定的运行环境下进行的,因此,要求生产计划与控制系统具有更高的柔性和敏捷性。

二、供应链管理环境下企业生产计划与控制的特点

供应链环境下的企业生产控制和传统的企业生产控制模式不同。其主要特点如下:

1. 生产进度控制难度增大

供应链环境下,因为许多产品是协作生产和转包的业务,和传统的企业内部的进度控制比较来说,其牵扯的企业多,控制的难度更大,必须建立一种有效的跟踪机制进行控制。

2. 生产节奏控制更为严格

供应链管理需要解决供应链企业之间的生产同步化问题,严格控制生产节奏,准时生

产、准时供应,这对供应链的敏捷性是十分重要的。

3. 提前期管理影响更大

在供应链环境下的生产控制中,有效的提前期管理被看作是实现快速响应用户需求的有效途径。

4. 采用库存管理新模式

在供应链管理模式下,库存管理模式强调从整条供应链的角度实施多级、多点、多方管理库存的策略,以提高整条供应链的库存管理水平、降低制造成本。

5. 各方协同合作程度更高

供应链管理基于"竞争—合作—协调"机制,供应链上各个企业相互独立又相互依存,各方之间协调利益,共同实现生产系统的有效控制。

6. 信息实时反馈

供应链中企业通过信息共享,实现信息的实时反馈,保证上下游企业生产与供求关系同步进行,消除不确定性对供应链的影响,保证上下游企业生产的协调一致。

三、供应链环境下的生产计划与控制系统总体模型

在生产计划与控制系统的集成研究中,传统的计划与控制系统模型对资源概念、能力概念的界定没有体现出供应链管理思想,没有体现扩展企业模型的特点。因此,需要新的体现集成化供应链管理思想的生产计划与控制理论模型,以适应全球化制造环境下的全球供应链管理、企业生产管理模式的要求。

企业资源计划 ERP 将企业的业务流程看作是一个紧密联接的供应链,它不仅集合企业内部的所有资源,进行有效的计划和控制,同时与企业外部通过供应链等功能相集成。从管理范围和深度上为企业提供了更丰富的功能和工具。

企业要在激烈的市场竞争中立于不败之地,就必须构建敏捷的生产计划组织模式,以降低产品成本,快速响应市场需求。

(一)面向供应链的生产组织计划模式概述

从解决制造问题的物料需求计划 MRP,到开始解决企业生产能力的能力需求计划的闭式 MRP,直到与企业财务相结合的制造资源计划的发展,它们都为企业管理水平的提高提供了良好的环境和技术。

然而,随着全球化竞争的加剧,市场需求波动的加速,信息化技术的飞跃发展,电子商务时代的到来,迫使企业不得不做自我调整,进行创新的变革,以立于不败之地。这要求企业充分利用内部、外部资源,组成一条增值的供应链,将客户的需求,企业的制造活动与供应商的制造资源集成在一起,才能满足当今高速运转的全球市场的需求。ERP 的出现

正好适应了市场的需求。

ERP 是一个集合企业内部的所有资源,进行有效的计划和控制,以达到最大效益的集成系统。同时还与企业外部资源通过供应链等功能相集成。ERP 将企业的业务流程看作是一个紧密联结的供应链,并将企业内部划分成几个相互协同作业的支持子系统,如财务、市场营销、生产制造、服务维护、工程技术等,可对企业内部供应链上的所有环节如订单、采购、库存、计划、生产制造、质量控制、运输、分销、服务与维护、财务、成本控制、经营风险与投资、决策支持、实验室/配方、人力资源等有效地进行管理,从管理范围和深度上为企业提供了更丰富的功能和工具。

在企业管理中,生产管理是核心。在 ERP 系统中一般可将生产管理系统分为以下 6 个子系统:基础数据管理子系统、主生产计划子系统、物料需求计划子系统、能力平衡管理子系统、JIT 生产子系统、车间作业管理子系统。

该系统中,在生产计划和物料需求方面延用 MRP Ⅱ,在生产过程控制方面采用 JIT 方式。在计划执行过程中,系统通过 Internet/Intranet 监控各分厂及协作厂家生产计划的执行情况,对有可能推迟交货的物料及零部件提前给出异常信息,从而快速修正生产计划以保证下游的各节点企业能够迅速做出反应,避免生产波动。

关于 ERP 软件的系统组成及其在供应链管理环境下进行生产管理的具体应用情况,请参阅本章技能应用与能力扩展部分。

(二)面向供应链的生产组织计划模式的实施

面向供应链的生产组织计划模式体现"事前计划、事中控制"的总体指导思想,体现了横向和纵向信息的集成。其实施主要包含 4 个阶段:

1. 计划制定

(1) 以销定产,建立主生产计划

主生产计划是以最终销售产品和相关需求的产品为对象,将企业销售计划和生产日程计划连接的纽带。主生产计划将销售计划具体化,把产品的市场需求转化为对企业生产的实际需求,实现销售计划与生产计划的同步,做到以销定产。

(2) 编制日装配计划,将生产任务细化到日

日装配计划是根据装配线生产能力将主生产计划分解到各日,以保证企业每月均衡生产、零部件按日配套。

(3) 制定物料需求计划,保证零部件配套

企业物料需求计划的作用是给各个分厂和采购部门提出具体需求的时间和数量,各分厂根据企业物料需求计划生成分厂生产计划。

(4) 计划修正

在生成物料需求计划后,将供应链订单下发到各个分厂、采购部门和配套厂家征求意

见，计划部门根据反馈意见对主生产计划、装配计划、物料需求计划进行调整。在各分厂、采购部门和配套厂家根据自己的能力都能保障按时按量交货后，计划就正式开始实行。

2．计划执行

各个分厂、采购部门和配套厂家进行能力平衡后，制定各级生产计划并执行后，需要对生产计划的执行情况进行实时监控，分析将来可能出现的生产问题，以保证计划的顺利执行。

3．计划控制

供应链环境下的生产协调控制的内容包括生产异常控制和生产进度控制。供应链环境下许多产品是协作生产和转包的业务，其进度控制的难度较大。须依靠建立的供应链 Internet/Intranet 网络平台和制定的信息录入制度，建立有效的跟踪机制。

4．计划考核

计划执行只有监控而没有考核，监控将流于形式。企业计划主管部门必须制定严格的计划考核制度，计划考核必须与责任人员的直接利益挂钩，根据实际情况奖优罚劣。

第二节 采购管理系统

一、供应商管理概述

一个成功的供应链管理需要有高水准的供应商配合。对一个正在运作的供应链管理而言，找到可以为采购及供应等部分贡献力量的供应商，同时和他们进行合作，是相当必要的。

（一）供应商管理

供应商管理是供应链采购管理中一个很重要的环节，它在实现准时化采购中有很重要的作用，主要包括供应商的评估与选择、供应商关系管理等。

1．供应商评估与选择

（1）成立供应商评估和选择小组；

（2）确定全部的供应商名单；

（3）列出评估指标并确定权重；

（4）逐项评估每个供应商的履行能力；

（5）综合评分并确定供应商。

2．供应商关系分类

（1）短期目标型；

(2) 长期目标型；

(3) 渗透型；

(4) 联盟型；

(5) 纵向集成型。

3. 供应商分类管理策略

为了保证企业的运营，企业需要对原材料、零部件、设备、办公用品以及其他产品或服务进行采购。由于采购内容的不同，供应商就有不同的种类，对各个供应商要相应采取不同的策略。

（二）供应链与供应商管理的关系

供应商管理是企业供应链上的一个基本环节，它建立在对企业的供方（包括原料供应商，设备及其他资源供应商，服务供应商等）以及与供应相关信息完整有效的管理与运用的基础上，对供应商的现状、历史、提供的产品或服务、沟通、信息交流、合同、资金、合作关系、合作项目以及相关的业务决策等进行全面的管理与支持。

供应链的地位在当今商业运营中，无疑正变得越来越重要。Gartner 甚至认为，当今企业成功的唯一条件是拥有一条优秀的供应链。而在供应链中，供应商关系又是重要的一环，如果管理得当，供应商将对企业长期的成长和革新作出重要的贡献。但是如果情况相反的话，企业的市场创新速度就将受到供应链上速度最慢成员的拖累，而质量控制也只能向供应链中的最差成员看齐了。

（三）供应商管理的重要性

1. 供应商管理在供应链管理中的地位

供应商在供应链上扮演着一个至关重要的角色。它是链中物流的始发点，是资金流的开始，同时又是反馈信息流的终点。

研究企业供应链的源头，即研究企业的采购—供应商关系以及如何做好这两者的关系发展管理，对于制造企业提升企业竞争能力、树立竞争优势是一个不可或缺的基础。

供应商管理是用来改善与供应链上游供应商的关系的，它是一种致力于实现与供应商建立和维持长久、紧密伙伴关系的管理思想和软件技术的解决方案，它旨在改善企业与供应商之间关系的新型管理机制，实施于围绕企业采购业务相关的领域，目标是通过与供应商建立长期、紧密的业务关系，并通过对双方资源和竞争优势的整合来共同开拓市场，扩大市场需求和份额，降低产品前期的高额成本，实现双赢的企业管理模式；同时，它又是以多种信息技术为支持和手段的一套先进的管理软件和技术，它将先进的电子商务、数据挖掘、协同技术等信息技术紧密集成在一起，为企业产品的策略性设计、资源的策略性获取、合同的有效洽谈、产品内容的统一管理等过程提供了一个优化的解决方案，以实现

"节流"。

实际上,它是一种以"扩展协作互助的伙伴关系、共同开拓和扩大市场份额、实现双赢"为导向的企业资源获取管理的系统工程。

2. 供应商管理的现有问题

供应商管理的重要性早在 20 世纪 40 年代就受到发达国家的重视,70 多年来,随着经济环境的变化,不断出现新的内容,现在供应商管理已经有了很多优秀的理论和实践成果。从传统的供应商管理发展到供应链供应商管理,企业在供应商管理方面有了很多创意。

供应商管理是供应链管理中一个极其重要的问题,这在实施准时化采购中有很重要的作用。供应商管理最主要的两个领域就是供应商的选择和供应商的关系管理。目前,对供应商管理的现有问题主要是:对供应商缺乏分类管理;供应商选择与评价标准缺乏全面性;供应商选择和评价方法缺乏针对性等方面。

SRM 能帮助企业决定以什么数量、什么方式、什么价格、向谁采购、在何时何地交货才是最佳的决策,哪些部件可以在新设计中重复使用,是自己设计生产还是外包、包给谁?等等,它起到了对供应商、物料、部件和外包等资源获取方面的业务处理、优化和决策作用,同时也优化了企业与供应链上的"节流"。

(四)供应商管理关系的转变

1. 传统的供应商管理关系就是简单的交易型关系

传统的供应商管理关系主要有以下特点:

(1)采购方常常同时向若干供应商购货,通过供应商之间的竞争获得价格上的好处,同时也保证供应的连续性;

(2)买方通常在供应商之间分配采购数量对供应商加以控制;

(3)买方和供应商保持的是一种短期合同关系。

2. 供应市场供应商管理关系的新变化

随着社会经济和技术的发展,供应市场在过去的几十年中发生了深刻的变化。

(1)技术的飞速发展,产品开发周期越来越短、技术手段不断更新;

(2)经济全球化、市场国际化的趋势加深;

(3)公司、企业结构不断变化;

(4)各种新型资源出现,并且资源利用率不断提高;

(5)知识、信息的应用日趋强化;

(6)顾客消费不断趋于理性化;

(7)政治因素与经济市场的相互影响不断扩大。

（五）我国供应商管理关系的转变

1. 缺乏竞争的特殊供应商关系阶段

在原有的计划经济体制下，市场没有发挥其基础配置的作用。一切产品都是按计划生产，制造商或消费者只能在指定的地方购买到规定数量的产品，政府的行政干预和调控起到了绝对控制的作用。

在这种环境中，供应商和制造商的买卖关系是缺乏竞争的，他们按照政府的指令进行生产和调配，没有价格等作为竞争和协调的标准，商品的价格也不是其价值的真实反映，而是人为的产物。

2. 供应商关系"零和"的竞争阶段

在我国的经济体制转入社会主义市场经济体制下，我国的供应商关系就转为"零和"的竞争阶段。制造商通常把价格视为主要决定因素，采用多源采购，即列出潜在供应商清单，分处采购，以免为单一供应商所困。同时，由于市场的不确定性和供应商关系的不稳定性，企业拥有大量的库存，占用了大量的资金。

这种方式下的买卖双方相互竞争，以求更好的价格或其他让步，直至利益的"零和"，这将导致供应商无法与某个制造商建立长期合作伙伴关系。

3. 供应商关系的"双赢"阶段

随着卖方市场向买方市场的转化，顾客需求的变化等，传统的供应商关系发生了很大的变化，他们之间不再是你死我活的竞争关系，而是建立在一定的合作基础上的"双赢"关系。他们加强了相互之间的信息交流和沟通，加强了供应商的关系管理，以期建立一种伙伴关系，库存减少，采购的总成本降低，实现了整个供应链的管理以达到"双赢"的目的。

4. 供应商的战略伙伴关系阶段

为了降低整个供应链成本，增强信息共享、保持双方操作的一致性以产生更大的竞争优势，企业需要更高层次的合作与集成，于是产生了新型的战略合作伙伴关系模式。在这种关系当中，企业希望在全球的经济发展中寻求平衡和发展，所以，双方强调直接的、长期的合作，强调共同努力实现共有的计划和解决共同的问题。

如共同开发新产品，共享市场机会和风险等。制造商选择供应商不再是只考虑价格，而是更注重选择能在优质服务、技术支持、产品设计等方面能够进行的良好合作。信息技术和网络管理在该过程中发挥了至关重要的作用。

（六）供应商管理的内容

供应商管理的内容包括供应商开发、供应商评估、供应商联盟、供应商绩效管理等。其中，供应商评估是供应商管理的重中之重。供应商评估是要对现有供应商在过去合作过程中的表现或对新开发的供应商作全面的资格认定。评估供应商主要着重于对他们的技术、质量、交货、服务、成本结构和管理水平等方面的能力进行综合评定。

1. 供应商管理业务流程图

供应商管理业务流程,如图 4-1 所示。

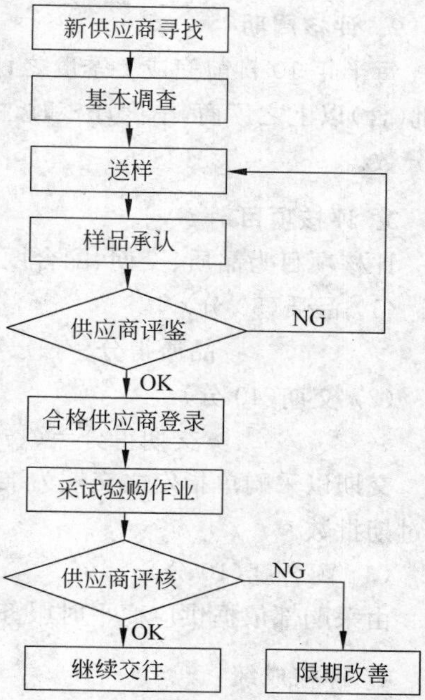

2. 供应商之寻找

由采购部收集有能力承制本公司之物料厂商,并发出"供应商基本资料表",填写相关内容。

3. 供应商送样及确认

供应商送本公司所需之样品交采购部,由采购部填写"供应商样品试样评估表"交品管科进行检验和生产部进行试生产确认,并将确认结果记录在此单上返回采购部。

4. 供应商的评鉴与登录

(1)供应商样品确认合格后,由采购部填写"供应商评鉴表",召集生技科、品管科进行评鉴。

图 4-1 供应商管理业务流程图

(2)评鉴合格后将供应商登录于"合格供应商一览表"中,若样品不合格时不进行评鉴,由采购部通知供应商第二次送样,若再次确认不合格时,则取消供应商资格。

(3)若供应商为客户指定或已取得 ISO 国际认证的可直接登录"合格供应商一览表"。

5. 供应商之评估

(1)除客户指定厂商紧急采购外,未经评估合格的供应商不得进行采购;

(2)一般情况供应商考核绩效评估定为每年一次,在供应商发生重大品质异常时,须及时予以评估。

(七)绩效评核

1. 评核单位

(1)采购部依据每次物料交期填写"订购追踪表"评核交期成绩。

(2)品管部依据供应商进料状况,统计供应商交货品质成绩,并每月 5 日前提供给采购部。

2．评核周期

每半年 10 日前完成上季度之评核作业，评核厂商包括每季度交货批（非以订单计算）5 批（含）以上之厂商，季度评核时，由每月"供应商品质月报表"与"订购追踪表"得分作平均分数。

3．评核项目

评核项目为品质、交期、配合度 3 项，其评分方式如下：

（1）品质（50 分）

$$品质得分＝（1－不合格批数／实际交货批数）×50 分$$

（2）交期（40 分）

$$交期得分＝（1－过期批数／实际交货批数）×40 分$$

交期以采购单指定之交期为准，若有过期交货或因品质验收不合格而影响交期者，皆视过期批数。

（3）配合度（10 分）

由采购部依据供应商平时服务态度，紧急订单处理情形酌情给分。

4．评核成绩

供应商之评核成绩为品质、交期、配合度 3 项得分之合计，每季度由采购部将评核成绩填定于"供应商半年底绩效评估表"中传给供应商。

5．评核处理

（1）若供应商评核成绩高于 80 分，可以考虑增加采购量。

（2）若供应商评核成绩低于 60 分，则由采购向该供应商发出"供应商绩效考核异常联络单"要求供应商限期改善，若限期未改善者，货款则延迟一个月支付。

（3）若连续 3 次评核成绩低于 60 分，则由采购部上报总经理取消该合格供应商资格，并在"合格供应商一览表"中注销，采购部在连续第二次发出"供应商绩效考核异常联络单"的同时应选择新的材料供应商，并按评核周期、评核项目以及评核成绩的内容评鉴。

二、物流采购管理系统概述

采购管理是为了维护企业利益、实现企业目标而对企业采购工作所进行的计划、组织、协调和控制活动。采购管理是站在采购方的立场，追求采购工作的顺利进行和整体效益，既包括对采购活动的管理，也包括对采购人员和采购资金的管理。

1．材料分类编号

材料可按照原料、物料进行划分，常备料与非常备料划分或按编号原则设定。

2. 存量控制

存量控制可按管理基准设定，用料差异管理。

3. 请（采）购作业

请（采）购作业包括请购方式设定、请购部门设定、请购手续及权限、请购进度控制、供应厂商的选择与资料建立、采购方式设定、询价、议价及订购作业、采购进度控制、采购审核权限、进口事务作业和厂商交货异常处理。

4. 验收作业

验收作业包括收料作业规定、超短交料处理、检验规范设定、检验结果处理和材料退货处理。

5. 仓储作业

仓储作业包括仓位规划、料位及料品标示、账务处理、盘点周期方式及异常处理和仓库安全管理措施。

6. 领料、发料作业

领料、发料作业有以下规定：材料领用规定、以旧换新规定、材料退库作业和外协加工料交运管理。

7. 成品仓储管理

成品仓储管理有仓位规划、缴库核点、出货控制、退货处理和滞成品管理等工作。

8. 滞料、废料管理

滞料、废料管理包括滞料、废料的定义与区分，滞料、废料的处理。

该系统通过采集物资采购过程中所产生的各种原始数据，根据经营管理的要求，对原始数据进行分类、汇总、分析，建立程序化、制度化、规范化的管理系统。可以实现对采购活动的评价和业务人员的考核，为物资采购节约增效提供先进的科学管理手段，规范了物资的采购工作，便于企业的计划、供应、财务、审计、质量管理部门的介入。

为贯彻执行计划采购、价格审计、定点采购、质量检验、资金结算和采购奖惩 6 项基本制度打下了信息基础，形成严格的监督、约束机制。

三、供应链管理模式下的电子商务采购

电子商务采购是指以计算机技术、网络技术为基础，电子商务软件为依据，Internet 为纽带，EDI 电子商务支付工具及电子商务安全系统为保障的即时信息交换与在线交易的采购活动。

（一）电子商务采购的优势

电子商务采购比一般性的采购在本质上有了更多的概念延伸，它不仅仅完成采购行为，而且利用信息和网络技术对采购全程的各个环节进行管理，有效地整合了企业的资源，帮助供求双方降低了成本，提高了企业的核心竞争力。

在这一全新的商业模式下，随着买主和卖主通过电子网络而联结，商业交易开始变得具有无缝性，其自身的优势是十分显著的。

1. 提高采购效率

采购方企业通过电子商务采购交易平台进行竞价采购，可以根据采购方企业的要求自由设定交易时间和交易方式，大大地提高了采购效率、缩短采购周期。自采购方企业竞价采购项目正式开始至竞价结束，一般只需要1～2周，较传统招标采购节省30%～60%的采购时间。

2. 节约大量的采购成本

据美国全国采购管理协会（www.napm.org）称，使用电子商务采购系统可以为采购企业节省大量成本。采用传统方式生成一份订单所需要的平均费用为150美元，使用基于Web的电子商务采购解决方案则可以将这一费用减少到30美元。

企业通过竞价采购商品的价格平均降幅为10%左右，最高时可达到40%多。通用电气公司估计通过电子商务采购将每年节约100亿美元。

3. 优化采购流程

采购流程的电子化不是用计算机和网络技术简单替换原有的方式方法，而是要依据更科学的方法重新设计采购流程，这个过程中，摒弃了传统采购模式中不适应社会生产发展的落后因素。

4. 减少过量的安全库存

世界著名的家电行业跨国企业海尔集团在实施电子商务采购后，采购成本大幅降低，仓储面积减少一半，降低库存资金约7亿元，库存资金周转日期从30天降低到了12天以下。

5. 信息共享

电子商务采购的另外一个优势是信息共享，不同企业包括各个供应商都可以共享信息，不但可以了解当时采购、竞标的详细信息，还可以查询以往交易活动的记录，这些记录包括中标、交货、履约等情况，帮助买方全面了解供应商，帮助卖方更清楚地把握市场需求及企业本身在交易活动中的成败得失，积累经验。这使供求双方之间的信息更加透明。

国内外无数企业实施电子商务采购的成功经验证明,电子商务采购在降低成本,提高商业效率方面,比在线零售、企业资源计划(ERP)更具潜力。电子商务采购的投资收益远远高于过去 10 年内已经在企业中占主导地位的任何商业革命,包括企业流程再造、策略性采购等。

(二)电子商务采购的实施条件和过程

企业电子商务采购不同于个人电子商务采购,它需要认证、数据交换、即时结算、保证信誉与供应等。企业实施电子商务采购需要有硬件、软件、网上安全保障、电子商务法律、EDI、网上支付结算、实物配送及网络人才等条件的支持。一个完整的电子商务系统应该是企业内部网与 Internet 的集成。

当前的电子商务采购处在飞速成长阶段,许多企业和公司出于自身业务的快速成长或激烈竞争需要,纷纷对电子商务采购进行了大量的投资。这些投资包括对企业原有的 ERP 系统改进或自行构建新的电子商务系统。电子商务采购是势在必行,无订单采购和无票据自动结算将是电子商务采购的最佳形式。一般电子商务采购的过程如下:

(1)公司员工或申请部门通过一个特定网址来填写订购要求;

(2)订单以电子方式传递给相应的管理程序,被自动审核;

(3)必要时订单被提交企业的主管领导审批;

(4)订单被批准后,以电子方式通告给供货商,并且将被执行完成;

(5)订购的商品或服务将登记到可支付账户的财务核算系统,并被传递到申请人手中。

在如上所述的电子商务采购过程中,在企业的内部,采购申请主要通过 Internet 进行传递。在申请被批准并形成订单后,在企业外部的传递对电子商务采购的效率影响最大,途径也十分多样化。

目前,国际流行的电子商务采购数据传送途径主要包括以下几种形式:人工向供应商发送电话或纸质文件、传真订购、向供应商发送电子邮件订单;向供应商的站点提交订单;门户网站招标;与供应商基于相同的 ERP 系统的集成;电子交易平台。

以上的几种方式中,电子交易平台解决方案的优点是显而易见的,它为买方和卖方提供了一个快速寻找机会、快速匹配业务和快速交易的电子商务社区。供需双方能够快速建立联系,从而使企业订购和销售能够快速履行。

在电子交易平台中,由于所有的商家都能得到相同质量的服务,并遵照工业标准的协议进行交易处理,商家之间的信息沟通更加便利,而且加入的商家越多,信息沟通越有效。

第三节　仓储管理系统

一、物流仓储管理概述

在物流系统中,仓储和运输是同样重要的构成因素。仓储功能包括了对进入物流系统的货物进行堆存、管理、保管、保养、维护等一系列活动。

仓储的作用主要表现在两个方面:

(1) 完好地保证货物的使用价值和价值;

(2) 为将货物配送给用户,在物流中心进行必要的加工活动而进行的保存。

仓储管理系统包括如下内容:

(一) 自动分拣系统

自动分拣系统(Automated Sorting System)是第二次世界大战后在美国、日本的物流中心中广泛采用的一种自动分拣系统,该系统目前已经成为发达国家大中型物流中心不可缺少的一部分。

该系统的作业过程可以简单描述为:物流中心每天接收成百上千家供应商或货主通过各种运输工具送来的成千上万种商品,在最短的时间内将这些商品卸下并按商品品种、货主、储位或发送地点进行快速准确的分类,将这些商品运送到指定地点(如指定的货架、加工区域、出货站台等)。

当供应商或货主通知物流中心按配送指示发货时,自动分拣系统在最短的时间内从庞大的高层货存架存储系统中准确找到要出库的商品所在位置,并按所需数量出库,将从不同储位上取出的不同数量的商品按配送地点的不同运送到不同的理货区域或配送站台集中,以便装车配送。

自动分拣系统的主要特点:

1. 能连续、大批量地分拣货物

由于采用大生产中使用的流水线自动作业方式,自动分拣系统不受气候、时间、人的体力等的限制,可以连续运行,同时由于自动分拣系统单位时间分拣件数多,因此,自动分拣系统的分拣能力是人工分拣系统可以连续运行 100 个小时以上,每小时可分拣 7 000 件包装商品,如用人工则每小时只能分拣 150 件左右,同时分拣人员也不能在这种劳动强度下连续工作 8 个小时。

2. 分拣误差率极低

自动分拣系统的分拣误差率大小主要取决于所输入分拣信息的准确性大小,这又取决于分拣信息的输入机制,如果采用人工键盘或语音识别方式输入,则误差率在 3% 以上，如采用条码扫描输入，除非条码的印刷本身有差错，否则不会出错。因此，目前自动分拣系统主要采用条码技术来识别货物。

3. 分拣作业基本实无人化

国外建立自动分拣系统的目的就是为了减少人员的使用，减轻人员的劳动强度，提高人员的使用效率，因此自动分拣系统能最大限度地减少人员的使用，基本做到无人化。分拣作业本身并不需要使用人员，人员的使用仅局限于送货车辆抵达自动分拣线的进货端时，由人工接货；由人工控制分拣系统的运行；分拣线末端由人工将分拣出来的货物进行集载、装车；自动分拣系统的经营、管理与维护。

如美国一公司配送中心面积为 10 万平方米左右，每天可分拣近 40 万件商品，仅使用400 名左右员工，这其中部分人员都在从事上述第一项和后两项工作，自动分拣线做到了无人化作业。

（二）自动化立体仓库

自动化立体仓库的出现是物流技术的一个划时代的革新。它不仅彻底改变了仓储行业劳动密集、效率低的落后面貌，而且大大拓展了仓储功能，使之从单纯的保管型向综合的流通型方向发展。自动化立体仓库是用高层货架储存货物，以巷道堆垛起重机存取货物，并通过周围的装卸搬运设备，自动进行出入库存取作业的仓库。

自动化立体仓储具有普通仓库无可比拟的优越性。首先，节约空间、节约劳力。据国际仓库自动化会议资料：以库存 11 000 托盘、月吞吐 10 000 托盘的冷库为例，自动化立体仓库与普通仓库比较情况为：用地面积为 13％、工作人员为 21.9％、吞吐成本为55.7％，总投资为 63.3％。立体仓库的单位面积储存量为普通仓库的 4～7 倍。其次，提高仓库管理水平，减少货损，优化、降低库存，缩短周转期，节约资金。近年来，特别在冷冻行业，自动化立体仓库的发展极快。

自动化立体仓库主要由货架、巷道堆垛起重机、周边出入库配套机械设施和仓储管理控制系统等几部分组成。货架长度大、排列数多、巷道窄、密度高；巷道机上装有各种定位的检测器和安全装置，保证巷道机和货叉能高速、精确、安全地在货架中取货；目前，立体仓库自动控制方式有集中控制、分离式控制和分布式控制 3 种。

分布式控制是目前国际发展的主要方向。大型立体仓库通常采用三级计算机分布式控制系统；三级控制系统是由管理级、中间控制级和直接控制级组成的。管理级对仓库进行在线和离线管理，中间控制级对通信、流程进行控制，并进行实时图像显示，直接控制级是由 PLC（可编过程控制器）组成的控制系统对各设备进行单机自动操作，使仓库作业实现高度自动化。

（三）计算机智能化技术

条码技术、射频识别技术的应用为仓储信息的高效采集、处理、提取、传输提供了可能，是实现物流自动化管理的重要技术手段，使计算机技术在物流上的应用已远远超出了数据处理、事务管理，正在跨入智能化管理的领域。例如，配送中心的配车计划与车辆调度计算机管理软件。在美、日等国已商品化，它能大大缩短配车计划编制时间、提高车辆的利用率、减少闲置及等候时间、合理安排配送区域和路线等。

二、供应链库存控制与管理的常用策略

长期以来，企业一直都在寻找有效的库存管理策略和方法，以图在减少库存总量的同时降低缺货率，传统的策略有 ERP、JIT、有效客户响应 ECR、快速响应 QR、多级库存管理等。下面介绍几种供应链上新型的库存控制与管理策略：

（一）共担风险策略

这是近年来企业经常采用的、联合起来共同承担库存风险的一种策略，它可以实现跨产品、跨时间和跨空间共担风险。

1. 跨产品共担风险

该策略常用于以产品族的方式管理，面向订单的组装和生产方式，尽量提高产品和零部件的共用性。这是由于产品族的预测比个别产品的预测准，产品族所需的安全库存量比个别产品安全库存量的总和低。因此，为了提高产品零件的兼容性，应该采用共用性设计方式提高产品和零部件的共用性，共用性越高，库存就越低，同时又可兼顾产品的多样性。接单方式应多采用按订单组装，只存储共用零部件，不存储产成品。

2. 跨时间共担风险

跨时间共担风险的策略在生产过程中，采用"拉动"的方式来补充物料和部件，使订货时间 TBP 小于提前期 LT，来分散缺货风险，即：TBP＜LT。如图 4-2 所示的提前期为订货时间的两倍，LT＝2TBP。显然，订货时间小于提前期。

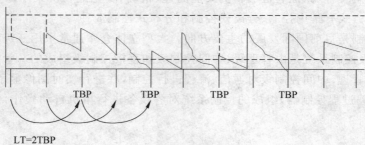

图 4-2　跨时间风险共担

3. 跨空间共担风险

该策略是通过合并不同地点的库存、运转调拨（Transshipment）来实现跨空间风险共担，如图 4-3 所示。它是将库存合并到一个配送中心，在完成配送任务的同时起到存货"蓄水池"的作用，供零售商提货（图中虚线所示），而零售商机制也考验提供转运调拨来共享库存（图中实线所示）。

这种策略实现了供应链上的同层次成员（如批发商或零售商）相互调拨转运货物，依赖集成的信息系统来共享其他成员的库存，同时需要有快速的转运功能实现相互调拨（如快运公司）和较强的信息系统实现信息共享。选择和使用这种策略的必须是销售同一厂家产品的分销或零售体系，并具有较广的分销范围和较强的分销渠道。

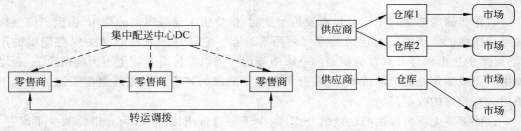

图 4-3 库存转运调拨　　　　　　图 4-4 集中库存策略和分散库存策略

（二）集中策略与分散策略

两个系统分别是集中和分散策略，如图 4-4 所示。对于相同的服务水平，哪个系统需要更多的库存？对于相同的总库存水平，那个系统能提供更好的服务？什么因素影响这些答案？影响这些问题的因素主要有以下 5 个方面：

1. 安全库存

集中库存的同时也集中了风险，这意味着库存越集中，抵御缺货风险的能力越强，因此，安全库存水平将越低。

2. 提前期

如果库存的分散使得仓库更加靠近需求点，则可以缩短提前期，而集中库存的提前期相对会长些。

3. 日常管理费用

少数集中的仓库所需的管理费用要低于多数的分散仓库。

4. 运输成本

一般来说，仓库越多，运输的总距离就越长，成本就越高，但由于更靠近客户，送货的成本会降低。

5. 服务水平

库存分散使供应商更贴近客户的需求,但它的缺货风险也增大,而集中库存远离了客户但降低了风险。

因此,集中策略或分散策略的选择不是一个简单的问题,需要根据经营目标和实际情况来决定。然而,也可以将这两种策略结合起来,根据客户需求,将需求紧急程度高的货物和价格较低的货物分散存放到靠近各个客户的仓库中,使客户及时能够得到,而那些非紧急的货物和昂贵的货物集中起来存储,以减少成本。

(三)直接运输策略

直接运输策略是订单由分销商发给生产商,但货物不经分销商的仓库,由生产商直接按照分销商的要求将货物运送到零售商所需地点。它常用于食品行业中保存期短的产品,可减少进出库环节和在分销商的仓库中停留。但当零售商补货量不大的情况下,会增加生产商或零售商的运输成本,它在有大量补货需求的零售商或提前期很关键的情况下使用会有较好的收益。

这种策略无须再经由分销商的仓库,减少了一道进出库环节,为分销商减少了库存,缩短了提前期。同时,生产商、分销商和零售商之间必须都拥有高效的管理信息系统,并相互保持良好的互联和及时信息互通交流。

(四)越库作业策略

越库作业策略是将仓库或配送中心 DC 作为货物的中转场所,货物并不真正入库,而是在准确的计划调度下到达 DC 后立即进入配送处理过程,经过短暂时间内(一般不超过12 小时)的配送之后,立即发送给零售商,以使货物在 DC 里停留的时间达到最短。它多用在供应链下游的流通零售领域中。这种策略减少了提前期、降低了库存时间和成本,但实施它的前提是零售商、配送中心和供应商都必须有高性能、相互间紧密集成和计划快速准确的信息系统,以及一个快速运送能力,才能使业务实现衔接,而他们之间的信息共享和协同运作是至关重要的。

(五)延迟策略

延迟策略能较好地解决了供应链上不确定性因素对产成品的影响,常用于大规模定制生产。为了更好地满足客户化趋势的需求,企业更趋向于定制化和产品的多样化,但产品多样化势必会引起库存的增加。而该策略能使企业在实现产品定制化和多样化的同时,有效地控制库存。它的关键技术是模块化,即产品模块化、工艺过程模块化、分销网络设计模块化。

例如,在计算机生产行业经常将计算机电源和插件等外围设备采用即插即用件的方式直接在销售地定制生产,把最个性化部分的生产尽量延迟到消费者购买的地点和时点生产,既满足了客户化需求,又降低了成本。采用该策略的企业所需具备的特点,详见表 4-1。

表 4-1　采用延迟策略企业的特点

企业业务	特　　点
预测和库存	较大的不确定性因素,需求预测不准确,较大的中间库存
产品和客户需求	需求波动大,难预测,差异化、紧急性,产品线上各产品间具有负相关性
产品和产品线	产品价值较高,定制化以及组成各产品的零部件之间的通用性较强
生产	较强的生产能力,外部供应的及时性和品质保证,配套的信息技术系统

(六)供应商管理库存

供应商管理库存,该策略在上面已经介绍过。

(七)协同计划、预测和补给货

它是一种面向供应链的新型合作伙伴的管理模式,是由供需双方共同创建协同计划、根据双方的预测调整来实现补货的管理模式,它通过基于 Web 的联合预测计划,使供应链伙伴利用 Internet 来共享预测、检测的主要变化、交换信息和协调解决分歧,最终双方取得一个共同的预测和补货计划来增加供应链的响应速度,降低成本,提高服务水平。

此外,协同 HUB 中心库 CHI,零售商—供应商伙伴关系 RSP,分销商一体化 DI 和 JIT Ⅱ等新型的供应链管理策略也能减少缺货现象,帮助企业和供应链实现以合理库存抵御缺货的风险,共同降低整个供应链上的库存。

三、库存预测的方法

(一)定性预测方法

依靠预测者的专门知识和经验,来分析判断事物未来发展的趋势,称为定性预测。它要求在充分利用已知信息的基础上,发挥预测者的主观判断力。定性预测适合预测那些模糊的、无法计量的社会经济现象,并通常由预测者集体来进行。集体预测是定性预测的重要内容,能集中多数人的智慧,克服个人的主观片面性。

定性预测要求预测者具有从事预测活动的经验,同时要善于收集信息、积累数据资料,尊重客观实际,避免主观臆断,才能取得良好的预测效果。

定性预测方法,可分为主观估计法和技术分析法两类。主观估计法包括经验判断法、集体意见法和主观概率法等。技术分析法包括德尔菲法、历史类推法、形态分析法和系统分析法等。经常采用的方法有德尔菲法、主观概率法、经验判断法等。

（二）定量预测方法

定量预测，是指在数据资料充分的基础上，运用数学方法，有时还要结合计算机技术，对事物未来的发展趋势进行数量方面的估计与推测。定量预测方法有两个明显的特点：一是依靠实际观察数据，重视数据的作用和定量分析；二是建立数学模型作为定量预测的工具。随着统计方法、数学模型和计算机技术日益为更多的人所掌握，定量预测的运用会越来越大。

库存预测中的定量预测方法是在分析影响市场供求变动因素对库存影响的基础上，找出相关变量之间的因果关系，建立起数学模型，通过运算来得到预测结果。例如，设某种商品价格稳定，该商品销售额便由销售量决定。

这时，销售量是自变量设为 x，销售额是因变量设为 y，它们之间用函数式表示为：$y = f(x)$。这一函数式就描述了这种商品在价格确定条件下的销售额与销售量之间的相互关系及其变化规律。如果变量之间的关系能确定地描述，则称变量之间存在因果关系；如果变量之间的关系不能确定地描述，就称变量间为相关关系。不管变量之间存在的是因果关系或是相关关系，都可采用定量分析方法进行预测。

定量预测方法的运用，要求有充分的历史资料；影响预测对象发展变化的因素相对稳定；能在预测对象的某一指标与其他相关指标的联系中找出规律性，并能以此作为依据建立数学模型。实际工作中，由于社会经济现象错综复杂，不可能把所有变动因素都纳入数学模型；有些数据难以取得或取得数据成本过高，使定量预测方法的运用也存在一定的局限性。

四、库存的分类

库存的分类方式很多，从不同的角度可以进行不同的分类，从而进行不同目的的研究。

（一）按库存再生产过程中所处的领域分类

按库存再生产所处的领域不同，库存分为制造库存、流通库存和国家储备。

1. 制造库存

制造库存是制造商为了满足生产消耗的需要，保证生产的连续性和节奏性而建立的储备，其中按库存的用途分为：原材料、材料、半成品、产成品的库存，也有辅助生产用的工具、零件、设备以及劳保用品的库存。

按库存的目的分为周转库存、安全库存和战略库存。虽然制造商拥有的库存品种可能比批发商或零售商少许多,但在产品供大于求的市场条件下,库存向供应商转移成为一种趋势。

2. 流通库存

流通库存是为了满足生产和生活消费的需要,补充制造和生活消费储备的不足而建立的库存。其中有批发、零售商为了保证供应和销售而建立的商品(物资)库存,以及在车站、码头、港口、机场中等待中转运输和正在运输过程中的物资和商品。

3. 国家储备

国家储备是流通储存的一种形式,是国家为了应对自然灾害、战争和其他意外事件而建立的长期后备,如石油储备、粮食储备等。

(二)按库存在企业中的用途分类

企业持有的库存按库存的用途可分为:原材料库存、在制品库存,维护/维修/作业用品库存、包装物和低值易耗品库存及成品库存。

1. 原材料库存

原材料库存是指企业通过采购和其他方式取得的用于制造产品并构成产品实体的物品,以及供生产消耗但不构成产品实体的辅助材料、修理用备件、燃料以及外购半成品等,是用于支持企业内制造或装配过程的库存。

2. 在制品(WIP)库存

在制品库存是指已经过一定生产过程,但尚未全部完工、在销售以前还要进一步加工的中间产品和正在加工中的产品。在制品之所以存在是因为生产一件产品需要时间(称为循环时间)。

3. 维护/维修/作业用品(MRO)库存

维护/维修/作业用品库存是指用于维护和维修设备而储备的配件、零件、材料等。MRO 的存在是因为维护和维修某些设备的需求和所花的时间有不确定性,对 MRO 的存货的需求常常是维护计划的一个内容。

4. 包装物和低值易耗品库存

包装物和低值易耗品库存是指企业为了包装本企业产品而储备的各种包装容器和由于价值低、易损耗等原因而不能作为固定资产的各种劳动资料的储备。

5. 产成品库存

产成品库存就是已经制造完成并等待装运,可以对外销售的制成产品的库存。与MRO 相似的是,产成品必须以存货的形式存在的原因是用户在某一特定时期的需求是未知的。

（三）按照库存的目的分类

按照库存的目的，企业持有的库存可以分为周转库存、保险库存和战略库存。

1. 周转库存

周转库存又称经常库存，是指正常的经营环境下，企业为满足日常需要而建立的库存。即在前后两批货物正常到达之间，提供生产经营需要的储备。

2. 保险库存

保险库存又称安全库存，是指用于防止和减少因订货期间需求率增长或到货期延误所引起的缺货而设置的储备。储备对作业失误和发生随机时间起着预防和缓冲作用，它是一项以备不时之需的存货。在正常情况下一般不动用，一旦动用，必须在下批订货到达时进行补充。

3. 战略库存

战略库存是指企业为整个供应链系统的稳定运行而持有的库存，例如，淡季仍然安排供应商继续生产，以使供应商保持技术工人，维持生产线的生产能力和技术水平。这样的战略库存虽然从库存持有成本单方面来看会有较大幅度的增长，但从整个供应链的运作成本来看却是经济可行的。

（四）按价值分类

按价值划分可分为贵重物品与普通物资，如库存 ABC 分类法就属于按价值分类的方法。

（五）按库存需求的相关性分类

按物品需求的相关性划分可分为独立需求库存与相关需求库存。

1. 独立需求库存

独立需求库存是指某一物品的库存需求与其他物品没有直接关系，库存量是独立的。例如，对冰箱的需求独立于对微波炉的需求。

2. 相关需求库存

相关需求库存是指某一物品的库存量与有些物品有关系，存在一定的量与时间的对应关系。例如，对冰箱部件的需求是与微波炉的产量相关的。

五、库存控制和管理

任何企业库存过高或过低，都会给企业的生产或经营带来麻烦，因此，库存管理的目的在于用最低的费用在适宜的时间和适宜的地点获得适当数量的原材料、消耗品、半成品和最终产品,即保持库存量与订货次数的均衡,通过维持适当的库存量,减少不良库存,使企业资金得到合理地利用,从而实现盈利目标。

(一)减少不良库存

在大多数企业中,库存占企业总资产的比例都非常高,许多企业都存在库存过剩、库存闲置、积压商品、报废物资、呆滞品等不良库存问题。这是因为人们只重视库存保障供应的任务,而忽视了库存过高所产生的不良影响。

1. 库存过高的不良影响

(1)使企业资产固化

库存过高将使大量的资本被冻结在库存上,当库存停滞不动时,周转的资金越来越短缺,使企业利息支出相对增加。

(2)加剧库存损耗

库存过高的必然结果是使库存的储存期增长,库存发生损失和损耗的可能性增加。

(3)增加管理费用

企业在维持高库存,防止库存损耗、处理不良库存方面的费用将大幅度增加。

2. 不良库存产生的原因

(1)计划不周

计划不周或制定计划的方法不当,就会出现计划与实际的偏差,使计划大于实际,从而导致剩余库存。

(2)生产计划变更

企业生产计划的变更会带来一定数量的原材料或产成品的过剩,如果不及时进行调整,就会转变为不良库存。

(3)销售预测失误

销售部门对客户可能发生的订单数量估计错误,也将使采购、生产等部门的采购计划和生产计划与实际需求产生偏差,进而出现库存剩余的情况。

(二)确定适当库存

确定哪些生产经营环节需要库存的支持,对做好库存管理是非常重要的,我们可以从经营、生产、运输、销售和订货周期5个方面进行分析。

1. 从经营方面看

经营的目标是满足客户服务的要求,因而必须保持一定的预备库存,但要实现利润最大化,就必须降低订货成本,也要降低生产准备成本,更要减低库存持有成本,因而必须维持适当库存。

2. 从生产方面看

缩短生产周期可以较好地控制工序间的均衡库存,根据订单生产也能较好地维持适当库存,相关需求库存的比例要适当。

3. 从运输方面看

运输费用、运输方法、运输途径对库存的适当程度影响很大,运输效益与库存效益的关系要仔细权衡。

4. 从销售方面看

销售渠道的研究非常重要。减少流通环节就能减少流通过程中的库存。还要注意适当库存与最佳客户服务水平之间的效益悖反。另外,提高销售预测的精确度也能有效改进库存管理。

5. 从订货周期看

运输时间、订单处理手段和周期,以及订货、收货、验货方法等都是有助于库存适当化的研究对象。

六、不同库存管理方法的主要区别

常用的存货分类方法,有 ABC 分类法和 CVA 分类法。

(一) ABC 分类法

ABC 分类法又称重点管理法或 ABC 分析法。它是一种从名目繁多、错综复杂的客观事物或经济现象中,通过分析,找出主次,分类排队,并根据其不同情况分别加以管理的方法。该方法是根据巴雷特曲线所揭示的"关键的少数和次要的多数"的规律在管理中加以应用的。

通常是将手头的库存按年度货币占用量分为以下 3 类:

A 类是年度货币量最高的库存,这些品种可能只占库存总数的 15%,但用于它们的库存成本却占到总数的 70%~80%;B 类是年度货币量中等的库存,这些品种占全部库存的 30%,占总价值的 15%~25%;年度货币量较低的 C 类库存品种只占全部年度货币量的 5%,但却占库存总数的 55%。

除货币量指标外,企业还可以按照销售量、销售额、订货提前期、缺货成本等指标将库存进行分类。通过分类,管理者就能为每一类的库存品种制定不同的管理策略,实施不同的控制。建立在 ABC 分类基础上的库存管理策略包括以下内容:

(1) 花费在购买 A 类库存的资金大大多于花在 C 类库存上的。

(2) 对 A 类库存的现场管理应更严格,它们应存放在更安全的地方,而且为了保证它们的记录准确性,更应对它们频繁地进行检验。

（3）预测 A 类库存应比预测其他类库存更为仔细精心。

ABC 分析法所需要的年度货币占用量，可以用每个品种的年度库存需求量乘以其库存成本。3 种库存类型的管理策略，见表 4-2。

表 4-2　不同类型库存的管理策略

库存类型	特点（按货币量占用）	管理方法
A	品种数约占库存总数的 15%，成本占 70%～80%	进行重点管理。现场管理要更加严格，应放在更安全的地方；为了保持库存记录的准确性要经常进行检查和盘点；预测时要更加仔细
B	品种数约占库存总数的 30%，成本占 15%～25%	进行次重点管理。现场管理不必投入比 A 类更多的精力；库存检查和盘点的周期可以比 A 类要长一些
C	成本也许只占总成本的 5%，但品种数量或许是库存总数的 55%	只进行一般管理。现场管理可以更粗放一些；但是由于品种多，差错出现的可能性也比较大，因此，也必须定期进行库存检查和盘点，周期可以比 B 类长一些

利用 ABC 分类法可以使企业更好地进行预测和现场控制，以及减少安全库存和库存投资。ABC 分类法并不局限于分成 3 类，可以增加。但经验表明，最多不要超过 5 类，过多的种类反而会增加控制成本。

（二）CVA 分类法

ABC 分类法也有不足之处，通常表现为 C 类货物得不到应有的重视，而 C 类货物往往也会导致整个装配线的停工。因此，有些企业在库存管理中引入了关键因素分析法 CVA（critical value analysis）。

CVA 的基本思想是把存货按照关键性分成以下 4 类：

（1）最高优先级。这是经营的关键性物资，不允许缺货。

（2）较高优先级。这是指经营活动中的基础性物资，但允许偶尔缺货。

（3）中等优先级。这多属于比较重要的物资，允许合理范围内的缺货。

（4）较低优先级。经营中需用这些物资，但可替代性高，允许缺货。

按 CVA 库存分类法所划分的库存种类及其管理策略，见表 4-3。

表 4-3　CVA 法库存种类及其管理策略

库存类型	特点	管理措施
最高优先级	经营管理中的关键物品，或 A 类重点客户的存货	不允许缺货
较高优先级	生产经营中的基础性物品，或 B 类客户的存货	允许偶尔缺货
中等优先级	生产经营中比较重要的物品，或 C 类客户的存货	允许合理范围内缺货
较低优先级	生产经营中需要，但可替代的物品	允许缺货

CVA 分类法比起 ABC 分类法有着更强的目的性。在使用中要注意,人们往往倾向于制定高的优先级,结果高优先级的物资种类很多,最终哪种物资也得不到应有的重视。CVA 分类法和 ABC 分类法结合使用,可以达到分清主次、抓住关键环节的目的。在对成千上万种物资进行优先级分类时,也不得不借用 ABC 分类法进行归类。

七、库存管理方法的评价

库存管理方法的评价指标主要有以下几个方面:

1. 客户满意度

客户满意度就是指客户对于销售者现在的服务水平的满意程度。这个指标涉及许多内容:客户忠诚度、取消订货的频率、不能按时供货的次数、与销售渠道中经销商的密切关系等。

2. 延期交货

如果一个企业经常延期交货,不得不使用加班生产、加急运输的方法来弥补库存的不足,那么我们可以说,这个企业的库存管理系统运行效率很低。它的库存水平和再订货点不能保证供应,紧急生产和运输的成本很高,远远超过了正常成本。

但是,并不是要求企业一定不能有延期交货,如果降低库存水平引起的延期交货成本低于节约的库存成本,那么这种方案是可取的,它可以实现企业总成本最低的目标。

3. 库存周转次数

计算整个生产线、单个产品、某系列产品的周转次数可以反映企业的库存管理水平。可以通过对各个时期、销售渠道中各个环节的库存周转次数进行比较,看看周转次数的发展趋势是上升还是下降,周转的"瓶颈"是在销售渠道的哪个环节。

库存周转次数的计算公式如下:

$$库存周转次数 = 年销售额 / 年平均库存值$$

还可以细分为:

$$原材料库存周转次数 = 年材料消耗额 / 年原材料平均库存值$$
$$在制品库存周转次数 = 生产产值 / 在制品平均库存值$$
$$成品库存周转次数 = 年销售额 / 成品年平均库存值$$

库存周转次数在不同行业的企业里变化幅度很大,即使同一行业的不同规模企业也有很大差异。

总体来说,库存周转次数越大表明企业的库存内控制越有效,但有时客户订货时却不能马上得到货物,这就降低了客户服务水平。企业要想增大库存周转次数并维持原有的客户服务水平,就必须使用快速、可靠的运输方式,优化订单处理程序,来降低安全库存,达到增大库存周转次数的目的。对企业各环节、各种产品的库存周转次数进行分析评价,就可以发现企业物流系统的问题所在。

第四节　运输系统管理

一、物流运输系统概述

运输是物流运作的重要环节,在各个环节中运输时间及成本占有相当大的比重。

(一)各种运输方式的经济评价

当前我国货物运输主国有铁路运输、公路运输、水上运输(包括内河运输和海上运输)、航空运输等。

国民经济对交通运输的要求是综合全面的。首先,要求载运量大、成本低、投资少,以节省用于运输方面的开支;其次,要求货物运达速度快,以便缩短运输时间,加速流动资金的周转;最后,要求尽可能达到时间上能连续运行、空间上的机动灵活,并保证运输的安全性。各种运输方式对上述经济指标的满足程度不同,各有其不同技术经济性能和适用范围。

几种主要运输方式的经济特征,见表4-4。

表 4-4　几种主要运输方式经济特征比较

运输方式	基建投资		速度	连续性	灵活性	线路	运输工具
	运输量	运价					
铁路运输	5	1	2	3	3	1	3
内河运输	3	3	3	2	5	5	4
海上运输	1	2	1	1	4	4	5
公路运输	4	4	4	4	2	2	1
航空运输	2	5	5	5	1	3	2

说明:表中数字表示运输方式的优劣次序。(1为最优;5为最差)

(二)各种运输方式的合理分工

由于技术经济性能的不同,各种运输方式在综合运输网中分别承担着不同的运输任务。

在国内货物运输中,能捆包成件的大宗货物的中长途运输主要由铁路运输承担;大宗散货、笨重或轻泡货物以及时间要求不迫切的货物的中长途运输,宜采用水运或水陆联运;鲜活易腐商品的中距离运输和货物的短途运输,一般由公路运输来承担;在水网平原区,水运也分担部分货物的短途运输;城乡之间和无现代化运输方式地区的货物运输主要依靠民间运输;有急迫时间要求的贵重货物的运输由航空运输来承担。

所谓合理运输,就是走最短的线路、用最少的时间、花最低的运费、安全及时准确地把货物运送到目的地。实现货物的合理运输,可以缩短货物的运输距离,减少运输劳动的消耗,降低运输成本,节约货物的在途时间,加速资金的周转。合理运输对于促进经济发展,加速商品流通,节约运力和社会劳动消耗,提高经济效益和增加国家积累等都具有重要的意义。

要实现合理运输,就需要注意以下几方面的问题:

(1) 正确确定货物流向和流量;

(2) 选择合理的运输方式和线路;

(3) 减少运输的中间环节;

(4) 开展集装箱运输;

(5) 消除不合理运输。

目前,大多数运输会涉及一种以上运输方式,物流管理者面临的挑战就在于各种运输模式的均衡必须在整体物流系统的框架下完成。目前企业对缩短运输时间,降低运输成本的要求越来越强烈。实现物流过程的合理运输,即从物流系统的总体目标出发,充分利用各种运输方式,选择合理的运输路线和运输工具,以最短的路径,最少的环节,最快的速度和最少的劳动消耗组织好运输。

二、运输管理系统解决方案

(一) 方案目标

运输任务是物流运输管理系统的核心,系统通过对运输任务的接收、调度、运输状态跟踪过程确定任务的执行状态;货品是系统管理的对象,通过对进入系统货品的品质、状态的管理能够时时反馈货品的所处状态,即实现动态跟踪功能。

商务是伴随着运输任务发生的应收应付费用,通过对应收和应付的管理及运输任务对应的收支的核算,能够统计分析实际发生的费用和每笔业务的利润等。

(二) 运输管理系统解决方案功能分析

运输管理系统主要包括业务受理、订单管理、调度分配、GPS 车辆定位系统、统计考核、财务结算、基本数据维护与系统管理等八大功能。

系统主要功能模块为:组织管理、客户管理、合约管理、供应商管理、车辆管理、执行管理、商务、台账、报表、系统维护等。

1. 运力资源管理

（1）车辆管理；

（2）司机管理；

（3）运输/配送线路管理；

（4）运力状态管理：对车辆状态进行查看和维护。

2. 运输管理

（1）运输计划

根据各种出库指令对商品的体积、重量和送货地址生成配送路线计划和车辆送货计划。

（2）运输调度管理

运输/配送调度计划的生成与维护。该模块结合基于 GIS 的决策支持系统能实现干线运输、配送运输、普货运输等的运力配载、车辆调度和线路优化（包括动态线路管理）。

（3）车辆跟踪

可以通过 GPS 系统，实时、动态地跟踪到车辆的位置以及目前的状态。详见 GPS 车辆跟踪与调度系统。

3. 配送管理

（1）配送委托（订单）管理；

（2）外派任务管理；

（3）运输配送单管理；

（4）业务跟踪管理；

（5）回单管理。

4. GPS 车辆跟踪与调度管理子系统

（1）实时车辆跟踪

实时车辆跟踪就是让用户能够实时了解车辆行驶情况。实时跟踪主要包括以下功能：定车行程跟踪、车辆点名操作、请求报位、车辆显示状态控制、地图匹配操作、跟踪频率设置、道路模糊匹配。

（2）通信调度中心

通信调度中心主要包括发送文字信息、通信记录查询等功能。

（3）报警管理中心

报警中心主要实现对系统事先定义好的车辆异常报警情况（比如：紧急求援报警、盗车报警功能、超速报警等）的监控和处理。在报警中心模块中主要实现的功能有：报警目标提示、报警确认、报警取消、遥控熄火、遥控恢复、发送信息、警情日志、车辆档案查询、报警记录查询、行驶记录查询、界线设置、限速设置。

（4）车辆历史行程跟踪

通过 GPS 对车辆的实时跟踪记录的分析，我们可以得出车辆的一般行驶路线，进而就可以得出了车辆的历史路线。通过这个历史路线就可以监督跟踪该车辆的运行路线是否有误。

（5）地图管理中心

对系统中的所有地图资源进行统一的管理。地图操作功能主要包括放大、缩小、刷新地图、地图查询、漫游、鹰眼、测距等功能。

5. 统计分析与报表管理系统

（1）业务统计分析、作业统计分析报表、财务统计分析报表；

（2）绩效考核管理；

（3）配送优化。

基于 GIS 系统，实现配送过程的运力配载、车辆调度和线路优化、作业优化，如充分利用返程车资源、主要干线沿途运输作业整合等，有效地利用资源降低成本。在作业量比较大的情况下，系统还可以将一定时间段内发生的同一种作业集合起来作为一个作业批次。

6. 客户端服务系统

（1）网上业务管理

客户可直接在网上进行配送委托单的下达，并可查询下单后相关处理情况。

（2）网上业务查询

网上业务查询应该包括订单查询、货物跟踪查询、库存查询、商品流向查询、网上业务量的查询等功能。

（3）费用查询

客户可以通过上网及时查询到已经使用的费用。

（4）客户投诉及意见反馈

客户可以通过邮件、电话等方式进行投诉，同时，客户端系统可以通过邮件或通过反馈功能区把相关的解决意见反馈给客户。

小贴士

不合理的运输，一般有以下几个方面：

1. 对流运输；2. 倒流运输；3. 迂回运输；4. 重复运输；5. 过远运输；6. 运力选择不当；7. 托运方式选择不当。

第五节 物流配送中心

一、物流配送中心的特征

在电子商务时代,物流配送中心可归纳为以下几个特征:

(一) 反应速度快

电子商务下,物流配送服务提供者对上游、下游的物流配送需求的反应速度越来越快,前置时间越来越短,配送时间越来越短,物流配送速度越来越快,商品周转次数越来越多。

(二) 功能集成化

物流配送着重于将物流与供应链的其他环节进行集成,包括:物流渠道与商流渠道的集成、物流渠道之间的集成、物流功能的集成、物流环节与制造环节的集成等。

(三) 服务系列化

电子商务下,物流配送除强调物流配送服务功能的恰当定位与完善化、系列化,除了传统的储存、运输、包装、流通加工等服务外,还在外延上扩展至市场调查与预测、采购及订单处理、向下延伸至物流配送咨询、物流配送方案的选择与规划、库存控制策略建议、货款回收与结算、教育培训等增值服务;在内涵上提高了以上服务对决策的支持作用。

(四) 作业规范化

电子商务下的物流配送强调功能作业流程、作业、运作的标准化和程序化,使复杂的作业变成简单的、易于推广与考核的运作。

(五) 目标系统化

物流配送从系统角度统筹规划一个公司整体的各种物流配送活动,处理好物流配送活动与商流活动及公司目标之间、物流配送活动与物流配送活动之间的关系,不求单个活动的最优化,但求整体活动的最优化。

(六) 手段现代化

电子商务下的物流配送使用先进的技术、设备与管理为销售提供服务,生产、流通和销售规模越大、范围越广,物流配送技术、设备及管理越现代化。

（七）组织网络化

为了保证对产品促销提供快速、全方位的物流支持，物流配送要有完善、健全的物流配送网络体系，网络上点与点之间的物流配送活动保持系统性和一致性，这样可以保证整个物流配送网络有最优的库存总水平及库存分布，运输与配送快捷、机动，既能铺开又能收拢。分散的物流配送单体只有形成网络才能满足现代生产与流通的需要。

（八）经营市场化

物流配送的具体经营采用市场机制，无论是企业自己组织物流配送，还是委托社会化物流配送企业承担物流配送任务，都以"服务，成本"的最佳配合为目标。

（九）流程自动化

物流配送流程自动化是指运送规格标准、仓储货、货箱排列、装卸、搬运等按照自动化标准作业，商品按照最佳配送路线等。

（十）管理法制化

管理法制化是物流配送企业有序、健康竞争和运营的基本保障。宏观上，要有健全的法规、制度和规则；微观上，新型物流配送企业要依法办事，按章行事。

二、配送系统管理解决方案

（一）方案目标

按照即时配送原则，满足生产企业零库存生产的原材料配送管理，满足商业企业小批量多品种的连锁配送管理，满足共同配送和多级配送管理。

支持在多供应商和多购买商之间的精确、快捷、高效的配送模式。支持以箱为单位和以部件为单位的灵活配送方式。支持多达数万种配送单位的大容量并发配送模式；支持多种运输方式，跨境跨关区的跨区域配送模式。结合先进的条码技术，GPS/GIS 技术，电子商务技术，实现智能化配送。

（二）物流配送中心方案分析

配送中心应具备以下几种条件：

1. 高水平的企业管理

物流配送中心作为一种全新的流通模式和运作结构，其管理水平要求其达到科学和现代化。只有通过合理的科学管理制度、现代化的管理方法和手段，才能确保物流配送中心基本功能和作用的发挥,从而保障相关企业和用户整体效益的实现。

2. 高素质的人员配置

配送中心的人才配置要求必须配备数量合理、具有一定专业知识和较强组织能力、结构合理的决策人员、管理人员、技术人员和操作人员,以确保新型物流配送中心的高效运转。

3. 高水平的装备配置

配送中心必须配备现代化装备和应用管理系统,尤其是要重视计算机网络的运用。专业化的生产和严密组织起来的大流通,对物流手段的现代化提出了更高要求,如对自动分拣输送系统、立体仓库、旋转货架、自动导向系统、商品条码分类系统、悬挂式输送机这些新型高效大规模的物流配送机械有着广泛而迫切的需求。

以提供更完美的服务,在为多用户、多品种、少批量、高频度、准确、迅速、灵活等服务方面发挥作用。

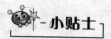

小贴士

物流中心与配送中心的区别:

1. 物流中心功能相对单一,而配送中心功能较为全面;

2. 物流中心辐射范围大,而配送中心辐射范围小;

3. 物流中心在配送中心的上游,而配送中心在物流中心的下游;

4. 物流中心是少品种、大批量、少供应商,而配送中心多品种、小批量、多供应商;

5. 物流中心通常提供第三方物流服务,而配送中心一般为公司内部服务。

就业能力实训

实训一

(一)课题项目

物流信息系统解决方案的应用。

(二)实践目的

对选定的某个物流软件运行。

(三)实践要求

掌握物流软件的各部分功能。

(四)实践环节

1. 在实验室操作运行中海物流软件。

2．完成指定的模拟题。

（五）实践成果

输出运行结果。

实训二

（一）课题项目

采购管理。

（二）实践目的

通过使用采购管理软件，学生知道如何进行采购订单管理，掌握哪些才是重要元素。

（三）实训须知

客户关系管理绝对不是通过一个软件的操作学习就能完成，大家必须在其他方面更多地了解相关内容，才能有本质的提高。

（四）实训内容及实训过程

1．实训内容

学会使用简单的采购管理软件。

2．实训过程

（1）启动计算机，启动佳宜采购管理软件，如图 4-5 所示。

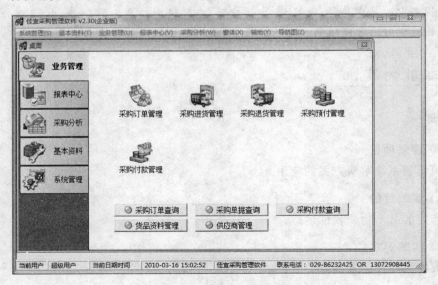

图 4-5 佳宜采购管理软件界面

（2）单击界面的"采购订单管理"图标，进入采购订单管理界面，如图4-6所示。

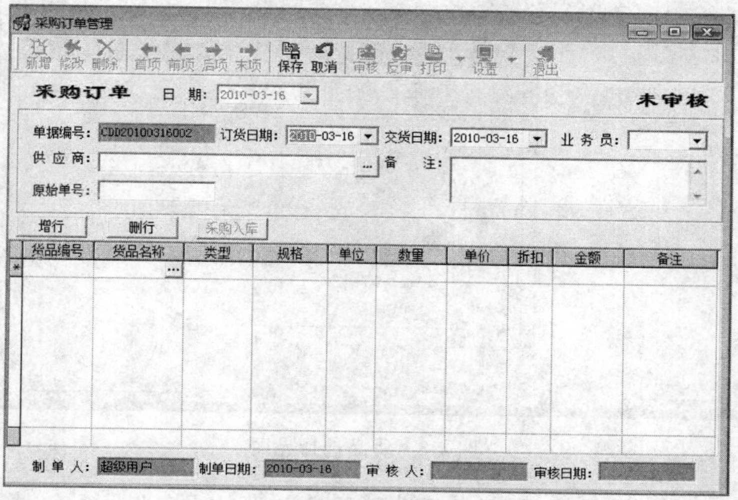

图 4-6　采购订单管理界面

刚开始订单的状态为"未审核"，在此订单管理界面中需要选择"订货日期"、"交货日期"、"业务员"，填写"原始单号"，单击"供应商"栏旁边的"…"按钮，在打开的"往来单位"窗口中选择需要的供应商名称，然后单击"确定"，如图4-7所示。

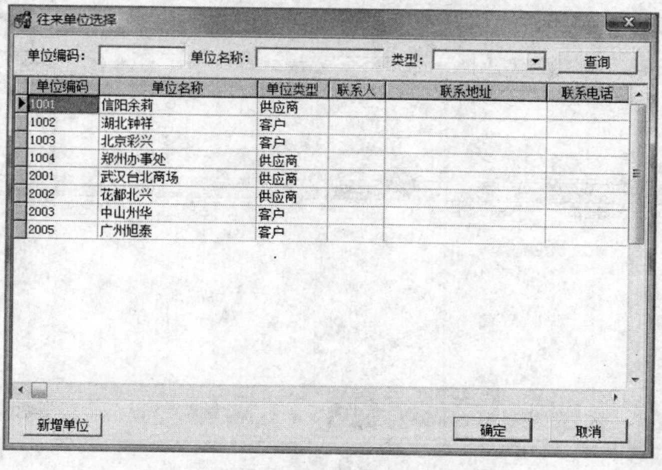

图 4-7　往来单位选择界面

单击采购的"货品名称"栏旁边的"…"按钮，在打开的"货品选择"窗口中选择所需要采购的货品，单击"确定"，如图4-8所示。

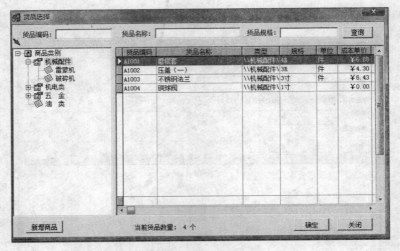

图 4-8　货品选择界面

双击"数量"栏目下的单元格进行采购数量的设置，如图 4-9 所示。填写完所有资料后单击采购订单管理界面的"保存"按钮，单击采购订单管理界面的"审核"按钮进行订单的审核工作，系统会提示审核后，单据将不能再修改，单击"确定"按钮。

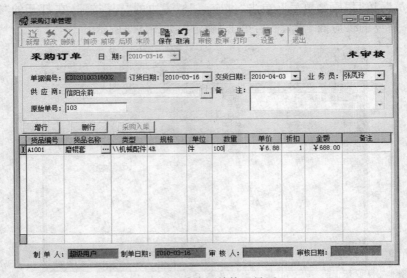

图 4-9　采购订单管理界面

（3）单击采购订单管理界面中的"采购入库"，进入"采购进货管理"界面，如图 4-10 所示。

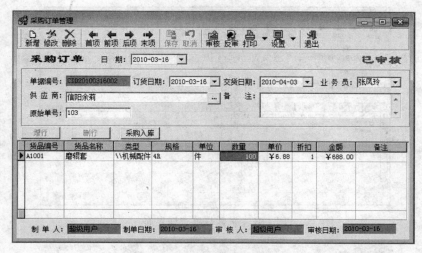

图 4-10　采购进货管理界面

单击"采购开票",进入"发票开票"窗口,如图 4-11 所示,填写完信息后单击"确定"。单击"保存"按钮,再次单击"审核"按钮后,完成采购订单。

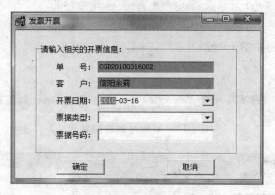

图 4-11　发票开票界面

（4）单击"佳宜采购管理软件"界面中的"采购订单查询",选择"已审核",单击"查询"按钮,能够查询到刚才所下的订单,如图 4-12 所示。

（5）单击"佳宜采购管理软件"界面中的"采购付款管理"进入采购付款管理界面进行付款,如图 4-13 所示,单击"新增",如图 4-14 所示填写相关资料后,单击"保存"。再次单击"审核"。返回佳宜采购管理软件界面,单击"采购付款查询",可以在查询窗口查询到刚才所付的清单,如图 4-15 所示。

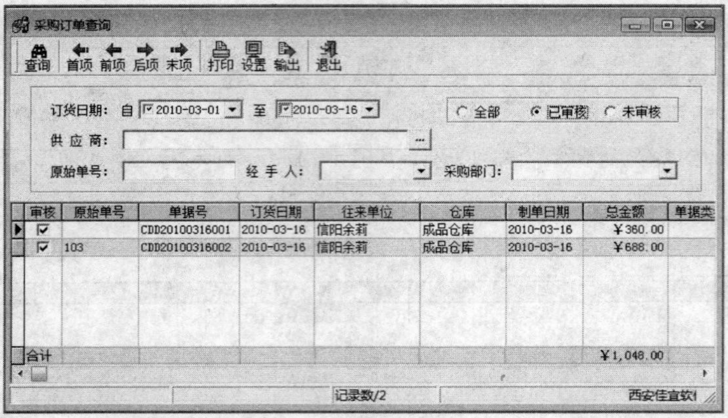

图 4-12 采购订单查询界面

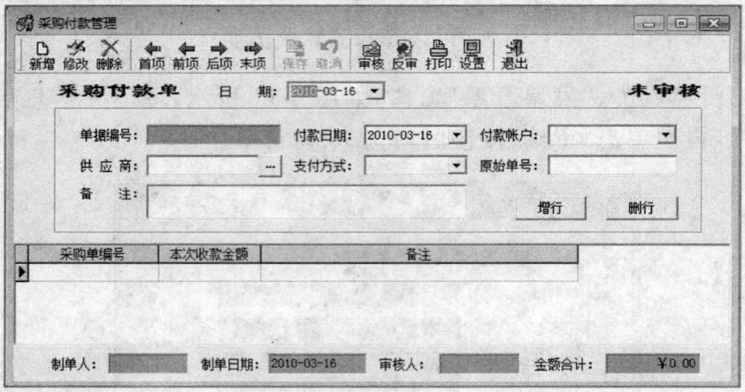

图 4-13 采购付款管理界面

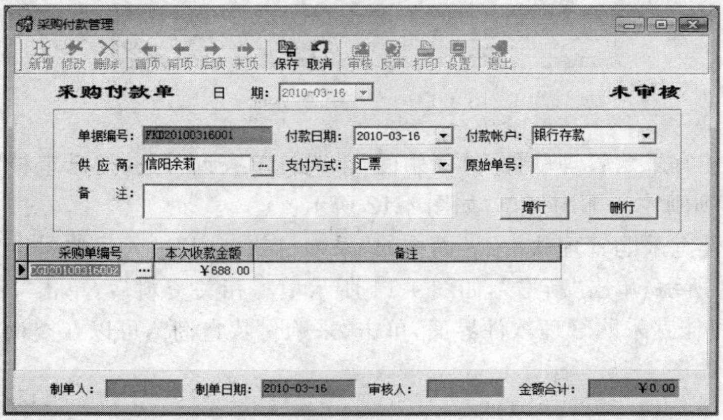

图 4-14 采购付款管理新增界面

图 4-15 采购付款单查询界面

实训三：

（一）课题项目

配货处理。

（二）实践目的

让学生通过本实训了解货物配送作业的流程，掌握配货作业的具体步骤。

（三）实训内容及实训过程

以班级为单位分成两个小组分别扮演复核操作员与装箱员进行实训，两个小组的成员都熟练技能操作可以进行角色交换。配货复核流程如图 4-16 所示。

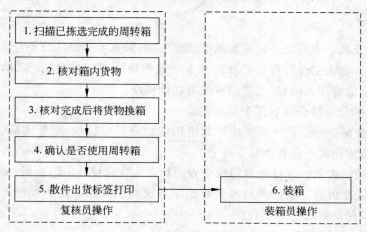

图 4-16 配送复核流程

（1）取出拣选确认完成的周转箱，并扫描周转箱标签；

（2）按照电脑信息对货品进行复核，复核的项目应包括货品的品名、规格、批号、数量、厂牌等；

（3）每复核一品种，将货品放到另一空闲的周转箱内；

（4）确认完后系统自动打印散件出库标签；

（5）将标签和计算装箱工作量的牌子夹在一起，将过箱后的箱子和《散件出库标签》一起推给或通过输送带给装箱人员；

（6）检查原库内周转箱内商品是否已经清空。

（7）复核完工，打印出《散件出库标签》。

（8）装箱员对货物进行装箱。

（四）实训要点

（1）复核过程中，若发现箱内货品与电脑信息不符，应立即停止该周转箱的复核任务，并通知老师处理；

（2）判断是否使用周转箱，可根据电脑信息提示、客户、送货地点、送货方式、货品的多少等信息决定是否使用；

（3）复核人每一次扫描周转箱条码，都会引入新的工作任务，不作限制（一般情况下，复核人员必须复核完一箱才能扫描下一周转箱）；

（4）在扫描器不能使用的情况下，可以手写输入周转箱 ID；

（5）若箱子不能复核，则由主管查询此任务是否未完成拣选确认，并将未完成的周转箱交还给老师。

本章小结

让电子商务真正成为促进企业发展的有效手段，最重要的是从核心业务入手，切入企业的关键需求。物流综合管理应具备的基本功能模块一般应该包括：采购管理系统、仓储管理系统、运输管理系统、配送管理系统等功能模块。

物流软件平台应符合以下几个基本要求：

（1）功能全面。物流软件系统应该紧密围绕物流行业特性，根据实际业务模块化组合，使得系统适应物流行业各类分支业务。

（2）操作灵活方便。软件平台的操作界面具有人性化设计组织功能·操作简便。

（3）系统安全可靠。软件平台和其数据库系统应该采用一定的加密技术，确保数据交换安全可靠，保证系统稳定运行。

（4）技术先进，具备良好的可扩展性。

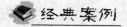 经典案例

南方物流管理系统的综合性

1. 基本信息系统

公用的子系统,提供所有其他子系统的基本数据,是系统必要的部分,凡是其他子系统要参照的数据、组织人员信息与货主有关的供应商、客户的信息均包括在内。

2. 订单系统

在客户服务部门接受订单之后,将订单录入系统,从而开始单据在物流系统中的流转过程,同时对订单进行跟踪管理,并与客户之间保持联系,向客户及时地提供订单的执行情况。

3. 仓库系统

南方物流仓储系统作为物流中心信息系统的重要组成部分,是整个供应链管理中不可或缺的一个环节,仓库系统的高效运作,也必然将推动整个物流系统的高效运作。

系统应专门面对第三方物流企业的仓库管理软件,融合现代物流的管理思想,为物流企业的仓库管理提供一个良好的应用平台,并为企业电子商务的应用预留了可扩展的接口。仓库系统实现了对仓库运作全过程的管理,包括入库、出库、盘点、不良品处理、库存实时查询齐备的功能,同时系统实现了对货品的批次进行精确的跟踪,提供完善的单据报表,采用严格的权限控制,从而保证了仓库运作的严格、有序、高效。

4. 运输系统

与仓储系统一样,运输管理系统也是物流中心信息系统的重要组成,是整个供应链管理中的关键环节,运输的效率直接影响整个物流系统的运作。

系统是专门面对第三方物流企业的运输管理软件,融合现代物流的管理思想,为物流企业的运输管理提供了一个良好的应用平台,并为企业电子商务的应用预留了可扩展的接口。运输系统实现了对运输操作的全过程的管理,包括调度、车辆外协、装车、短拨、费用处理、投诉受理等功能,同时系统实现了对运输过程的跟踪,提供完善的单据报表,采用严格的权限控制,从而保证了运输操作的严格、有序、高效。

资料来源:http://www.simic.net.cn/news_show.php? id=1248

课后思考

❖ 物流管理有哪些主要流程?
❖ 物流采购管理系统的主要功能有哪些?
❖ 物流仓储管理的目标是什么?
❖ 物流运输系统对运输方式选择要考虑哪些因素?
❖ 几种网上支付方式各有什么特点?
❖ 现代化物流配送系统的特征是什么?

第五章

物流电子商务管理方法

引导案例

美国福特汽车公司的 JIT 之路

福特汽车公司是北美三大汽车制造公司之一，其工厂遍及北美。它的生产重点在于汽车组装，依赖北美许多供应商供应零配件。20 世纪最初 20 年间，福特公司首先把泰勒科学管理原则应用于生产的组织过程，创立了流水线作业体系，从而奠定了现代大工业管理组织方式的基础。其基本特点表现为大规模批量生产以实现规模经济效益。这种最早应用于汽车工业的组织方式很快扩散到其他产业。

在 20 世纪五六十年代创造了现代工业的"黄金时代"。进入 70 年代后,"福特制"出现了严重的危机,欧美企业陷入困境,其原因并非简单的生产成本问题,更重要的是它们无法对市场的多样化需求做出更快、更适宜的反应。

20世纪80年代以来,美国、西欧及其他国家开始学习和应用日本首创的JIT管理方法。福特公司也于1987年开始实施JIT,它的特点有以下几个方面:

1. 厂内系统

福特公司的生产线进料储存量设计为保持全天所需的原材料外加半天的保险存货,除需要作安全库存的关键物品外,其余物料消除非生产线进料库存。大部分原料直接传递到生产线进料地点,取消了额外的物资管理,同时使用可退换容器来改进搬运效率。

2. 包装系统

福特公司所用包装是专门设计的,采用可折叠式以便于回收和减少可消耗包装的成本,提高包装的保护性。另外,标签及文字记录的位置标准化,使得搬运快捷、准确。与此同时,福特公司还优化了模型设计,方便运输工具及铲车作业,提高搬运效率,尤其是提高了生产线进料处的搬运效率。

3. 运输系统

物流工作需要可靠的运输供应商。汽车和铁路运输定时到达福特工厂,采用时间窗口进行递送,使用转动式拖车卸货,而不采用倾倒和转换式卸货,这样可消除拖车连成一串的情况,使接货的人力安排更有效。同时,为了减少卸货车辆的等待时间,福特公司采用了循环收取的办法,以便一辆车能从若干个供应商那里收取物料。

4. 供应商管理

供应商均以年度合同方式向福特公司供货。他们掌握福特公司每日生产需求的连续报表,以便做到供货计划与每天物资需求系统连接。每天晚上,通信系统将次日物资需求信息传递给运输公司。供应商必须随时将物资准备好以便装车。

资料来源:柳和玲.物流运作案例剖析.北京:中国物资出版社,2006.

第一节 准时生产方式

准时生产方式是起源于日本丰田汽车公司的一种生产管理方法。它的基本思想可用现在已广为流传的一句话来概括,即"只在需要的时候,按需要的量生产所需的产品",这也就是Just in Time(JIT)一词所要表达的本来含义。

准时生产制是精益生产方式的核心和支柱,是有效运用多种方法和手段的综合管理体系,它通过对生产过程中人、设备、材料等投入要素的有效使用,消除各种无效劳动和浪费,确保在必要的时间和地点生产出必要数量和质量的必要产品,从而实现以最少的投入得到最大产出的目的。

准时生产制是日本丰田汽车公司在 20 世纪 60 年代实行的一种生产方式，1973 年石油危机以后，这种方式对丰田公司度过能源危机起到了突出的作用，后来其他国家生产企业开始重视这种生产方式，并逐渐在欧洲和美国的日资企业及当地企业中推行。现在这一方式已被西方企业称为"日本化模式"。

一、JIT 生产方式的核心思想

准时生产方式的核心思想可概括为"在需要的时候，按需要的量，生产所需的产品"，也就是通过生产的计划和控制及库存的管理，达到减少浪费，增加收益的目标。JIT 生产方式的最终目标即企业的经营目的：获取最大利润。为了实现这个最终目的，"降低成本"就成为基本目标。

准时生产方式的核心是追求一种无库存的生产系统，或者使库存达到最小的生产系统。为此而开发了包括"看板"在内的一系列具体方法，并逐渐形成了一套独具特色的生产经营体系。在福特时代，降低成本主要是依靠单一品种的规模生产来实现。但是在多品种中小批量生产的情况下，这一方法是行不通的。而 JIT 生产方式则力图通过"生产的计划和控制及库存的管理"来"彻底消除浪费"以达到这一目标。

JIT 生产方式以准时生产为出发点，首先暴露出生产过量和其他方面的浪费，然后对设备、人员等进行淘汰、调整，达到降低成本、简化计划和提高控制的目的。在生产现场控制技术方面，JIT 的基本原则是在正确的时间，生产正确数量的零件或产品，即时生产。它将传统生产过程中前道工序向后道工序送货，改为后道工序根据"看板"向前道工序取货，看板系统是 JIT 生产现场控制技术的核心，但 JIT 不仅仅是看板管理。

JIT 以订单为驱动，通过看板，采用拉动方式把供、产、销紧密地衔接起来，使物资储备、成本库存和再制品大为减少，从而提高了生产效率。这一生产方式在推广应用过程中，经过不断发展完善，为日本汽车工业的腾飞作出了巨大贡献。这一生产方式亦为世界工业所注目，被视为当今制造业中最具有生命力的新型生产系统之一。

看板管理也可以说是 JIT 生产方式中最独特的部分，JIT 生产方式称为"看板方式"。看板是一种能够调节和控制在必要时间生产出必要产品的管理手段。它通常是一种卡片，上面记载有零部件型号、取货地点、送货地点、数量、工位器具型号及盛放量等信息，生产以此作为取货、运输和生产的指令。在实现适时适量生产中具有极为重要意义的是作为其管理工具的看板。

看板生产的主要思想是：遵循内部用户原则，把用户的需要作为生产的依据。传统生产采用上道工序向下道工序送货，加工过程由第一道工序向最后一道工序推进，因而被称为"推动式"生产，看板生产则采用"拉动式"，由后道工序向前道工序取货，一道一道地由后向前传送指令。看板的主要机能是传递生产和运送的指令，在 JIT 生产方式中，生产的月度计划是集中制定的，同时传达到各个工厂以及协作企业。

而与此相应的日生产指令只下达到最后一道工序或总装配线,对其他工序去领取"所需的量"时,同时就等于向前工序发出了生产指令。由于生产是不可能 100％地完全照计划进行的,月生产量的不均衡以及日生产计划的修改都通过看板来进行微调。

看板就相当于工序之间、部门之间以及物流之间的联络神经而发挥着作用。看板系统是 JIT 生产现场控制技术的核心。利用看板技术控制生产和物流,以达到准时生产的目的。看板除了生产管理机能以外,还有一大机能,即改善机能。通过看板,可以发现生产中存在的问题,使其暴露,从而立即采取改善对策。

二、JIT 生产方式的基本目标

将"获取最大利润"作为企业经营的最终目标,将"降低成本"作为基本目标。JIT 的目标就是要彻底消除无效劳动和浪费。所谓浪费,在 JIT 生产方式的起源地丰田汽车公司,被定义为"只使成本增加的生产诸因素",也就是说,不会带来任何附加价值的诸因素。任何活动对于产出没有直接的效益便被视为浪费。这其中最主要的为生产过剩(即库存)所引起的浪费。

搬运的动作、机器准备、存货、不良品的重新加工等都被看作浪费;同时,在 JIT 的生产方式下,浪费的产生通常被认为是由不良的管理所造成的。比如,大量原材料的存在可能便是由于供应商管理不良所造成的。因此,为了排除这些浪费,就相应的产生了适量生产、弹性配置作业人数以及保证质量这样 3 个子目标。为了达到降低成本这一基本目标,对应于上述基本目标的 3 个子目标,JIT 生产方式的基本手段也可以概括为下述 3 个方面:

1. 适时适量的生产目标

对企业来说,各种产品的产量必须能够灵活地适应市场需要量的变化。否则,由于生产过剩会引起人员、设备、库存费用等一系列的浪费。而避免这些浪费的手段,就是实施适时适量生产,只在市场需要的时候生产市场需要的产品。

2. 弹性配置作业人数

降低成本是 JIT 生产方式追求的目标,其中降低劳动费用自然也是降低成本的一个重要方面。达到这一目的的方法是"少人化"。所谓少人化,是指根据生产量的变动,弹性地增减各生产线的作业人数,以及尽量用较少的人力完成较多的生产。这里的关键在于能否将生产量减少了的生产线上的作业人员数减下来。这种"少人化"技术一反历来的生产系统中的"定员制",是一种全新人员配置方法。

实现这种少人化的具体方法是实施独特的设备布置,以便能够当需求减少时,将作业所减少的信息及时集中起来,以整顿削减人员。但这从作业人员的角度来看,意味着标准作业中的作业内容、范围、作业组合以及作业顺序等的一系列变更。因此,为了适应这种变更,作业人员必须是具有多种技能的"多面手"。

3. 质量保证

传统的观点认为,质量与成本之间是一种负相关关系,即要提高质量,就得花人力、物力来加以保证,这必然会增加企业的成本。但在 JIT 生产方式中,却一反这一常识,通过将质量管理贯穿于每一工序之中来实现提高质量与降低成本的一致性,具体方法是"自动化"。

这里所讲的自动化是指融入生产组织中的这样两种机制:第一,使设备或生产线能够自动检测不良产品,一旦发现异常或不良产品可以自动停止设备运行的机制。为此在设备上开发、安装了各种自动停止装置和加工状态检测装置;第二,生产第一线的设备操作工人发现产品或设备的问题时,有权自行停止生产的管理机制。依靠这样的机制,不良产品一出现马上就会被发现,防止了不良产品的重复出现或累积出现,从而避免了由此可能造成的大量浪费。

而且,一旦发生异常,生产线或设备就立即停止运行。比较容易找到发生异常的原因,从而能够针对性地采取措施,防止类似情况的发生,杜绝类似不良产品的再产生。我们要特别注意的是,通常的质量管理方法是在最后一道工序对产品进行检验,尽量不让生产线或加工中途停止。

但是在 JIT 生产方式中却认为这恰恰是使不良产品大量或重复出现的"元凶"。因为发现问题后,并不立即停止生产的话,问题得不到暴露,以后难免还会出现类似的问题,同时还会出现"缺陷"的叠加现象,增加最后检验的难度。而一旦发现问题就会使其停止,并立即进行分析、改善,久而久之,生产中存在的问题就会越来越少,企业的生产素质就会逐渐增强。

第二节 快速反应

在供应链管理中,如果能对消费者的需求做出快速的反应,那么,将可减少需求预测的误差、提高商品周转率、提高商品销售额,从而最大限度地提高供应链的运作效率。下面将详细介绍由美国零售商、服装制造商以及纺织品供应商共同开发的一种供应链管理策略——快速反应。

一、快速反应的概念

(一)快速反应的由来

20 世纪六七十年代,美国的杂货行业、纺织与服装行业面临着国外进口商品的激烈竞争。到了 20 世纪七八十年代,美国的纺织与服装行业一方面通过进口配额系统保护该行业;另一方面加大现代化设备的投资。然而,尽管上述措施取得了巨大的成功,但服装行业进口商品依然继续渗透与增加。此时,行业的有识之士意识到地方保护主义措施是无法维持美国服装制造业的领先地位的，他们必须进行改革、创新。

1984 年，美国服装、纺织、化纤行业成立了一个"爱国货运动委员会"，该委员会在积极宣传美国国产品的同时，委托 Kurt Salmon 协会研究如何提升美国纺织与服装行业的竞争力。

1985—1986 年 Kurt Salmon 协会进行了供应链分析，结果发现，尽管在整个产业链的某些环节存在着生产效率比较高的现象，但是整个产业链或供应链的效率却非常低。进一步调查发现，消费者离开商店而不购买的主要原因是找不到合适尺寸和颜色的商品。

鉴于这种状况，报告提出通过生产商与零售商之间的合作以及信息的共享，确立起能对消费者的需求做出迅速响应的体制。快速反应策略就这样应用和发展起来了，它是译自英语"Quick Response"，简称"QR"。

沃尔玛是最早推行 QR 的先驱，在纤维纺织品领域他们与休闲服装生产商塞米诺尔和面料生产商米尼肯公司结成了供应链管理体系，大大提高了参与各方的经营绩效，有力地提升了相关产品的竞争力。更为重要的是沃尔玛倡导建立了 VICS 委员会，并制定了行业统一的 EDI 标准和商品识别标准。

除此之外，1983 年沃尔玛导入销售时点系统，最早实现产业链中的信息共享。由于沃尔玛的先驱性活动，不仅使美国服装产业的恶劣环境得到改善，削减了贸易赤字，而且也大大推动了 QR 在美国的发展，并形成了高潮。

（二）快速反应的定义

根据《物流术语》国家标准（GB/T 18354—2006）的定义，快速反应是指供应链成员企业之间建立战略合作伙伴关系，利用电子数据交换（EDI）等信息技术进行信息交换与信息共享，用高频率小批量配送方式补货。以实现缩短交货周期，减少库存，提高顾客服务水平和企业竞争力为目的的一种供应管理策略。

（三）快速反应的好处

1. 对厂商的好处

（1）提供了更好的客户服务

由于厂商与零售商之间的信息共享，因而能快速准确地送来订货，从而满足了零售商与最终消费者的需要。

（2）降低了流通费用

QR 体系缩短了信息传送的时间，提高了销售预测精度，使厂商能合理安排生产，提高库存周转速度，从而降低了流通费用。

（3）减少了管理费用

由于条码技术、POS 系统和 EDI 系统的采用，使销售信息能够及时准确地被统计出来,为厂商的供货提供了科学的参考数据。同时,货物发出之前,仓库对运输标签进行扫描并向零售商发出提前运输通知,这些都减少了管理费用。

(4) 制订了合理的生产计划

厂商由于能得到准确的销售信息并对销售进行预测,因而可合理地、科学地安排生产计划。

2. 对零售商的好处

(1) 减少了商品积压

零售商能够根据顾客的需要实行小批量、多次数的订货,以降低库存费用,减少商品积压。

(2) 降低了采购成本

过去商品采购时需进行订单准备、订单创建、订单发送及订单跟踪等,实施快速反应后,上述业务流程大大简化了,从而使采购成本降低了。

(3) 减少了削价的损失

由于具有了更准确的顾客需求信息,所以零售商可更多地储存顾客需要的商品,减少顾客不需要商品的存货,进而减少了削价的损失。

(4) 降低了流通费用

厂商使用物流条码标签后,零售商可以扫描这个标签,这样就减少了手工检查到货所发生的成本。

(5) 压缩了管理成本

管理成本包括接收发票、发票输入和发票例外处理时所发生的费用,由于采用了电子发票及条码技术、POS 系统和 EDI 系统,大大减少了手工操作,所以,管理费用大幅度降低了。

(6) 增加了销售额

条码和 POS 扫描使零售商能够跟踪各种商品的销售和库存情况,这样零售商就能根据消费者的需求来组织货源,并开展有效的促销活动,增加商品销售。

二、快速反应的应用

(一) 快速反应的有效实施

快速反应的有效实施步骤,如图 5-1 所示。

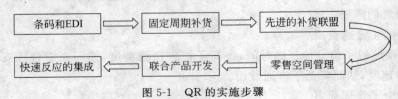

图 5-1　QR 的实施步骤

1. 条码和 EDI

零售商首先必须安装通用产品代码（UPC 码）、POS 扫描和 EDI 等技术设备，以加快 POS 机收款速度、获得更准确的销售数据并使信息沟通更加通畅。

通用产品代码（UPC 码）是行业标准的 12 位条码，用作产品识别。POS 扫描用于数据输入和数据采集，特别是在销售商品收款时扫描条码可以快速准确地检查价格并记录交易。而 EDI 是在计算机间交换商业单证，需遵从一定的标准格式。

2. 固定周期补货

QR 的固定周期补货要求供应商更快、更频繁地运输重新订购的商品，以保证零售商不缺货，从而提高销售额。

3. 先进的补货联盟

零售商和制造商联合起来检查销售数据，预测和制定未来需求的计划，在保证有货和减少缺货的情况下降低库存水平。还可以进一步由制造商管理零售商的存货和补货，以加快库存周转速度，提高经济效益。

4. 零售空间管理

零售空间管理，即根据每个店铺的需求模式来规定其经营商品的花色品种和补货业务。而且制造商可参与制定花色品种、数量、店内陈列、培训、激励售货员等决策。

5. 联合产品开发

关注的重点不再是一般商品和季节商品，而是像服装等生命周期很短的商品。厂商和零售商联合开发新产品，缩短从新产品概念到新产品上市的时间，而且经常在店内进行新产品试销。

6. 快速反应的集成

通过重新设计业务流程，将前五步的工作和公司的整体业务集成起来，以支持公司的整体战略。

（二）快速反应成功的条件

1. 改变传统做法

改变传统做法，包括：改变企业经营意识、经营方式和组织结构。

（1）企业不能局限于依靠独自的力量来提高经营效率的传统经营意识，要树立通过与供应链各方建立合作伙伴关系，努力利用各方资源来提高经营效率的现代经营意识。

（2）零售商在垂直型 QR 系统中起主导作用，零售店铺是垂直型 QR 系统的起始点。

（3）在垂直型 QR 系统内部，通过 POS 数据等销售信息和成本信息的相互公开和交换来提高各个企业的经营效率。

（4）明确垂直型 QR 系统内各个企业之间的分工协作范围和形式，消除重复作业，建立有效的分工协作框架。

（5）改变传统的事务作业的方式，借助信息技术实现事务作业的无纸化和自动化。

2. 开发和应用现代信息处理技术

正在使用的信息技术包括商品条码技术，物流条码（SCM）技术、电子订货系统（EOS）、POS 数据读取系统、EDI 系统、预先发货清单（ASN）技术、电子资金支付（EFT）系统、生产厂家管理的库存方式（VMI）等。

3. 与供应链相关方建立战略伙伴关系

与供应链相关方建立战略伙伴关系，一是要积极寻找和发现战略合作伙伴；二是要在合作伙伴之间建立分工和协作关系，以达到削减库存，避免缺货，降低商品风险，避免大幅度降价，减少作业人员和简化事务性作业等目的。

4. 改变传统的对企业商业信息保密的做法

将销售信息、库存信息、生产信息、成本信息等与合作伙伴交流分享，并在此基础上，要求各方共同发现问题、分析问题和解决问题。

5. 供应方必须缩短生产周期和商品库存

厂商需缩短商品的生产周期，进行多品种少批量生产和多频度小数量配送，以降低零售商的库存水平，提高顾客服务水平。另外，在商品实际需要将要发生时采用 JIT 方式组织生产，减少供应商自身的库存水平。

小贴士

快速响应取代了传统的配送中心业务：后勤管理人员认为，配送中心的改变主要是快速响应的结果。快速响应最大的效果是减少了配送中心的业务内容。包括制造商标记的条码标签、EDI 单证（如提前运输通知）和纸箱标记条码等在内的快速响应技术对减少配送中心的处理业务起了很大的作用。此外，快速响应还影响了后勤管理人员对配送中心业务的看法。到 20 世纪 80 年代后期，由于快速响应的发展，企业对商品通过配送中心的速度要求越来越高。联合百货公司（Federated）的商品流通总裁说："如果补货速度是按天或按周计算的，制造商装货、包装和运输在 72 小时内完成了，而商品还在配送中心的话，那实际上就没有实现快速响应。"

第三节　有效客户反应

有效客户反应源于日杂百货行业,它的实施能使供应链的各个节点的顾客满意率大幅度提高,并能大幅度地降低成本。

一、有效客户反应的概念

1. 有效客户反应的产生

20 世纪 70 年代,因为消费者食品支出的降低,致使美国日杂百货行业的销售增长率放慢,为了保持自己的销售额和不断增长的市场份额,生产企业间和零售企业间展开了激烈的竞争。

一方面,生产企业试图通过降价来实现零售商的大量进货;另一方面,零售商为了促进销售也要求生产企业降低商品价格,提供各种商品销售中的优惠条件,结果加重了生产商的负担,各种促销活动日益减少了生产企业的收益。

生产企业为了既把这种损失降低到最小程度,又能维持持续不断增长的销售,只有不断扩大新产品的生产,通过广泛的产品线来弥补大量促销造成的损失,而这一行为又造成企业之间无差异竞争情况的加剧,同时使零售企业的进货和商品管理成本增大。

到 20 世纪 80 年代末,美国食品杂货业中出现了一些新型的零售业态,如批发俱乐部和仓储式商店,它们成功的原因是因为强调每日低价、绝对低价进货及快速的存货流转。这种新型的食品零售业态得到了迅速发展,并成为食品零售市场中的主要竞争者,也导致零售业态间的竞争更趋激烈。

然而,过度竞争往往会使企业忽视了消费者的需求,消费者不能得到他们需要的商品和服务,他们得到的往往是高价、眼花缭乱和不甚满意的商品。在此背景下,美国食品市场营销协会联合宝洁公司、西夫威商店等 6 家企业与流通咨询企业、全球零售业顾问集团一起组成研究小组,对食品业的供应链进行调查、分析、研究。

1993 年,研究小组提出了改进食品杂货业供应链管理的详细报告,并在报告中提出有效客户反应的概念体系。由此,美国食品杂货行业开始了有效客户反应的实践和探索,并最终形成了供应链构筑的高潮。

2. 有效客户反应的含义

有效客户反应译自英语"Efficient Consumer Response",简称"ECR",《物流术语》国家标准(GB/T 18354-2006)对有效客户反应的解释是:以满足顾客要求和最大限度降低物流过程费用为原则,能及时做出准确反应,使提供的物品供应或服务流程最佳化的一种供应链管理策略。

3. 实施有效客户反应的效益

ECR 的实施分别使客户、分销商、供应商得到了有形和无形的利益,见表 5-1。

表 5-1　实施 ECR 的效益

对　象	有　形　利　益	无　形　利　益
客户	更容易找到需要的货品以及减少购物的时间	增加选择,货品更新鲜,购物更便利
分销商	增加了销售和毛利,减少了仓储费用和商品储存量	提高信誉,更加了解客户情况,改善与供应商的关系
供应商	增加了销售和利润,减少了制造、销售、仓储费用	减少缺货现象,加强品牌的完整性,改善与分销商的关系

二、有效客户反应的应用

(一) ECR 系统的构建

构建 ECR 系统的关键技术是组织革新技术、信息技术、物流技术和营销技术。

1. 组织革新技术

如果要成功地应用 ECR,首先,需要对企业的组织体系进行革新,即把采购、生产、物流、销售等按职能划分的组织形式改变为按企业经营的所有商品类别划分,对应于每一个商品类别设立一个管理团队,由这些管理团队为核心构成新的组织形式。

对于每一个管理团队,需要设定经营目标、赋予相应的权限(如在采购、品种选择、库存补充、价格设定、促销等方面)。每个管理团队由一名商品类别管理负责人及 6~7 位负责各个职能领域的成员组成。

其次,在组成供应链的企业间需要建立双赢型的合作伙伴关系。也就是说,供应商和分销商都需要在各自企业内部建立以商品类别为管理单位的组织,以便更好地进行信息交换和信息分享,共同发现问题、分析问题和解决问题。

2. 信息技术

(1) 电子数据交换(EDI)技术

EDI 是供应链管理的主要信息手段之一,它是利用计算机网络进行结构化数据的传输和交换,包括订货发货清单、价格变化信息、付款通知单、销售时点数据信息、库存信息、新产品开发信息等资料。

例如,供应商在发货的同时把产品清单传送给零售商,待零售商接货、验货时,用扫描仪自动读取商品包装上的物流条码就可获得进货的实际数据,并自动地与预先到达的商品清单进行核对。因此,使用 EDI 可以提高事务作业效率,进而提高整个供应链的运作效率。

（2）销售时点系统（POS）

销售时点系统，即通过自动读取设备（如收银机）在销售商品时直接读取商品销售信息（如商品名、单价、销售数量、销售时间、销售店铺），实现前台销售业务的自动化，对商品交易进行实时服务和管理，并通过 EDI 把销售信息传送到有关企业、部门进行分析、整理，以便为下一步的决策提供科学的参考依据。

例如，对零售商来说，可利用 POS 数据做好库存管理、订货管理等工作；对生产厂家来说，通过 EDI 利用及时准确的 POS 数据，可以把握消费者需要，制定生产计划，开发新产品等。

（3）电子订货系统（EOS）

电子订货系统指企业间利用通信网络和终端设备以在线联结方式进行订货作业和订货信息交换的系统。

（4）电子转账（EFT）

电子转账是零售商与其供应商之间电子付款系统的一部分，主要处理零售商、银行应付款系统与供应商应收款系统之间的报文和交易。

3. 物流技术

ECR 系统要求及时配送和顺畅流动，实现这一要求的方法主要有以下几种：

（1）计算机辅助订货（CAO）是一个基于零售的系统，当货架上的存货低于预定水平时，或根据 POS 数据产品销售量达到一定程度时，CAO 系统自动生成商店补货订单。

（2）连续补货计划（CRP）利用及时准确的 POS 数据确定销售出去的商品数量，根据零售商或批发商的库存信息和预先规定的库存补充程序确定发货补充数量和发送时间。

（3）预先发货通知（ASN）是生产商或批发商在发货时，利用电子通信网络提前向零售商传送货物的明细清单，使零售商提前做好进货准备工作，同时可省去货物数据的输入作业，使商品检验作业效率化。

（4）供应商管理库存（VMI）是生产厂家等上游企业，对零售商等下游企业的流通库存进行管理和控制。具体来说，供应商依据销售及安全库存的需求，替零售商下订单或补货，而实际销售的需求则是供应商依据由零售商提供的每日库存与销售资料进行统计预估得来。这样将大幅改进供应商面对市场的回应时间，从而能尽早得知市场确切的销售信息，降低供应商与零售商的库存，进一步提早安排生产，降低缺货率。

（5）店铺直送（DSD）方式是指商品不经过流通配送中心，直接由生产厂家运送到店铺的运送方式。这可保持商品的新鲜度，减少商品运输破损，缩短缴纳周期。

4. 营销技术

（1）商品分类管理（CM）

商品分类管理，即供应商、分销商把经营的商品划分成不同的类别，并把每类商品作为企业经营战略的基本活动单位进行管理的一系列相关的活动。

（2）店铺货架空间管理（SM）

店铺货架空间管理，是对店铺的空间安排、各类商品的展示比例、商品在货架上的布置等进行最优化管理。

在 ECR 系统中，店铺货架空间管理和商品分类管理同时进行，相互作用。如，对于该店铺的所有类别的商品进行货架展示面积的分配，对于每个类别下的不同品种的商品进行货架展示面积分配和展示布置等，以便提高单位营业面积的销售额和单位营业面积的收益率。

（二）ECR 的 4 种策略

ECR 的具体策略，见表 5-2。

表 5-2　可供选择的 ECR 策略

有效的店铺空间安排	通过有效的利用店铺空间和店内布局以最大限度地提高商品的获利能力。如借助空间管理系统来提高货架的利用率。通过商品分类管理来提高商品销售额
有效的商品促销	通过简化分销商和供应商的贸易关系，使贸易和促销的系统效率最高，如消费者广告（优惠券、货架上标明促销）、贸易促销（远期购买、转移购买）
有效的商品补货	从生产线到收款台，通过 EDI，以需求为导向的自动连续补货和计算机辅助订货等技术手段，使补货系统的时间和成本最优化，从而降低商品的售价
有效的新产品导入	根据新产品在店铺内的试销情况进行分析，并作出淘汰该产品，或改进该产品，或改进营销技术，或采用不同的分销策略等决策，以便缩短新产品的试销期

第四节　协同式供应链库存管理

协同计划、预测和补货（Collaborative Planning，Forecasting and Replenishment，CPFR）是应用一系列的信息处理技术和模型技术、提供覆盖整个供应链的合作过程，通过共同管理业务过程和共享信息来改善零售商和供应商之间的计划协调性，提高预测精度，最终达到提高供应链效率、减少库存和提高客户满意程度为目的的供应链库存管理策略（《物流术语》国家标准（GB/T 18354—2006））。它能同时降低需求方的库存量，又能增加供应商的销售量，增加用户的满意度。

一、CPFR 的含义

随着经济环境的变化、信息技术的发展以及供应链管理逐渐为全球所认同和推广，供应链管理开始更进一步地向无缝连接转化，促使供应链的整合程度进一步提高。

CPFR 最早是由沃尔玛与宝洁为合作解决婴儿尿布缺货问题引出的。它是以"共赢"

为原则,以信息共享为基础,以物流管理为核心,始终从全局的观点出发,制定统一的管理目标以及方案实施办法,在积极进行协商和预测的基础上,提供最佳生产和需求的计划。

通过协同式管理改善了零售商和供应商的伙伴关系,提高了采购订单的计划性,提高了市场预测的准确度,提高了供应链的运作效率,控制了存货周转率,并最终控制了物流成本。

二、CPFR 的应用

(一)CPFR 的实施程序

1. 签订协议

参与各方签署保密协议和协作协议,包括建立纠纷机制、确立供应链计分卡、形成共同激励目标等。

2. 制订联合商业计划

联合商业计划包括订单最小批量、交货期,对销售、库存、零售网点分布和产品类型款式在未来变化的决策等。如果协同业务方案设定得清晰可行,那么,将会大大减少后面例外情况或无效沟通的出现。

3. 协同预测

(1)销售预测

通常是由需求客户根据以往的销售数据,生成最初的预测报告,传递给供应商进行协商,达成一致的报告是进行订单预测的基础。

(2)订单预测

订单预测是根据需求客户的销售状况、库存策略、生产流程状况、供应商的生产周期、运输能力等因素来进行的,这项工作既可由需求方首先提出,也可由供应商来率先承担。

通过协同预测,供应商可以针对需求客户的不同库存策略和销售情况,配置自己的产能,这就减少了供应链不确定性并与需求客户共同建立起持续改进的平台。

4. 协同补货

生成订单的指令可以根据双方事先的协议和权限,可能由供应商完成,传递给需求方供其确认生效;也可能由需求方发出,直接传递给供应商生效。

(二)成功运行 CPFR 须注意的问题

1. 全方位的通力合作

(1)决策层

主要是合作企业的领导层在前期就联合供应链协议达成一致,包括指定企业共同的目标和战略,明确组织间的业务流程、信息共享和共同决策。

（2）运作层

主要专门负责企业间合作流程的运作，包括制订联合业务流程的计划，建立共同的需求预测、共担风险和平衡企业合作的能力。

（3）内部管理层

供需双方都需要在各自企业内部宣传，树立起合作、共享的氛围，理顺内部管理和流程的秩序。没有内部管理的配合，仅仅希望依靠一套 CPFR 系统或者其他信息管理系统来解决供应链问题只能是空想。各个职能部门包括库存管理、后勤、客户服务、市场营销、生产、分销等活动都应该围绕联合供应链规划的行动方案来开展。

2．建立和完善信息系统

为 CPFR 的实现开发一个共享的信息系统是合作企业必然的选择。在多数情况下，这种信息系统是一种特殊的集成安排，包括兼容各种数据内容格式的传输、支持分布式数据传送手段、保证数据安全，是企业为适应它们特定环境而定制开发的 IT 解决途径，其转换成本很高。

3．例外事件的管理

在实施 CPFR 的过程中，由于供需双方事先不可能把所有可能的销售库存情况都纳入协议框架，而且双方在经营理念、资源能力、价值观方面必然存在差异，协同方案的设定是双方协同妥协的一种安排，因此，例外事件的界定和管理对于 CPFR 的顺利实施显得尤为重要。

在 CPFR 实施中触发例外事件的情况主要有订单延迟（提前）、物料短缺（过剩）、响应需要、订单延迟（提前）预警、绩效测度等。

要保证顺利、成功地运行 CPFR，并不是仅仅处理好以上 3 个问题就行的，有些问题还有待于进一步研究，如一个供应商为多个客户或者多个供应商与一个客户实现 CPFR 的时候，它涉及复杂的利益分割、双方竞合等问题。

但是，CPFR 代表着供应链库存管理的未来发展方向，正在为越来越多的企业所接受，将会给供应链管理的实践带来飞跃性的突破。

第五节　成本控制

随着物流业的发展，企业界发现用传统的会计方法核算的成本往往不够准确，而成本控制法则超越了传统成本会计的界限，将企业的直接成本与间接成本分配到各个主要活动中去，然后将这些活动分配给相关的产品或服务。这种基于活动的成本控制法能帮助企业了解产品、服务、顾客和分销渠道的成本和盈利能力，从而帮助供应链各个环节确定有效的定价、营销和销售战略。

一、成本控制的概念

（一）成本控制的定义

20 世纪 80 年代后期，随着 MRP、CAD、CAM、MIS 的广泛应用，以及 MRPⅡ、FMS 和 CIMS 的兴起，使得美国实业界普遍感到产品成本往往与现实脱节，成本信息严重扭曲，不能满足企业实行全面成本管理的要求。

为此，哈佛大学教授开普兰（Robert S Kaplan）和美国芝加哥大学的青年学者库伯（Robin Cooper）对美国公司开展调查研究，在 1988 年提出了以作业为基础的成本计算。

成本控制（Activity Based Costing，ABC 法）又称作业成本计算法，是一个以作业为基础的管理信息系统。它以作业为核算对象，通过成本动因来确认和计量作业量，进而以作业量为基础来分配间接费用而计算出相对真实的产品成本。

ABC 法使成本控制从以"产品"为中心转移到以"作业"为中心上来，克服了传统成本法的许多固有缺陷，能够提供较客观、真实的成本信息，更为重要的是它不是只对最终产品成本进行控制，而是把着眼点与重点放在成本发生的前因和后果上，以作业为核心，以资源流动为线索，以成本动因为媒介，通过对所有作业活动进行动态反映，对最终产品形成过程中所发生的作业成本进行有效控制。

（二）成本控制的作用

（1）把管理费用分配到各项产品或服务中，从而更真实地反映其成本；

（2）帮助管理者了解企业内部各项活动的实际成本；

（3）帮助决策者了解企业产品、服务和顾客的盈利能力；

（4）更好地量化、测量、分析和改进企业的业务流程。

二、成本控制的应用

（一）ABC 法的实施步骤

（1）精确定义消耗了资源的活动，并把成本分摊给这些活动；

（2）精确定义每项活动相关的成本驱动因素，所谓成本驱动因素是指一项活动中导致产生成本或者驱动产生成本的因素；

（3）计算出每个成本驱动因素的成本率（即成本驱动率）；

（4）按照下述公式将间接成本分摊到产品中：

$$成本驱动率 \times 产品所消耗成本驱动因素数量$$

成本驱动率＝预估间接成本/预估分摊基数值（这个公式被应用于一切间接成本的摊销，如制造费用、管理费用、分销费用、销售费用、其他间接成本）

常见的成本驱动因素有开机时间、人工时间或成本、材料消耗、打字页数、开关机次数、订单、质量检查、产品零部件数量、驾驶里程、计算机工作时间、制造或销售的产品种类、所服务的客户、飞行时间、检查次数、作废订单和返工订单、不同类型客户数量。

（二）ABC 法的分析要点

1. 活动的必要性

活动的必要性，即对不必要的活动进行确认。判断一项活动是否必要，通常可以从两个方面进行考察：一是用户必要否，若用户是必不可少的，那么，这项活动是必要的；二是对成功运营必要否，若对成功运营是必要的，那么，这项活动也是必要的。除此以外的活动都是不必要的，不必要的活动应尽量消除。

2. 挖掘成本动因

寻找导致不必要活动或不佳活动产生的原因，从而为最终消除不必要的活动和活动成本找到依据。

3. 建立活动计量体系

活动分析、成本动因分析都是定期进行的，但是物流活动是每一天都在进行的，为了确保每一项活动都对生产、服务、经营均有贡献，需要建立活动计量体系。

（三）运用 ABC 法要注意的问题

（1）ABC 法应建立在企业内部信息化的平台上。

（2）应采取传统成本法与 ABC 法并行的方针。传统成本法是基于现行的会计准则，其目的是满足财务报告的需要；而 ABC 法是基于成本形成的本质——作业，其目的是为了满足成本核算准确性的要求，而更重要的是为了实施有效的成本管理与控制。

（3）由于 ABC 法的复杂性和所需数据的多样性，在实施基于 ABC 法的成本管理时，人工操作是无法满足的，客观上要求企业必须正确规划和加速推进会计电算化。

（4）使用作业成本法对直接成本的核算不会产生影响。

（5）ABC 法的原始信息来源一部分是从财务会计信息中取得；另一部分是财务会计信息中未包含的信息，需要从企业经营活动中直接获取，然后使用一定的计算方法或分析模型加工成会计信息。

第六节　价值链分析

企业与企业的竞争，不只是某个环节的竞争，而是整个价值链的竞争。运用价值链分析可帮助企业识别和评估自身的资源和能力，使企业理解运营环节中哪些能创造价值，哪些不能创造价值，并通过它了解自己的成本地位，从而找出能促使并实施企业业务层战略的多种方法,以便更好地形成核心竞争力。

一、价值链的概念

价值链是由哈佛大学商学院教授迈克尔·波特于 1985 年提出的,波特认为,每一个企业都是在设计、生产、销售、发送和辅助其产品的过程中进行种种活动的集合体,而这些活动可以用一个价值链来表明。

一个企业的价值链包括为顾客创造价值的主要业务和辅助业务,如图 5-2 所示。主要业务包括产品的实物生产、销售、配送以及售后服务;辅助业务是为主要业务提供必要的支持。

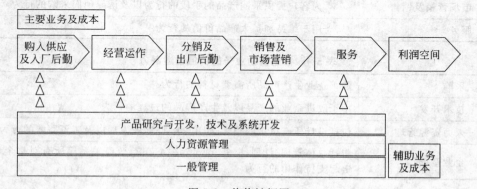

图 5-2　价值链框图

价值链显示了从原材料到最终客户的整个过程。而且,不仅企业有价值链,上下游关联的企业与企业之间也存在着行业价值链。价值链上的每一项价值活动都会对企业最终能够实现多大的价值造成影响。

二、价值链分析

(一)价值链分析的含义

价值链分析(Value Chain Analyze,VCA)是一种描述组织及组织外各种活动的方法,通过这种活动分析来确认公司经济优势的源泉,进而评价公司的竞争优势。企业利用价值链分析来识别和评估资源和能力的竞争潜力。通过研究与主要业务、辅助业务相关的技能,企业可以了解它们的成本结构,并找到能创造价值的行为方式。

(二)价值链分析的步骤

(1)识别企业的主要业务和辅助业务。

(2)检查、评价主要业务的价值创造潜力和辅助业务的价值创造潜力。

如表 5-3 与表 5-4 所示,分别列出了哪些用于获得价值潜力的主要业务和辅助业务,在分析中须考虑竞争对手的能力。作为一种竞争优势来源,一种资源或能力必须能使企业以一种优于竞争对手的方式来运作,或以一种竞争对手不能运作的方式来运作,并创造价值。只有在这些条件下企业才能为顾客创造价值,并且拥有捕捉这种价值的机会。

表 5-3　检查主要业务的价值创造潜力

内部物流	原材料处理、库存、存货控制、接收、储存和分配原材料的能力
运营	输入的物资转换为最终产品所必需的行为
外部物流	收集、储存以及发送最终产品给客户的行为
市场营销及销售	为客户提供采购产品的手段的行为以及诱导他们采购的行为
服务	用于维持和扩大产品价值的行为

表 5-4　检查辅助业务的价值创造潜力

采购	购买企业生产产品所需要材料的行为
技术开发	用于改进企业的产品以及生产产品的过程的行为
人力资源管理	包括设计所有员工的招聘、聘用、培训、职业发展以及工资薪酬的行为
企业基础	包括总体管理、计划、财务、会计、法律支持、政府关系等所有对整个价值链起支持作用的行为

（3）找出能创造价值的行为方式或剔除非增值作业,并制定战略。

（三）价值链分析的类型

1. 企业内部价值链分析

旨在结合企业的资源、能力优势,找出能创造价值的行为方式或战略;以及找出企业在内部价值链各个环节上的不增值的作业和成本与价值不适配的作业予以消除和改进,从而降低成本。通过对企业内部价值链的分析,还可以考虑以内部价值链为基础,在横向和纵向价值链上寻求降低成本的新途径。

2. 企业横向价值链分析

主要是对同行业竞争对手的价值链进行分析。重点采用定性分析法,通过了解竞争对手在生产价值链的每一环节上是如何完成任务以及其成本情况,将结果同本企业的价值链分析结果进行比较,这可帮助企业明确自身的相对成本地位,即同竞争对手相比是处于成本竞争优势还是劣势,从而采取一定的战略行动,消除成本劣势、创造成本优势。

3. 企业纵向价值链分析

通过对供应商和购买商的价值链分析,可以帮助企业与其上下游企业建立起战略合作伙伴关系,形成稳定的供应和销售渠道;可以通过价值链的前向和后向整合,对供应商或分销商实施兼并,以增强企业的成本竞争优势。

对企业纵向价值链的分析,还可以使企业在所处的行业中进行合理定位,基于自身所具备的优势选择适合自己的领域。

三、价值链的优化

价值链并不是永久不变的,有时还要求企业以某种独特的方式重整或重组价值链,以适应企业资源和能力或者外部竞争环境的变化。价值链优化的策略主要有以下 5 种:

(一)业务流程再造

1. 次序改变

次序改变是指改变组织流程的先后次序,以缩短工作时间或存货占用时间,提高顾客需求响应速度,减少资金周转成本,实现顾客价值最大化。

2. 消除整合

消除整合就是找出公司现有流程中不必要的或不具有战略意义的环节,然后把不必要的环节废除,把冗长、烦琐的环节整合为一个或少数几个流程节点。

3. 自动化

自动化是指将流程的部分工作用信息技术自动地读取、传递、处理,从而极大地提高工作效率,节约人力资源,并最终实现成本最优。

(二)组织再造

流程再造的成功实施有赖于企业组织结构与之适时的改变。组织结构的变革包括:建立跨部门小组、设置流程处理专员、设立专案经理等。

(三)业务外包

如果企业的主要和辅助业务都不能创造价值,就必须考虑外包。它是从外部的提供者处购买一种能创造价值的服务的行为,而且,企业只能外包给那些在特定的主要和辅助业务中具有竞争优势的企业。业务外包有助于企业将资源集中于最能反映企业相对优势的领域,构筑自己的核心竞争优势。

(四)产业价值链整合

就是产业价值链相关企业之间通过相关业务流程、价值环节的相互合作配合,可大幅度降低协调成本;战略协同可以有效地减少共筑价值链系统的妥协成本;产业价值链相关企业之间的适度松散性避免了共筑价值链系统时产生的僵化成本。

（五）业务重整

通过重整价值链中的主要业务或辅助业务,为企业增加或提高效益。如联邦快递通过重整它的实物外流方式(主要业务)以及昼夜配送的人力资源管理(辅助业务)而改变了配送业务的性质,并在这种改变的过程中为自身创造了价值。

小贴士

波特价值链分析模型是由美国哈佛商学院著名战略学家迈克尔·波特提出来。该价值链分析法将企业内外价值增加的活动分为基本活动和支持性活动。基本活动涉及企业生产、销售、进料后勤、发货后勤、售后服务。支持性活动涉及人事、财务、计划、研究与开发、采购等,基本活动和支持性活动构成了企业的价值链。

就业能力实训

让学生掌握成本控制法的计算方法,并通过比较传统成本法与成本控制法在计算、分析成本中的异同点,使学生更清晰地看到成本控制法的作用。

某烟草生产厂某品牌的香烟有硬盒和软盒两条产品线,2000 年硬盒产量为 30 万箱;软盒为 10 万箱。2000 年间接成本:2.8 亿元,原材料:每硬盒为 1 250 元,每软盒为 1 100 元;直接人工费:每硬盒为 20 元,每软盒为 20 元。另外,企业的管理层认为,间接成本主要由以下几项活动的发生而构成,如表 5-5 所示。

表 5-5　间接成本一览表

活　动	成　本	整体的活动数量
机器设备折旧	150 000 000	/
机器设备修理	50 000 000	50
机器的启动和工作时间	12 000 000	600
质量的检查	10 000 000	1 000
管理人员的活动	58 000 000	2 900
合计	280 000 000	

还有,整体活动的发生数量及各产品线所消耗的活动由现场统计得出,如表 5-6 所示。

表 5-6　整体活动的发生数量及各产品线所消耗的活动

活　　动	整体的活动数量	硬盒	软盒
机器设备折旧	/	/	/
机器设备修理	50	30	20
机器的启动和工作时间	600	300	300
质量的检查	1 000	550	450
管理人员的活动	2 900	1 650	1 250

　　请分别用传统成本法与成本控制法来计算两种产品的单位成本,并分析两种方法对间接成本的影响。

　　应用提示:

　　1. 根据产量来进行间接成本的分摊,计算出每盒所分摊的间接成本。

　　2. 按传统成本法核算两种产品的单位成本,并填在表 5-7 中。

表 5-7　两种产品的单位成本(按传统成本法核算)

	硬盒	软盒		硬盒	软盒
原材料			间接成本		
直接人工费			单位产品的总成本		

　　3. 计算成本驱动率(成本驱动率＝预估间接成本/预估分摊基数值),并填在下表 5-8 中。

表 5-8　成本驱动率

活　　动	成　　本	整体的活动数量	每项活动的成本
机器设备折旧	150 000 000	/	/
机器设备修理	50 000 000	50	
机器的启动和工作时间	12 000 000	600	
质量的检查	10 000 000	1 000	
管理人员的活动	58 000 000	2 900	

　　4. 按成本控制法分摊硬盒产品线间接成本(分摊的成本＝成本驱动率×产品所消耗成本驱动因素数量,机器设备折旧分摊的成本根据产品线来分摊,在此由管理层估算),并填在表 5-9 中。

表 5-9 硬盒产品线间接成本

活　　动	每项活动的成本	活动的数量	分摊的成本
机器设备折旧	/	/	100 000 000
机器设备修理		30	
机器的启动和工作时间		300	
质量的检查		550	
管理人员的活动		1 650	

5. 按成本控制法分摊软盒产品线间接成本(分摊的成本＝成本驱动率×产品所消耗成本驱动因素数量,机器设备折旧分摊的成本根据产品线来分摊,在此由管理层估算),并填在表 5-10 中。

表 5-10 软盒产品线间接成本

活　　动	每项活动的成本	活动的数量	分摊的成本
机器设备折旧	/	/	50 000 000
机器设备修理		20	
机器的启动和工作时间		300	
质量的检查		450	
管理人员的活动		1 250	

6. 比较两条生产线所消耗的各类活动的资源,并填在表 5-11 中。

表 5-11 两条生产线所消耗的各类活动的资源

活　　动	成　　本	硬盒成本	占比(%)	硬盒成本	占比(%)
机器设备折旧	150 000 000	100 000 000	66.7	50 000 000	33.3
机器设备修理	50 000 000				
机器的启动和工作时间	12 000 000				
质量的检查	10 000 000	‧			
管理人员的活动	58 000 000				
合计	280 000 000				

7. 按成本控制法计算出每箱所分摊的间接成本。

8. 按成本控制法计算出每盒所分摊的间接成本,并填在表 5-12 中。

表 5-12　硬、软盒所分摊的间接成本(按成本控制法计算)

	硬盒	软盒		硬盒	软盒
原材料			间接成本		
直接人工费			单位产品的总成本		

9. 比较传统成本法与成本控制法对每硬盒和软盒直接成本与间接成本核算是否有影响,如何影响? 影响多少?

本章小结

通过本章学习,让学生掌握快速反应、有效客户反应、协同式供应链库存管理、成本控制、价值链分析等供应链管理方法,并找出这几种方法的异同点,理解其适用范围,掌握他们的实施步骤及技巧。

经典案例

邯郸钢铁厂的价值链分析

邯郸钢铁厂(简称邯钢)是于 1958 年建厂投产并逐步发展起来的特大型钢铁企业。集团现有职工 4 万人,其中本部 2.8 万人(钢铁主业 2.1 万人)。经过 50 多年的挖潜、配套、改造、扩建,集团现有总资产 220 亿元,主要装备有:炼焦炉 6 座,生产能力 200 万吨;烧结机 3 台,生产能力 600 万吨;炼铁高炉 7 座,生产能力 400 万~450 万吨;氧气顶吹炼钢转炉 6 座,75 吨、90 吨电炉各 1 座,生产能力 500 万吨;轧钢机 9 套,生产能力 450 万吨。

主要产品有:薄板、中厚板、圆钢、螺纹钢、角钢、槽钢、线材等系列产品,还有冶金焦炭、尿素、煤化工产品等。总资产、销售收入双双超过 300 亿元,年产钢达 800 万吨。

邯钢价值链的构成是内部后勤、生产作业、外部后勤、市场销售和售后服务。其在价值链的各个环节中进行 4 个方面的成本管理。

(1) 在内部后勤这个环节中原材料价值是关键,邯钢抓住这个关键环节,在采购上严把原材料、燃料进货关,为了降低产品的成本,采购供应部门将经预测的市场价格作为最高采购限价,只准低买不允许高进;同时对质量和数量进行检验,堵住管理上的漏洞,与奖惩紧密挂钩,降低采购成本给予嘉奖,超支则罚,把进货成本压到最低。

(2) 在生产作业这个环节上,邯钢通过全员、全过程的全面成本管理,把降低成本的重点首先放在充分挖掘现有的设备潜力上;其次,放在技术改造上,如对生产线进行了改造,提高生产效率和产品的质量;最后,放在工序环节的投入上,以全国同行业、同炉、同机的主要技术指标的前三名作为目标;同时,在生产过程中,人们全面地节约,杜绝浪费,在生产工艺上保证低成本。

(3) 在外部后勤这个环节上,邯钢人通过加强库存管理,及时调度、发运,降低产品库存成本。

(4) 在市场销售环节上,邯钢严把产品销售关,建立集体定价制度,确定最低销售价格,任何人没有权力降价,鼓励在不降低市场占有率的前提下尽可能以较高的价格出售,从而使低成本的价格溢出转化为企业纯收入。

一个企业要在竞争激励的市场中立足,还应注重对企业外部价值链的分析。钢铁行业的整个价值链是从采矿、炼钢一直到销售。为了改变公司在获取铁矿石方面的劣势地位,邯钢集团将整合邯郸周边的铁矿石资源,延伸上游产业链。邯钢集团将与邯邢矿务局合资建设邯郸周边的两个铁矿,包括中关铁矿和南明河铁矿。

这两个铁矿的储量为 1 亿吨。此外,在河北省和邯郸市的支持下,邯郸钢铁集团还将整合邯郸周边的小矿山。集团整合矿山完成后,将使邯郸钢铁在铁矿石成本方面从劣势转为优势。另外,与下游的汽车、家电和装备工业等客户建立战略伙伴关系,共同寻找降低成本的双赢机会。

资料来源:宋贵芳,栗林涛.价值链分析在成本管理中的应用.科技创业月刊,2006(03).

课后思考

❖ 现实中有企业采用协同式供应链管理吗?
❖ 现实中企业如何运用本章所介绍的管理方法?

电子商务与逆向物流

引导案例

逆向物流的实践案例

1. A 公司是一家做办公室计算机产品的公司，其许多产品都是供别人租赁使用

由于专注于租赁终端经营，A 公司参与了逆向物流所包括的 5 项活动：返品处理、再制造、再营销、再循环和垃圾处理。由于这个行业产品生命周期非常短，租赁的产品都是要回收的，所以，A 公司很强调快速估计产品价值的重要性，集中精力减少返品评估和重新配置的时间，识别出那些有价值的废弃物，经过修理转化为可出售的产品。公司为此建立了一系列二手市场，因而，再加工的产品就不会和公司新产品形成市场竞争。多年来，A 公司通过将再加工的产品尽快地投入二手市场，从而保持了较低的存货率并最大化了公司收入。

对那些不能再利用的产品，A 公司先将产品进行分解，然后回收可再利用的元件和贵重金属,极大地减少了所需购买的元件数量(在电子部门,许多用过的零部件的价值其实和新更换的零部件并无差别)。最后,由于只有不到 2% 的返品被送往垃圾站,因此,A 公司的返品部门甚至变成了盈利部门。公司管理层相信,高效的逆向物流管理极大地提高了公司品牌价值,并通过增加未来的收入产生了极大的远期利益。

2. B 公司从事机车引擎再造行业,研发了重建机车引擎和设备替代零部件的工艺流程

由于重型设备的生命周期可达数年甚至数十年,B 公司在产品销售后的很长时间里,还必须为顾客提供备品备件服务。为做到这一点,公司与另一家再制造商成立了一家合资企业管理其返品和再制造零部件和引擎。

再制造元件相对于新生产的元件来说成本大大降低,公司的采购和存货数额削减了一大半,这种方法通过多年的高水平服务,来构筑坚实的顾客忠诚度,B 公司就以这样的盈利方式管理了其返品。虽然机车引擎和元件再造在汽车、农用机械或重型机械部门并不是新鲜事物,但还是有很多经验教训可用于耐用消费品行业,例如,随着电子耐用品的模块化,有越来越多的再加工和再销售机会——对高效物流的需求也越来越大。

3. C 公司是消费品商家,它生存在一个截然不同的环境里

其打包零售的消费品在价值上远远低于 A 公司和 B 公司,因此,其逆向物流的渠道也极为不同。C 公司的产品一般是消费品,在产品生命周期尾部对产品回收的需求有限,然而作为一家目录和订单邮购公司,当产品不能被顾客接受时,也面临着大量的返品回收问题。

C 公司意识到,并非所有产品都需要回收,当顾客抱怨特定产品时,客服代表根据详细的成本分析,比较产品回收、再处理的成本和重新制造的成本做出判断,决定哪些产品应该被回收,消费者被告知可以保留哪些产品,而后会得到公司的产品质量保证。C 公司建立了一个回收机制认证(RMA)流程,顾客必须同公司联系才能拿到这种回收认证。C 公司的顾客大部分都是独立的生意人,他们发现这种方式能够极大地提高自己的现金流量,于是会很高兴地买进 RMA 流程。

由于这种前瞻性政策在劳动和运输处理方面节省了大笔资金,所以被回收的产品能够很快得到处理。返品处理循环时间的缩短,可以让公司以更快的速度将产品投入前向供应链,同时公司与顾客的关系也更加亲密了。

4. W 公司从事地毯制造和地毯再加工的业务

W 公司强调回收地毯的重新利用。为了获得竞争优势,公司的销售人员向顾客提供地毯生命周期结束时的回收工作,其中的费用差可以补进送给顾客的赠品中。顾客再也

不用担心旧地毯的处理，感到相当满意。W 公司在技术上进行投资，成功地在二手市场销售加工后的地毯，并积极参与环境整治，为所有行业参与者构建一个统一平台，希望政府制定法律，规范逆向物流活动，以对公司的利润产生正面影响。

5. S 公司从事办公家具（办公家具回收）分销业务

他们帮助用户安置新家具的同时也帮用户拆除旧家具。当一个顾客重新装修办公室时常会升级地板和电子设备，公司因此开始扩展服务项目，如从事电子设备拆除工作，这是件麻烦而专业的工作，许多顾客愿意为此付费。另外，S 公司将返品管理看作是一个可以利用的新商业机会，他们让顾客确认其坏损的硬盘捐献给非营利机构还是进行销毁。公司的扩展服务成为强大卖点，通过电子设备的再营销、再循环或再处理提高了收入，并创立了一项新的盈利项目。

6. 军事代理处 Au 运用信息技术有效管理返品处理流程和成本

AU 运用网络清单，将所有可重新利用的项目（含需求地点）罗列出来，当一政府军事部门不再需要某产品时，它会将其提供给其他需要的军事部门继续使用。

由于买者和卖者距离遥远，AU 开发了一个产品分类系统，能基于网络进行再销售和跟踪存货。AU 将产品放在"合适"的位置，并添加进数据库，直到一个"买者"索取时才移动实物，而不是将产品千里迢迢地运到某个中心地点进行再统一销售（当产品从网上一处运送到另外一处时，其实"购买"是免费的），大大节省了运输费用。这样，AU 大大削减了返品管理成本，同时提高了为其他代理处服务的水平。

7. He 电器公司是一个家用电器商，开发了一套逆向物流系统以管理来自主要经销商的返品

家用电器的损坏主要来自运送途中，也有个别是由于顾客的错误使用，He 公司设计了高效信息系统，将返品与初始订单、初始制造厂和制造商数据联系起来。质量工程师利用这些数据判断制造上的缺陷，甚至重新设计，杜绝低劣产品出现。当运送途中有损坏发生时，工程师会重新设计产品包装，防止类似情况再次发生。

系统功能里设计了一个复杂元素：收到损坏返品后，产品工程师立即定位损坏之处，计算出零部件成本和将产品修复到初始状态需耗费的劳动，例如，一个冰箱底板损坏时需要计算更换底板的费用，由此选择修复冰箱，还是在二手市场销售，抑或拆成备品备件，来实现存货成本最小，给公司带来最大收入。

这个系统还允许 He 公司根据顾客购物价值进行区别对待，根据返品额度和次数来评估经销商。滥用 He 公司返品政策的经销商将失去供应商。通过有效的管理，经销商返品成本大大降低。

资料来源：逆向物流的绝佳案例.物流科技,2010(04).

第一节　逆向物流概述

一、逆向物流观念的形成

物流素有企业的"第三利润源"之称,物流环节的管理已逐渐得到企业重视。一般情况下,人们眼中的物流多为从原材料采购到产成品销售再到消费者手中所必需的运输过程,殊不知这些看似涵盖面很全的物流活动只是整体中的局部,我们把它称为"正向物流",除此之外,还存在着"逆向物流"。

显然,逆向物流与正向物流相反,包含的是产品从消费者手中回到企业的过程。由本章课前案例不难看出,企业在将产品销售给消费者之后,还承担着许多产品回收工作,企业也需要对这个过程所依赖的物流活动进行管理,以降低成本、提高利润。

我国逆向物流观念传入较晚,目前尚未被大多数人所接受,以下两类人群的逆向物流意识淡漠或对逆向物流的误区影响着未来逆向物流的发展。

(一)企业管理者

在企业内部,实施逆向物流的最大障碍就是企业对逆向物流不够重视,40%的人认为,逆向物流与其他计划相比不甚重要。很多企业管理者认为,企业将产品投放市场之后,企业的产品生产过程已经结束,伴随的物流活动也已结束;逆向回收问题不是企业工作的重点。有的企业虽然建立了逆向物流部门,但大都是出于法律、法规的要求,并没有真正从企业发展战略出发,将其纳入公司发展战略规划中。

例如,产品回收是逆向物流最常见的方面,但大多数企业并没有进行有效的回收处理,因为他们认为回收处理不是企业的重点,对企业发展和竞争力的提高作用不大,并没有真正地认识到逆向物流对企业的重要性。

(二)消费者

消费者对废弃产品的处理多寄托在流动的废品收购者或废品收购站身上,一件商品旧了或者坏了,大多数人会选择直接丢弃或等待有人上门收购废品,很少有人有意识地将废旧商品送至企业回收站点使产品进入企业逆向物流环节。另外,对逆向物流中的产品召回物流,消费者在很大程度上存有抵制或排斥心理。

召回本是企业售后服务的正常活动之一,由于我国产品召回案例不够普遍,制度不完善,消费者对召回品有着下意识地"恐惧",这对企业实施产品召回及召回物流的实施造成一定困难。由于消费者不配合,许多企业只能以"免费维修"、"免费升级"或"免费服务计划"等字眼为由上门服务,耗费大量的企业成本。消费者对产品逆向流动观念的滞后制约了中国逆向物流的发展。

近些年来,随着中国物流行业的发展及产品逆向物流观念的倡导,越来越多的企业开始重视产品回收,消费者的逆向物流意识也在渐渐觉醒,相信未来我国的逆向物流观念一定会深入人心。

二、逆向物流的概念

随着逆向物流观念的普及,逆向物流正成为或必将成为优秀企业的竞争利器,尤其在全球化的企业经营战略中,逆向物流的重要地位已毋庸置疑。一般意义上的物流是指物质实体从供给者到需求者的正向的物理性运动。美国物流管理协会 1985 年对物流的定义是"物流是对货物、服务及相关信息从供应地到消费地的有效率、有效益的流动和储存进行计划、执行和控制,以满足客户需求的过程。该过程包括进向、去向、内部和外部的移动以及以环境保护为目的的物料回收。"在这个物流概念中提到了物料回收,这实际上就是提出了逆向物流的概念。

尽管逆向物流主要是指物资的逆向流动,但同时又伴随着信息流、资金流、价值流、商务流,它与常规物流,即正向物流,无缝对接而成为整个物流系统的有机组成部分,使原来单向的企业物流变成完整循环的物流网。

狭义的逆向物流是指对那些已经废弃的产品再制造、再生以及物料回收的过程,也包括运输、储存、装卸、搬运、包装、流通加工、配送、信息处理等基本功能。这种过程经常是由于产品已过时或环境的原因,而参与逆向物流的公司通常不属于原来的物流系统。

广义的逆向物流除了包含狭义的逆向物流的定义之外,还包括减少使用资源,而通过减少使用资源可以达到废弃物减少的目标,同时还能够使得正向以及逆向的物流更有效率。

逆向物流实际上是对排泄物的回收处理,而处理的结果有以下两种:

第一,将其中有利用价值的部分加以分拣、加工、分解,使其成为有用的物资重新进入生产和消费领域。例如,废纸被加工成纸浆又成为造纸的原材料;废钢被分拣加工后又进入冶炼炉变成新的钢材;废水经净化后又被循环使用等。

第二,对已丧失再利用价值的排放物,从环境保护的目的出发将其焚烧,或送到指定地点堆放掩埋,对含有放射性物质或者有毒物质的工业废物,还要采取特殊的处理方法。对于前者一般称为"回收";后者称为"废弃",这两类物质的流向形成了回收物流和废弃物物流,如图 6-1 所示。

可以说,逆向物流系统分成两个部分:一部分是由生产企业管理和负责,如退货、维修等逆向物流活动;另一部分则是由专业逆向物流公司或政府监督部门管理和控制。因为不少逆向物流问题,如对环境有污染的废旧产品的回收和处理,是社会问题,不是哪一家企业能够处理好的,而是由公共的专业逆向物流公司通过提供有偿服务、国家税收财政

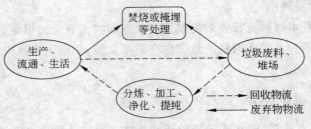

图 6-1　废弃物资的流向

资助等手段,实现逆向物流有效治理的。

三、逆向物流与传统物流的异同

如前所述,完整的物流过程包含正向物流与逆向物流。其中,正向物流就是人们所谓的"传统物流",两者的关系如图 6-2 所示。

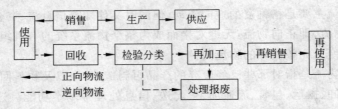

图 6-2　逆向物流与正向物流

正向物流涵盖物品从生产到流通再到消费的全过程,逆向物流以恢复价值或合理处置为目的,对回流产品进行处理。正向物流与逆向物流结合后所产生的是闭环供应链,闭环供应链管理则需要同时协调正向物流和逆向物流的关系。

(一)逆向物流与正向物流的区别

逆向物流与正向物流管理内容有所不同、有各自特点,表 6-1 列出了两者的区别。

(二)逆向物流与正向物流的联系

虽然逆向物流与正向物流间存在显著差异,但是作为现代综合物流管理必不可少的主要部分,两者之间又存在着紧密关系,相辅相成,相互作用,共同构成了闭环物流系统。

正向物流和逆向物流是整个物流系统的两个子系统,两者是相互联系、相互作用和相互制约的。逆向物流是在正向物流运作过程中产生和形成的,没有正向物流,也就没有逆向物流;逆向物流流量、流向、流速等特性是由正向物流属性决定的。如果正向物流利用

表 6-1 逆向物流与正向物流的区别

比较项目 \ 比较对象	逆 向 物 流	正 向 物 流
预测	比较困难	比较简单、容易
分销和运输模式	多对一	一对多
产品质量	不统一,差异较大	统一
产品包装	不统一,而且很多已损坏	统一
运输目的地、路线	不明确	比较明确
产品处理方式	不明确,依产品而定	明确
价格	不一致,多种因素决定	相对一致
服务速度的重要性	经常不受重视	广泛重视
分销成本	多为隐性的	相对透明,可由会计系统监控
库存管理	不统一	统一
产品生命周期	比较复杂	可控的
供应链各方的协调	比较困难	比较直接和容易
营销方式	没有现成模式,受多种因素影响	有现成模式
操作流程	透明度较低,不便控制	比较透明,便于实时控制

效率高、损耗小,则对应的逆向物流流量小、成本低,反之则流量大、成本高。

另外,在一定条件下正向物流与逆向物流可以相互转化,正向物流管理不善、技术不完备就会转化成逆向物流;逆向物流经过再处理、再加工、改善管理方法制度,又会转化成正向物流,被生产者和消费者再利用。这也就是为什么有时称之为"闭环供应链"的原因。

从物流系统的职能环节看,逆向物流与正向物流一样,也包括了数个职能环节。从这个意义上说,逆向物流管理符合传统正向物流的供应链管理思维模式,提倡各个环节之间协调运作,而不是分开单独考虑。从物流系统可持续发展角度看,不仅要考虑物流资源的正常合理使用,发挥正向物流作用,保持系统的革新与发展;同时,还要实现物流资源的再使用(回收处理后再使用)、再循环(不用的物品处理后转化成新的原材料或产品使用)。为此,应当建立起生产、流通、消费的物流循环系统。

🛰 小贴士

逆向物流有广义和狭义之分。狭义的逆向物流(returned logistics)是指对那些由于环境问题或产品已过时的原因而将产品、零部件或物料回收的过程。它是将排泄物中有再利用价值的部分加以分拣、加工、分解,使其成为有用的资源重新进入生产和消费领域。广义的逆向物流(reverse logistics)除了包含狭义的逆向物流之外,还包括废弃物物流的内容,其最终目标是减少资源使用,并通过减少使用资源达到废弃物减少的目标,同时使正向以及回收的物流更有效率。

注:从广义角度而言的,在其他参考书目及文献中与它相等同的相关概念还有:回收物流、逆物流、反向物流、反向流、返回物流或静脉物流等专业术语。

第二节　电子商务下的逆向物流系统运作

一、逆向物流产生因素分析

(一)环境的压力及环保法规的约束

随着人们对物品消费要求得越来越高,产品的更新换代越来越快,被丢弃、淘汰的物品日益增多,抛向自然界的废弃物也越来越多。这就带来如下两方面的问题:

一方面,大量产生的废弃物使企业面临的废弃物处理问题越来越严重。由于传统的废弃物处理方式(如垃圾填埋和焚烧处理),对环境的影响很大,受到公众和政府的严格限制。在欧洲、北美的一些工业化国家,垃圾填埋场地的面积越来越小,垃圾填埋的费用越来越高;而且由于垃圾填埋会对土壤环境造成破坏,焚烧又会产生有毒气体,污染空气、危害人类生存环境,因此,公众对这两种废弃物处理设施越来越抵制。与此同时,很多国家的政府对建设废弃物处理设施制订了更加严厉的法规要求,禁止填埋的产品种类越来越多,使得企业面临的废弃物处理问题日趋严重。

另一方面,大量消耗—大量生产—大量废弃的结果,使资源和能源的大量浪费,造成地球上可利用的资源越来越少,甚至面临资源枯竭的危机,严重威胁到社会经济的可持续发展。

出于垃圾填埋场地的限制,以及消费者日益高涨的环境保护要求,各国政府纷纷制订有关回收再利用和废弃物处理的法律、法规,这些法规促使企业以循环使用资源的观念代替"一次使用资源"的观念。例如,欧洲严厉的包装容器回收法律就对产品出口商的影响很大,他们不得不使自己的产品包装满足大多数进口国家的标准,这就意味着出口商必须回收并处置废弃的产品包装材料。一些国家对电子产品、机械产品都制订了回收再利用的法律标准。这些严厉的回收法规迫使企业不得不对自己生产的产品报废后的回收处理负责。

因此,公众对传统废弃物处理方式的抵制及日益高涨的环境保护要求,迫使企业最大程度地降低产品及生产流程对环境的影响;而政府制订的回收法规条例,更促使企业不得不实施逆向物流。

（二）来自国际和法律的环境保护因素

经济全球化的推进也让各国开始密切关注环境保护问题，各国都从自身可持续发展的目标出发，对破坏环境的商品及商品包装制定相关法律进行严厉监控。德国的《包装废品废除法令》于 1991 年通过并成为法律，这一法令强调企业有责任管理它们的包装废品，包括收集、分类、循环使用包装物。

1995 年欧盟发布了一条包装法令，要求其所有成员国到 2001 年最少要再生利用各自 25％的包装品。其他欧洲国家如奥地利、荷兰也采取同样的措施来制订或修正它们的法律。英国于 1997 年制订的《垃圾掩埋税收法案》（Land Fill Tax）使得处理固体废品的成本比以前更加昂贵，这毫无疑问会迫使厂商与消费者提高再生循环利用的意识。一些相关机构也承担了监督和管理逆向物流的责任，如美国消费者产品安全委员会、美国食品与药品管理局和美国农业部等。所以，环保因素导致的逆向物流往往涉及社会责任感和企业道德问题。

（三）经济利益的驱动

逆向物流受到越来越多的重视固然与环保要求和政府法规的压力有关，但从根本上讲，逆向物流的实施能够为企业、供应链和社会创造价值才是驱动逆向物流管理的最主要的原因。

由于廉价资源的获取越来越困难，资源供求之间的矛盾越来越突出，对使用过的产品及材料进行再生循环利用，就逐渐成为企业满足市场需求、降低生产成本的可行之路。这就促使企业对产品废弃后的回收、再加工、再循环利用等一系列逆向物流活动越来越重视。

逆向物流活动的实施能够为很多企业带来巨大的经济效益，这些经济效益主要表现为直接经济效益和间接经济效益，具体内容包括几点：

1. 废旧品回收利用

随着经济的发展和能源消耗量的不断增加，在世界范围内，原材料价格一直在不断上涨。这使得对废旧材料的回收再利用成为为国家和企业节省成本的重要手段。据统计，2005 年德国钢铁回收的比率达到 44％，通过回收利用，钢铁行业所节约的生产成本达到 23 亿欧元。此外，使用废旧物做燃料节省了 3.4 亿欧元，使用可回收物制造产品包装节省了 2.25 亿欧元。德国从 2005 年 8 月 13 日正式执行《关于电子电气设备使用、回收、有利环保处理联邦法》以来，仅靠电子废弃物回收这一项，每年就可为德国节省 20 亿欧元，并增加 3 万多个就业岗位。

据美国环保局统计，使用从废旧家电中回收的废钢代替通过采矿、运输、冶炼得到的新钢材可减少 97％的矿废物、86％的空气污染、76％的水污染、40％的用水量，节约 90％

的原材料、74%的能源。因此,对废弃物的回收利用可以使社会现有资源发挥更大的效用。

对于企业或组织而言,回收逆向物流如果做得好,既可以积极配合政府法规,履行生产商延伸责任,又可以通过对企业内部和外部回收物料的有效利用来大幅降低成本。许多企业和组织从废旧物料回收中获取了可观的利润。

例如,布莱克·戴克公司通过回收活动,减少了 50 万美元的垃圾掩埋处理费,并且从回收物资销售中获得了 46.3 万美元的收益;美国宇航局利用经过改制与翻新的零部件,使飞机制造费用节省了 40%~60%;施乐公司按照严格的性能标准制造再生设备,公司估计每年可因此而节省 2 亿美元;泰斯科(英国领先的连锁超市)通过运用闭环处理系统(将回收品返还并交由制造者来处理的系统)和开环处理系统(制造商回收产品,但由其他公司进行处理的系统)管理所有来自本公司连锁超市的包装废弃物的回收和处理工作,通过运用闭环处理系统,回收的废料被加工成泰斯科自有品牌的商品,如箱柜衬垫,节省了物料购买支出。此外,在运输过程中利用可回收运输包装物,既积极响应了欧盟关于包装废料的指令,又相当于节省了 5 万吨纸板的包装材料。而通过运用开环处理系统,公司内部无法处理的包装废料通过二级市场进行处理,节省了垃圾掩埋费用,为公司带来了约1 200 万英镑的商业收益。

2. 降低退货率

制造商都不希望看到消费者退货,然而退货率却不会因此而降低。有效的逆向物流是降低退货率的法宝,通过提高对退货的重新利用率,可以极大地降低成本,从而提高收益率。最为人们津津乐道的例子是著名化妆品牌雅诗兰黛,1999 年它在全球范围的年销售额达到 40 亿美元,但同时每年因为商品退回、过量、报废和损坏的数额达 1.9 亿美元,约占销售额的 4.75%。

为了改善原来忽视的逆向物流,雅诗兰黛投资 130 万美元用于发展逆向物流的扫描系统、商业智能工具和甲骨文数据库,在系统运转的第一年就收回了原来要通过裁员和降低其他管理费用才能降低的成本。其后,雅诗兰黛通过其逆向物流系统对 24% 以上的退货进行评估,发现可再次分销利用的退货为总退货量的 60%,从而每年为公司节省成本约 47.5 万美元。

飞利浦公司的退货管理也堪称经典。从 1998 年起,飞利浦就面临着相当高的退货率,其退货产品中无缺陷退货率达到 70%,PC 产品超过 85%,部分小家电产品更是超过了 90%。为运输这些退货,飞利浦家电公司及其零售商都付出了巨额的费用,在沉重的压力下,飞利浦管理层意识到了问题的严重性。

在 1999 年至 2000 年间,飞利浦成立了一个独立的退货管理部门来处理退货,在接下来的两年内,飞利浦又通过强化实施退货管理规定等措施,使退货率达到了行业平均水平。2003 年,飞利浦又采取了几项管理措施使其退货率低于家电产品的行业水平。通过对逆向物流的有效管理,飞利浦转危为安。从 1998 年至今,飞利浦公司平均每年减少退货达 50 万件,价值超过 1 亿美元。

3. 提高顾客满意度

在当今以消费者为驱动的经济环境下,顾客价值是决定企业生存和发展的关键因素。因此,提高顾客满意度成为企业的最重要的目标之一。顾客在做购买决定的时候通常会考虑其退货政策。如果一个公司的退货政策具有很大的限制性,而其竞争对手却一直提供自由退货政策,则该公司将会处于竞争劣势。

有效的逆向物流管理可以强化售后服务,以最低的成本提供顾客所需要的服务质量,增加顾客购买和使用产品过程中的愉悦感和舒适感,从而提高顾客的满意度,扩大企业的市场份额。

4. 提高供应链整体绩效

有效的逆向物流管理可以改善供应链合作伙伴之间的关系。如果供应链上游企业采取宽松的退货和产品召回政策,就能够减少下游企业乃至最终消费者的经营风险和投诉意见,彼此之间就容易形成共鸣,从而可以改善供需关系,强化整个供应链的竞争优势。

例如,美国通用汽车公司的零部件回流政策相当自由,他们从零售商那里回收没有卖出的汽车零部件,这些零部件经过修理再造后可以恢复其原有价值。同时,零售商又能够购进他们所真正需要的零部件,更好地为终端消费者服务,从而强化了双方的竞争优势,提高了供应链的整体绩效。

5. 获取产品信息

逆向物流的运作过程实际上也是一种信息捕捉的过程,企业在回收产品的同时也获得了大量的信息,比如客户库存信息、产品实际使用寿命统计信息、产品质量反馈信息及顾客满意度信息等。由于是面对用户回收产品,信息的交流是直接的,根据这些信息可以较为准确地预测市场需求,最大程度地消除回收品的供需不确定性。同时,逆向物流还可以为企业生产管理提供信息。

发生退货在大多数情况下说明顾客对产品不满意。企业通过调查和分析退货原因,可以提早改进产品质量管理体系,降低缺陷产品出现的概率,也可以根据顾客意见来改进产品设计,使产品对顾客具有更大的吸引力,从而强化其产品的市场竞争力。

6. 提升企业形象

由于许多国家环境法规的相继出台和消费者对环保问题的关注,利用逆向物流改善人类生存环境,有助于企业履行环保责任、获得政府认可、塑造良好的企业形象。例如,耐克公司鼓励消费者把他们穿破的耐克鞋送回当初购买的那家商店,这些鞋子会被送回耐克公司进行碎化,制成篮球场,并成立专门的基金来维护这些篮球场。实施这种看似没有必要的逆向物流活动是要付出成本的,但这种行为提升了品牌的价值,为企业塑造了良好的形象。

产品召回就是企业通过逆向物流提升企业形象的良好例证。当今,随着许多国家产品召回制度的形成和消费者对于自身权益的关注,产品召回的范围已逐渐扩大到世界各国,召回产品的数量和次数也在不断增加,近年来备受关注的召回事件主要有:

汽车召回:美国通用汽车仅 2004 年一年就在全球召回约 2 500 万辆问题车,召回数量创下历史最高纪录。中国一汽轿车股份有限公司从 2004 年 6 月起在全国召回马自达 6CA7230AT 型轿车,这成为中国国产汽车的首次召回。在此之后,国产车召回数量逐年递增,2006 年全国共有 22 家汽车制造商主动进行召回,共召回 283 536 辆汽车。

笔记本电池召回:因为笔记本电池自燃事件,问题电池的制造商索尼公司实行全球召回计划。截至 2006 年年底,从各 PC 厂商召回的索尼电池数量已近 800 万块。

药品召回:2006 年 5 月,博士伦在全球范围内召回所有水凝护理液,并宣布永久停止销售该产品。其原因是该护理液被证实与眼角膜真菌感染有关。2000 年 11 月康泰克因为含有 PPA 而被迫大规模召回。2004 年 10 月 1 日起,默沙东公司全球召回可能导致心脏病并增加中风几率的药物万络。

食品召回:2002 年惠氏奶粉因亚硝酸盐含量超标被召回 400 罐。2005 年福建达利食品集团召回铅超标的可比克"薯我"系列产品 3 000 多箱并进行销毁处理。

产品召回,这个成长中的逆向物流形态已经成为近年来全球范围内的热门话题之一。从短期来看,产品召回对企业的发展是不利的,因为召回制度的特点就是保护消费者,而不保护厂家,可能会使企业为此背负沉重的赔偿开支,并产生品牌危机。

然而,从已实施召回制度多年的欧美等国家和地区的实际情况来看,企业对有缺陷产品的主动召回可以让社会感知到企业是以一种积极主动的姿态承担着自己的责任,不仅能够提高企业形象,还能使消费者了解到企业完善可靠的售后服务体系和逆向物流系统的强大功能。

(四) 客户服务理念及企业形象意识的促进

在客户眼中,任何企业的产品都可以看作是价格、质量和服务的组合,顾客购买的正是这样一种组合。客户服务的范围很广,包括从产品的可得性到售后服务等众多因素。在买方市场的环境下,客户服务已成为企业营销战略的基本组成,良好的客户服务是创造需求、保持客户忠诚度的重要因素。因此,越来越多的企业认识到,维持客户的满意度和客户的忠诚度对于促进产品销售是至关重要的。

为提高客户服务水平,企业就必须有效地解决客户的退货问题。由于经济的全球化发展,大规模的跨地区、跨国界的生产、运输及存储活动,使商品更容易出现损坏或瑕疵,或发生递送数量的偏差、递送对象的错误等,企业都会面临顾客的退货问题。而良好的逆向物流渠道和有效的管理系统是快速、有效地解决顾客退货问题的关键。

另外,随着消费者权益运动的兴起,有些国家制定了强制性的产品安全标准,对于有缺陷的产品,制造商必须召回产品以进行修理、更换或销毁,不执行该要求就可能导致民事赔偿或刑事处罚。许多企业认识到对缺陷产品的管理不当将导致企业声誉受损,并可能招致法律诉讼。为了使未来的产品召回活动低成本、高效率地进行,企业就必须事先设计逆向物流渠道及逆向物流管理策略,这就促使企业主动实施逆向物流战略。

（五）企业自身责任感的驱动

有些企业或组织积极投身于逆向物流并不仅仅是出于法律强制或盈利目的,它们在完成其经济义务和法律义务的基础上,还尽力完成其道德义务和慈善义务,促使它们实施逆向物流的是其价值观和商业原则。例如,制造皮艇的 Walden Paddlers 公司将环境保护作为企业的经营原则。该公司的创始人 Paul Farrow 投入很大精力设计出 100% 可循环使用的皮艇,他还非常注重闭环供应链的问题,采取有效措施来减少回收运输中的包装问题。该公司的事迹证明,即使是资源受限的企业也可以很好地履行其环保职责。

全球领先的综合能源公司 Shell 也非常注重环境保护和可持续发展。Shell 公司的核心政策就是做任何事都必须考虑如何在经济、社会和环境影响之间取得平衡。目前,Shell 公司在全世界范围内推广可持续能源项目,建立专门的基金会作为慈善基金,将可持续发展的理念转化为现实。

除了上述因素,一家公司积极实施逆向物流的原因也可能是出于对产品的市场保护,回收自己的产品可以避免其他公司获得其技术方面的信息,保护产品的独特性。总之,基于以上的驱动因素,逆向物流在当今已逐渐得到企业界的重视,并随着资源观和经济价值观的变化快速发展。

二、逆向物流系统运作

逆向物流系统运作由于其物品的特殊性,相比常规的商品物流而言要更加复杂,因此在逆向物流的运作中需要注意以下几点:

（一）加强对逆向物流的起始点控制

许多物品由于各种原因可能都要进行回收处理,进入逆向物流过程,但要想通过逆向物流实现利润,那么,实现良好的起始点控制是一个很重要的因素。

起始点控制就是在逆向物流流程的起始入口要对有缺陷或无依据的回流物品进行审查,分析回流的原因。有些物品是应该进行回收处理的,而有些物品本身不需要进行回收,但由于我们的认识不足或其他原因,使它也进入了回收过程,这是不合理的,这就增加了逆向物流的成本。尤其是对某些商品的回收处理应制定一定的回收标准,以免有些客户故意声称商品有缺陷以达到退货的目的。

（二）制定回流政策

企业为了以客户为导向，实现优良的客户服务目标，往往制定一些针对客户的回流政策。如许多企业现在都推行无理由退货策略，客户往往可以以不喜欢为理由要求退货。这种无理由退货策略实际上是企业的一种营销策略，是企业的一种营销刺激手段，它是建立在对客户的充分信任基础上，承担客户在购买过程中的所有风险，只要客户不想要，企业就回收。这种策略往往能吸引客户，增加销售额，增加企业利润。这种策略使一部分商品进入逆向物流过程。

某些企业从战略的高度来考虑和利用他们的逆向物流系统，他们制定的策略是鼓励客户将其过时的商品退回给商家。

还有的回流政策是制造商针对销售商的库存的，如国外有些汽车公司利用他们拥有巨大的逆向物流网络，给一些销售商一定的回流额度，从商贩那里回收汽车的零部件。这些零部件在经修理再造后，价值就回收了。汽车公司之所以采取这种策略，一方面是帮助客户清除库存；另一方面销售商又能够经销他们所真正需要的零部件，从而更好地为最终客户服务。如果销售商因库存积压而导致他们不能顺畅地卖出新的零部件，那么也不利于占领市场，不利于提高客户满意度，企业也不能保证实现更大的利润。

（三）建立集中式回流物品处理中心

建立集中式回流物品处理中心是逆向物流运作的一个重要举措。一般来说，零售商把物品送到一家或更多的集中式回流物品处理中心，在处理中心内，对所有要进入逆向物流通道的物品进行分类，并根据零售商和制造商的指导，对回流物品做出是重新改造出售还是废弃的决定。然后运到下一个目的地。这种系统的好处在于回流中心内的分拣专家依靠他们拥有该领域的专门知识，可以为每件产品找到最佳的回流目的地。选择最佳的处理回流物品的方式可以从回流商品中获取最大的收益，为企业创造最大的价值。

对制造商来说，集中式回流处理中心的模式可以改善客户服务，改进回流商品的认可制度，加速处理过程，并有利于建立逆向物流的信息管理。由于回流商品被集中，制造商更易于了解商品回流的趋势。

建立集中式回流物品处理中心可以加速回流物品处理速度。集中式回流物品处理中心的建立意味着企业把处理回流物品的责任由工厂转移给了逆向物流经营者。而在处理中心建立之前，销售商不会把商品的回流放在第一位考虑，他们往往要间隔一段时间，等到回流商品积累到足够多时，然后再大批量地送回到制造商那里。这样回流的商品就会堆积如山，处理回流商品的效率很低，另外，由于长时期放置使回流商品遭到破损而造成价值损失，销售商也因此只能从制造商或分销商那里得到较低的偿付。

三、逆向物流系统运作的瓶颈

自 2009 年年底的哥本哈根世界气候大会结束后,世界各国对发展低碳经济投入了巨大的关注,然而低碳经济的具体实现确实困难重重。逆向物流发展是低碳经济发展的重要体现,同时也面临着巨大瓶颈,特别是在我国,逆向物流的发展任重道远。这其中既有企业的原因,也有政策的原因。如今发达国家正在形成"资源—产品—再生资源"的良性循环。

我国对循环经济的认识尚处于初始阶段,相对于发达国家来说,我国的许多企业对逆向物流的重视不够,对循环经济的认识不足,国民珍惜资源和环境保护的意识较弱。加之我国又是人口大国,消费量偏大,产生的废弃物问题更为突出。一方面是人均资源的极度短缺;另一方面是有限资源的大肆浪费。这导致我国环境保护与社会经济发展长期存在矛盾。

(一)企业自身对逆向物流的忽视

在企业逆向物流的认识上,我国有大部分企业,尤其是中小型企业的管理阶层均不同程度地存在一些误区,主要表现在生产企业对回收责任的意识淡薄,还继续持有以往卖方市场的陈旧观点,认为产品一旦售出,所承担的责任就已经结束。

此外企业认为逆向物流不仅不能带来经济效益,还会造成资源和时间的浪费。因此,企业都乐于在正向物流上投入资金、下大功夫,相比之下,管理层对逆向物流普遍不够重视,并将其排除在企业经营战略之外。目前,很多企业由企业售后服务部门处理回收产品,即由该部门来负责对回收产品的运输和仓储,一般在修理中心来处理回收产品。由于该部门与物流部门的职能分开,往往不能享用公司内现有的物流管理模式。

如果企业管理层认识到回收产品是物流的一部分,提高对逆向物流的重视程度,其处理手段的不同可以降低企业的成本和隐形损失,同时提高企业的服务水平。而对外部废旧产品及其物料有效利用的忽视,必将造成大量可再生资源的闲置和浪费,同时也将对自然生态环境带来巨大的压力。

再者,企业没有认识到逆向物流活动的复杂性,不重视对逆向物流的管理,认为只要投入很少的时间和精力就可以处理产品的逆向物流。有的甚至在生产繁忙或正向物流运作过重时,将逆向物流活动长期搁置,这不仅延长了产品的退货处理速度,也增加了企业的仓储成本和处置成本。而且逆向物流回收处理中心的建设、处理设施的配置以及信息系统的研发需要大量资金,这对中小企业来说,不能不考虑投资的风险。

另外,逆向物流系统建设和实施需要大量的专业技术人员和管理人员,而目前企业的资金和人员主要还是用于正向物流。资金和人员的匮乏将会在很长时间内制约着逆向物流的发展。

（二）政府政策力度欠缺

再生资源的回收利用是一件利国利民的好事，但目前我国一些政策和制度存在不合理的成分，阻碍了逆向物流的发展。如对再生资源行业的税制、回收与使用联系渠道的削弱等，使再生资源行业成为微利甚至为无利的行业，一些企业存在做得越多，亏损越多的现象。回收企业作为逆向物流企业的主体普遍存在"散、小、差"的状况，多数属于个体企业或小型流通企业，因而所涉及的行业和范围非常有限。

国有回收企业由于历史原因形成的人员、债务包袱重，市场竞争能力和抗风险能力弱，经济效益差，相当一部分回收企业亏损严重，某些回收公司经营难以为继，废旧物资回收行业发展呈低水平徘徊。

而且就整个经济环境而言，我国的逆向物流主要是废旧产品和包装物从客户到公司的回收，往往不会产生明显的经济效益。从环保的角度考虑，回收废旧产品和包装物再加工、循环利用，可以节约社会资源和减少因销毁而产生的污染成本。两者会在一定的程度产生冲突。引起两者冲突的另一方面是对原材料和可以循环使用材料的比较。

研究表明，很多公司不愿用可以循环使用的材料来代替原先的原材料，主要是前者的成本远远高于后者的成本。而由于很多公司都不考虑采用可以循环使用的材料使得无法形成这种材料的市场，从而使得可循环使用材料的成本难以下降，这又进一步使得公司很少考虑采用逆向物流战略，而作为政府，经济效益与环境保护存在着二律悖反。

另一方面，政府缺乏立法或执法力度不够。如我国废旧物品的处理通常采用不规范的渠道，这造成了资源的严重浪费。

（三）逆向物流自身的复杂性使得系统的运行相对困难

逆向物流可能来自供应链的任何一个环节，逆向物流系统往往难以确定回收产品的时间和数量及其附加的要求，造成回收产品的需求和供给难以平衡。从信息获得的角度来讲，许多企业不容易获得可以正确分析产品回收处理问题的信息。因为这些相关的信息通常都相当分散，有的信息在公司内部，有的信息在整个供应链中，有的信息甚至是无法取得的。

不仅如此，电子商务往往表现为一个或多个交易平台，平台的背后是诸多制造商或供应商，但是各个制造商、销售商有着各自不同的商业退货政策，使得原本就复杂的问题变得更加棘手。另外，退货还会导致零售商与制造商之间关系的紧张，会增加退货处理的难度。零售商对退货的要求与制造商对退货的条件往往会不一致。由于零售商与制造商在产品退回与回收目的上的差异，可能会在退回产品的状态、产品的价格、响应的时间要求等方面产生冲突。

从回收物的流向方面来看，逆向物流系统结构的设计除了要满足成本和供应的要求外,还要考虑环境保护等诸多因素,这使得系统目标复杂多变。例如,对于产品的收集,就包括废品、副产品、过期产品、不再使用产品等,然后还要把它们运输到固定的地方,并做进一步的检查和处理。而在收集过程中所面临的问题主要是:所需收集的废旧产品的准确地理位置、废旧产品的数量、产品目前的使用状况等,这些问题给计划和控制收集过程造成了很大的困难。在收集的产品信息中,还要根据产品的质量对产品进行分类,以确定产品到底是再使用、再重新加工处理还是废弃。

对于需要再处理的产品,其处理过程又包括产品的清洁、拆解、处理和再装配等,这其中任何一个环节都有大量数据、信息要收集。上述多重目标会对电子商务的管理系统提出极高的要求,造成信息系统不仅处理信息量大,而且信息设计结构复杂,从而使信息系统本身的开发、维护难度显著加大。

从零售商的角度看,每件产品都可以以产品本来状态返回,产品的损坏必定是出现在物流过程或生产过程中的,一般会要求全额赔偿;而制造商可能会怀疑召回的产品是被零售商损坏的,可能会给出许多不应该全额赔偿的理由;另外,即使这些都能达成一致,若赔偿金不可能尽快送达零售商手中,也会导致零售商的不满意,进而影响合作的长久性。为解决此问题,需要双方同时认识到良好的伙伴关系对于双方共同获益的重要性,离开了任何一方,另一方都无法生存。他们必须携手努力以减少退货数量,并加速处理那些确实需要返回的产品,拖延退货处理时间对双方都是有害的。

(四)逆向物流系统的不确定性导致运行不畅

逆向物流的流程与传统的物流流程相反,一个完整的逆向物流流程是一个由消费者或其他逆向物流源提供者逐级回溯的流程,它要经过零售商、批发商、配送中心、生产商和供应商等多个环节。但由于现代信息技术的提高和销售终端建设的多元化,往往一个逆向物流流程只经过一个或几个阶段,有时候止于配送中心或批发商,甚至可能止于零售商这一层。

逆向物流系统还具有"从多到少"(Many to Few)的特性,即逆向物流系统的物流会从多个方向向少数地点会聚,同时废旧物品作为逆向物流的原材料,与"正向"系统也不同,它们进入逆向系统的成本很低甚至为零。这些特点都使得逆向物流系统比传统的"生产—分销"物流系统更具复杂性。这种复杂性不仅体现为系统内部各环节间的相互影响,而且还体现为特定的修复过程会随着回收物品的差异而不同。这样,由于逆向物流需求量和物流流程长度的不确定性,使得电子商务系统的流程控制很难设计。

小贴士

逆向物流为企业更好地与客户沟通提供平台,增强了企业信誉进而提高企业的竞争力,增加了企业的生产销售效率。而电子商务环境是更高效地实现逆向物流的工具与基础,它使得逆向物流中尤为重要的信息获取与交流变得更加方便,为货物与资金的反向流动提供更多、更快捷的选择方式,大大提高了逆向物流的效率。基于此建立的电子商务逆向物流系统,是这些优势的集中体现。同时,也为实现逆向物流的策略提供了更多样化的选择。企业应该重视并致力于电子商务环境下逆向物流系统的建设。

第三节　电子商务下逆向物流运作

一、逆向物流信息系统建设

现代物流区别于传统物流的两大最主要的特征是信息化和网络化。由于在当前信息化的社会中,企业、供应链乃至社会基本资源的调度都是通过信息共享来实现的,因此,组织物流活动必须以信息为基础。现在,日本、美国以及西欧的一些国家不仅在宏观上建立了比较完善的物流信息化管理体系,企业在运作过程中也都能利用信息化和网络化实现信息的获取和共享,协助完成交易。

为了达到这个目的,企业需要有一个由一系列相关的信息技术组成的物流管理信息系统,来完成对物流作业各个环节的管理。而逆向物流信息系统应该具备对客户服务、客户反应、订单处理周期等企业行为的支持功能,还包括随着客户需求和环境改变而调整的能力,即信息系统功能要与企业需求一致。

逆向物流信息是在组织间不断流动并可以共享的。对于逆向物流而言,这种信息支持能力尤其重要。大多数情况下,回收量很难预测,尽管管理人员可能不知道产品会在什么时候退回,但是,他们必须时刻准备着一旦有需要就快速处理产品。因此,迅速而准确地获取信息并交换信息是系统应优先考虑的问题。

由于逆向物流过程往往会涉及多个企业,所以信息的协调是很复杂的。为使效率和效益最大化,成员间的信息协调就显得十分必要,信息协调有助于改进客户服务满意度、改善买卖双方的关系。

信息系统支持能力固然重要,但对于跨企业的信息的准确交流,信息系统的兼容性是非常关键的。逆向物流过程通常跨越了几家不同的企业,不同企业可能有不同的信息平台,要提高逆向物流的效率,就要保证信息在不同组织之间快速有效的交流与共享。因此,信息系统的兼容性是逆向物流信息系统必要的条件。

(一)逆向物流信息系统的功能模块

逆向物流信息系统的功能模块,可以分为总控系统模块和子系统模块。

总控系统部分与总体结构设计中的系统总体结构图相对应,主要包括系统总控程序的处理方式,确定各子系统的接口以及各种检验、保护及后备手段的接口。子系统部分的设计主要是对子系统的总控程序和交互界面、各功能模块和子模块的处理过程,主要有数据的输入、处理和输出等。如图 6-3 所示。

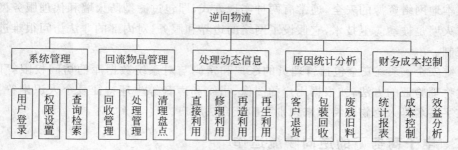

图 6-3　逆向物流信息系统功能模块

系统管理模块:方便用户的访问,并对用户设置权限和对部分需要保密的信息加密,允许用户在允许的权限之内对系统信息进行利用。

回流物品管理模块:对需要"返回"的回流物品进行回收、分类、保存和盘点,并对回流物品的信息进行动态更新,方便对其进行查询、检索和做进一步的处理。

处理动态信息模块:对已处理完回流物品的处理动态作记录,以便于进行统计分析,并对尚未处理的回流物品做出处理决策,或直接再利用、修理后利用、再制造利用及再生利用,并作记录,供以后利用。

原因统计分析模块:对回流物品产生的原因和领域进行统计分析,并从中发现其中的规律,及时采取有效措施,以便控制回流物品的产生,减少企业成本和有效利用资源。

财务成本控制模块:对回流物品产生的会计成本进行统计分析,决定对回流物品的处理是否符合企业的利益需求,便于企业进行成本控制,取得较好的经济效益。

（二）逆向物流信息系统安全设计

逆向物流信息系统要求具有较高的安全监控能力,不但要能应对外部的侵扰和攻击,而且还要能对内部用户进行权限设置,确保系统的安全和保密的要求。系统一旦受到破坏和威胁,运行效率就会大打折扣,给企业带来损失,甚至破产,因此有必要对系统进行安全设计。

硬件安全:支持信息系统的硬件部分都是由大量的电子元件和磁介质等物理设备组成,对周围的环境有较高的要求。系统开发时,要考虑企业信息系统的运行环境,避开地震和雷击等危害容易波及的区域并安装防尘装置,制定有效的防火、防水、防磁、防静电、防电磁波措施,充分保证系统硬件安全。

数据安全:主要措施是对数据进行加密。加密是一种主动的防卫手段,在网络应用中一般有两种形式,即秘密密钥加密和公开密钥加密,采取哪一种加密法都要结合系统的具体应用环境。同时要进行数据备份,以便受到破坏时不会丢失重要数据。

网络安全:一般采用防火墙技术来保证。防火墙是设置在网络之间的安全隔离,用于保证本地网络资源的安全,通常有两种实现方式,即包过滤型防火墙和代理服务型防火墙。防火墙是被动防卫技术,它假设了网络的边界和服务,对内部的非法访问很难进行有效的控制。

系统安全:系统安全包括管理员的账户和密码与对系统数据库的访问权限等问题,可通过物理验证的方法,如根据用户的图像、指纹和声音等生理特征及个人识别符号、磁卡和数字签名等人为物理特征来识别和验证合法用户。

二、电子商务下的逆向物流运作

(一)电子商务下逆向物流产品信息收集环节

总的来看,进入逆向物流链的产品信息收集包括掌握什么样的商品,在什么时间、什么地点、什么条件下、什么地方会出现反流。更具体地讲,对于任何的逆向物流,运作人员都必须明确退货商品或零部件的运作环境和条件,以及目前的退货商品是否已经满足。同样,对于一些高值、短生命周期的产品而言,人们也必须要明确反流商品的 POS 是否符合了所要求的时间框架,以及为什么这种商品会进入逆向物流链,该项工作会有利于商品的检验和选择活动。

通常,很多有关反流商品的信息都以纸面的形式得以反映,但是这种信息媒介有很多不足之处,这主要表现在其信息不容易获取、更新和查询。所以,电子商品目录开始大范围地运用于逆向物流链中,包括产品信息的记录、提取、商品的检验和处理等。事实上,二维条码以及射频技术也都能支持逆向物流。二维条码比一维条码能容纳更多、更广泛的信息,而且识别性和保密性更强,能适应逆向物流信息庞杂的特点。射频技术则通过射频识别标签与识读器之间利用感应、无线电波或微波能量进行非接触双向通信,实现标签存储信息的识别和数据交换。

废弃物商品的信息也可以通过所建立的商品追踪体系得到反映,反流商品的出租也使得生产商必须保持详细的商品状态信息。此外,良好的商品售后服务也提供了一种营销机会,以利用这种机会去影响商品的反流。

(二)电子商务下逆向物流与完整物流供应链的融合

正向物流流程和逆向物流流程之间的协调为两种 IT 支持系统的整合提供了基础,正向物流流程中交易对象之间的商业活动是由 EDI 和 VAN 所支撑,这种交易关系常常被称作 B to B 电子商务和网络基础,即 Extranet。

EDI 使得交易伙伴之间能够以非常紧凑、简洁和正确的方式电子交换信息,从而为不同类型的商业活动提供了广泛的交易形式。从理论上讲,这种交易形式同样也能支持逆向物流活动,但事实上,它很少能运用于逆向物流,其主要原因在于 EDI 的运用是建立在结构性的协议、事先确立的条款和双向信息交换的基础上。所以,正是这种结构性、相对封闭的交易制度,使得这种交易形式受到很大的批评,即巨大的初期投资以及运用的相对困难,不能提供一个相对低廉、开放的集市,也为逆向物流的运用产生了很大的问题。

然而,最近出现的 XML/EDI 提供了一种基于 Web 的整合 EDI 运用,这种信息技术的发展优势在于低成本、新交易者容易入手,并且能够适应各种交易活动。从逆向物流的角度看,XML/EDI 为逆向物流提供了一个增值机会,并且能够将运用于逆向物流的信息与目前运用在正向物流的 EDI 信息进行有效整合。总之,不同类型的交易平台能够共存以服务于不同类型的交易活动。

值得关注的是,很多既定互联网的应用虽然不是直接与逆向物流相关,但是其在逆向物流管理运用中的潜力是很大的。例如,一些基于互联网的交易活动是支持大规模定制经营,亦即按照顾客对特定规格或性能的要求相应地进行生产或经营,从逆向物流的观点来看,这种通过互联网收集的信息是十分精确的,它能使企业正确地了解到顾客的真实需求和偏好,以及未来可能对逆向物流产生影响的因素。

此外,还有一些互联网能够有效地获取消费者的行为数据,并且进行合理的分类细分,这种数据的运用不仅能够促使企业向特定的消费群体进行有效促销,以增加潜在销售,而且从逆向物流来看,这种机制也能使相关团体了解到不同细分群体的正确信息和市场信息(如废弃物的容量、影响产品生命周期的主要决定因素、消费者产品消费的行为偏好等),以及未来可能的价格变化,为合理有效组织逆向物流奠定基础。

目前,在电子商务中主要有 3 种形式支持逆向物流活动。其中最为广泛和常见的逆向物流电子商务主要是电子集市,它既运用于新产品也适用于旧产品;第二种电子商务形式是利用互联网对使用过的产品或再生产的设备进行交易;第三种是在互联网的基础上整合收集、选择、再使用和再分销,从而提供逆向物流全面解决方案的电子商务。

(三)电子商务下逆向物流的营销环节

营销逆向物流系统建立的目标在于提高产品质量、提升顾客的忠诚度,它主要应用于销售型企业。随着供应链上企业越来越多,模仿使得同质化产品趋势加重,企业的竞争力转到附属于有形产品的服务提供上来。我们知道接受退货的物流管理提倡逆向化,不仅是减少退货,而在于建立合理的流程来控制非正常退货,提高客户服务质量。

为此,营销逆向物流系统将采取企业资源规划(ERP),通过 CRM 实现客户服务。ERP 是 20 世纪 90 年代出现的一种管理理念和管理技术。它将企业的业务流程看作是一条紧密连接的供应链,并以市场和客户需求为导向,通过企业内外资源优化配置,消除生产经营过程中一切无效的劳动和资源,从而实现企业整体的信息流、物流、资金流、价值流和业务流的有机集成。

企业通过 ERP 手段,利用互联网、服务器和数据仓库,并借助客户智能(CI)和商业智能(BI),结合多种方式如电话交流、电子邮件、传真、Web 交流以及面对面交流来进行销售管理,向客户提供充分的产品信息,消除信息的不对称现象,减少"长鞭效应"的信息失真,从逆向物流的源头对销售商品及其质量问题加以有效控制。

(四)电子商务下逆向物流的再造环节

再造逆向物流系统建立的目标在于节约生产成本、实现绿色制造,主要应用于生产制造型企业。供应链上的企业特别是以制造型为主的企业对物资的需求很复杂,要处理的信息量很大。再造逆向物流系统的核心是引入 MRP Ⅱ 的生产制造理念。

MRP Ⅱ 是由产品生产计划(MPS)、产品结构文件(BOM)、库存状态文件(IMF)联合支持的新型制造资源计划。再造逆向物流系统借助电子商务技术把整个逆向物流供应链上的 BOM(废旧产品的结构文件)上的产品进行清洗、拆卸、检测和筛选,把其中有再利用价值的部分保留下来,然后结合正向物流链中的产品结构文件 BOM 和企业库存状态文件 IMF 来制定产品生产计划 MPS 所需要采购的物料品种和数量。

这个过程实质上是把逆向物流上的有用物料重新返回到正向物流供应链上,以实现企业制造资源的准确计算和有效循环利用,避免库存管理中的盲目性,缩短再制造的周期。另外,在产品设计时应该考虑回流产品的后续处理工作,如多采用易分解或易拆分材料,以便日后产品的翻新再制造或原料的回收。

(五)电子商务下再生产商品的逆向物流环节

再生产产品的逆向物流模式主要是利用电子商务网站对再处理的部件或设备进行分配和销售的模式。再生产部件或设备的销售与新产品销售的主要区别在于,前者更多的是需求驱动,而后者是供应商驱动。对于旧部件和设备的供应,一般是由潜在的需求方提出所需物品的详细要求,然后由供应方实施详细的采购活动。

在这种状况下,电子商务模式会有两个非常显著的特点:一是旧部件或设备供应的电子商务或多或少趋向于特定的地理范围,也就是这种电子商务会受到空间的限制;二是所需要产品的识别是这类电子商务成功与否的关键,这就意味着感兴趣的双方必须能相互接触,并且就交易的产品或部件确立一个共同、独特、清晰的框架。

该模式正是利用电子商务的特点,及时、快速地把再处理产品以高效、准确的方式进行重新分配与销售,以达到逆向物流的最终目的。从长远观点出发,该方式是以后发展的方向,因为资源的有效利用、环境的保护等是国家持续发展的重要问题。

（六）电子商务下的逆向物流电子市场

电子市场的主要特性是其交易活动主要以产品为中心，为二手产品的出售提供了一个虚拟的市场。潜在的顾客可以在电子市场获得相关的信息、表达自己的购买意愿，并且从事潜在的购买活动。电子市场涉及的因素比较多，例如，电子市场所能服务的地理范围、所出售商品的种类、物流的特点、顾客的售后服务、产品信息的真实性等。

电子市场的概念和形式随着各种因素的不同而有较大的差异。目前，电子市场服务的地理范围有限，例如，美国的电子市场虽然在其国内的影响很大，但由于地理上的距离、概念上的差距、货币上的障碍等因素的影响，使其在其他国家或地区的发展缓慢。电子市场目前经营的产品有局限性，主要经营的是二手计算机、家电、汽车、高技术设备等。电子市场所经营的范围和经营的种类还不能满足广大顾客的要求。

电子市场经营的是二手产品，在其物流特点上与正向物流的相同之处是由仓库、配送、运输等环节构成；不同之处是逆向物流在各环节上更需要注意库存的安全、运输的环境保护等问题。由于电子商务市场出售的主要是二手产品，无论从消费者的心理，还是从产品的使用来说，信息的真实性和良好的售后服务都是重要的。目前，我国也开始出现这类电子市场，诸如 www.eachnet.com，这些电子市场为逆向物流的有效进行提供了良好的电子商务平台和环境。

电子市场的物流活动涉及很多领域，包括库存管理、虚拟仓储、运输、线路规划、地点确认，以及建立和其他特定的物流作业。为了更好地实施电子市场的物流活动，一般都是采用第三方物流来代行部分或者全部电子市场物流活动。

在顾客满意方面，一些规则性的基础框架和规则可以运用于电子市场，诸如 AucNet 系统为旧车市场交易的产品质量评定提供了标准化的体系。此外，像销售方位置的确立、损坏产品的保险、产品返还的保证、交易纠纷的解决等都是电子市场顾客满意中所要考虑的因素。

三、电子商务下的逆向物流管理

（一）从仓库开始反向设计

在系统设计时就要考虑退货的可能性，从仓库开始反向设计。因为只有能处理退货的系统才能使企业网站的浏览者成为产品的购买者，而不单单是看客。为了降低退货率，电子零售商就要保证在网上提供的样品的颜色、大小和实物的一致性。在设计网站时，为了尽量避免因顾客一时冲动购买产品而导致的退货情况，需要在"购买"键旁创建一个"取消"键，让顾客有改变其购买行为的机会。

（二）采取在线和离线产品包装方式

可以通过在线和离线产品包装两种方式，保证顾客了解详细的退货说明和退货政策。如什么情况下可以退货、如何退货、退货的商品包装要求以及退货款的返还等。在线销售商还可以通过提供在线订单跟踪系统，使顾客能及时地了解产品在运输途中的状况，并通过电子邮件、电话、传真等方式积极征询客户意见。

（三）优化系统设计减少非产品质量原因退货

企业希望尽量减少顾客退货，因为退货的极大不确定性会影响企业对库存管理和对财务管理的控制，在一定程度上会干扰常规业务的顺利运转，而且退货的处理成本也比较高。为此，企业可以从系统的设计和提高服务质量两个方面考虑。对于系统的设计方面，比如产品在线配置功能。网站可以加载在线产品配置功能。这一功能对需要进行配置的产品尤为重要，如 PC 的购买。在产品的配置过程中，顾客有充分的时间加以考虑、比较分析，这样经过深思熟虑后购买的商品的退货率自然就降低了。

对于提高服务质量方面，比如保证配送及时准确。很大比例的退货都是因为配送的不及时引起的，尤其是具有时效性的产品，如节日礼品、杂志、贺卡等。企业在配送时如能避免目的地错误、产品错误就会大大降低退货的数量。降低退货率不仅可以减少企业的退货处理成本，还可以提高顾客服务水平和企业的商业信誉。

（四）提高退货的处理效率

提高退货的处理效率可以缩短退货的处理周期，增加退货再销售的机会，还可以提高顾客的满意度。企业可以从以下 3 个方面着手：

1. 退货流程标准化

由于消费者退货的原因多种多样并带有不确定性，这就需要在线商家制定详细的操作性强的退货商品标准和规则，并授予退货处理人员足够的权力，尽量避免需要征求上级意见以后才能决定退货处理，提高退货处理效率。

2. 提高退货自动化程度

退货自动化是指消费者可以从网上提交退货请求，根据商家的系统规则输入相应的退货原因代码，系统根据一定的标准决定该商品是否可以退货，若可以退货则生成相应的 RMA（退货商品授权）号码，以及包含退货信息的顾客退货要求的实现方式。顾客退货要求的实现方式通常有在线处理和离线处理两种。

关于在线处理，电子零售商在设计购物网站时，就建立一个在线退货管理系统。这样顾客就可以在线向供应商提出退货的要求。电子零售商就可以在其信息系统里找到客户有关退货的详细资料,并及时处理退货。离线处理主要是通过第三方来实现的,如设立退货代办点,这样要求退货的顾客就可以在代办点退回产品而不必用包裹邮寄。

3. 对退货需求预测和退货数据进行分析

在线商家可以通过使用统计分析技术来发现退货中存在的问题,并通过预测技术来预测退货量并合理安排库存和人力。这样既可以降低退货成本,又可以提高企业的服务质量,增加企业竞争力。退货数据分析可以是对历史数据进行分析比较,也可以与传统渠道进行比较。通过历史数据的分析比较,可以发现哪些商品的退货量比较大,哪部分消费者退货较多和退货的主要原因。通过与传统渠道进行比较,可以发现在线销售中存在的问题。

对于消费者来讲,虽然我国电子商务的发展比较迅速,但现代逆向物流尚处于起步阶段,而且在线商家的信誉度不高,这会使消费者对退货产生这样或那样的疑问,如退货方式、退货途中的意外由谁负责、退货款如何保证、在线商家收到退货后是否会出现抵赖行为等。

为了解决以上的各种问题,可以引入第三方权威机构进行退货管理的管理方法。其主要流程是在线商家在第三方权威机构进行登记注册,第三方权威机构保存在线商家的退货标准,消费者携带要退货的商品来到第三方权威机构要求退货,第三方权威机构根据国家和各在线商家的退货标准来确定该商品能否退货。如能退货,第三方权威机构通知在线商家,依据退货商品状况将商品发往在线商家的指定接收地点(在线商家还是该商品的制造商),在线商家相应改变库存。然后,第三方权威机构根据消费者退款、换货的要求监督在线商家在指定期限内将货款退还给消费者或为消费者更换商品。

最后,第三方权威管理机构和在线商家进行内部结算。如不能退货,第三方权威机构可协助消费者和在线商家进行联系,这样便可以解决一些跨越退货权限问题。目前,加利福尼亚的 Quick Returns 公司是为 B to C 在线商家提供退货服务较成功的企业之一。

采用第三方权威机构的退货管理模式,可以增加网上购买商品退货的可信度,建立快速、便捷的退货通道,减少消费者自己退货的烦琐过程,从而促进消费者在线购物,增加了顾客满意度;在线商家也因此减少了供应链管理和运输成本,使在线商家更能集中精力提高自己的核心竞争力,从而促进企业的进一步发展。

四、逆向物流发展趋势

国外许多企业已经意识到逆向物流管理的重要性,大企业在逐步实施逆向物流,中小企业也在逐渐产生形成逆向物流意识。在我国,随着社会环保意识与环保相关的法律、法规的出台及其约束力的增强,企业已经逐渐认识到逆向物流的重要性。

在我们这样的一个时代,逆向物流理应成为企业物流战略乃至整个企业发展战略的一部分,为了在未来竞争中取得优势地位,建立一个快速、高效和低成本的逆向物流系统是必要和必需的。许多企业已经开始在这方面进行投资,目的是发现能够加强逆向物流系统能力的机会。在企业构筑自身物流战略的过程中,将会出现一些令人关注的新现象与趋势。对这些新趋势的把握与理解有利于企业自身的逆向物流建设。

(一) 为回收和分解而设计

对于企业来说,逆向物流将不可避免,一些优秀的企业在产品设计时就开始考虑可拆解性,产品的模块化、标准化,以利于逆向物流的开展,延长产品的生命周期。

从家电厂商到汽车制造商等一大批厂商正在研究新的方法,用可分解的思想设计他们的产品。这项研究分为 3 个方面:如何实现为了分解目的的新品设计;现有产品如何分解;增加回收产品及部件的机会。制造系统一般都是为了实现高效装配过程而设计的,但是,现在的要求却是产品的设计和制造能够适应处理和回收的要求,可以方便地进行产品分解工作。

例如,重新设计装配件,减少装配过程中螺栓的使用数量(当然不能牺牲功能),这样会加快产品的分解过程。当企业可以分解大多数产品时,产品设计的目标必须是使产品分解的成本低于部件带来的收入。还应注意,不同的分解部件有不同的获利机会。

德国巴伐利亚汽车公司(BMW)已经宣布了一个战略目标:在 21 世纪设计出一种面向分解的汽车。当产品生命周期结束时,BMW 的经销商可以将汽车回收后分解,然后把分解后的部件投入到新车的生产线中。

为了延长产品生命周期,许多公司正在采用模块化的设计技术并使用标准化的产品接口。由大量标准化零部件组装而成的产品可以方便地进行升级,而不是废弃,仅仅用新部件替代过期部件就可以达到这样的目的。

以老型号产品中的标准化部件和模块为基础进行新产品的设计制造,使企业有机会利用老型号产品中的零部件。企业分解一种老型号产品时,就有很多机会把老部件重新应用到新产品之中。

(二) 提高回收物品的数量与价值

许多行业正在给那些允许它们回收更多物资的系统投资。汽车工业是最为突出的。例如,在 1992 年通用汽车公司成立了美国汽车研究委员会,福特和克莱斯勒则在新技术中引入了"预竞争"理论研究。其中的一个研究机构——汽车回收合作组织,不仅仅由主要的汽车制造商参与,而且也依赖于供应商、原材料制造商、大学和相关工业协会的参与。这个合作组织正在编制废旧汽车零件和原料数据库,以辨识如何回收并利用物资。废料经销商已经在每年 1 000 万辆的废旧车辆中提取了 95% 的铝和钢铁以及主要的黄铜和紫铜,然后把它们卖给二级回收市场。现在,残余的汽车材料,例如,橡胶挡风雨条、泡沫坐垫、合成塑料和玻璃被当作无用品处理,而汽车回收合作组织正在积极地考虑怎样把这些物品回收和再利用。

在过去几年当中,企业在产品中应用回收物资方面取得了显著的进步。这些物资带来了直接的效益,减少了长期的废品处理成本。例如,据报道某新型汽车的油箱使用的聚乙烯材料,含有 35% 的回收塑料成分。

(三) 延长产品生命周期

产品生命周期的变化是客观存在的,我们认识了它的变化规律,可以设法延长产品的生命周期,即使产品总的生命周期延长,而在生命周期各阶段中,又要运用营销手段使之有长有短,这对企业的经营才是更为有利的。如导入期、成长期要短一些,以便迅速占领市场;成熟期则应使之尽量延长,以巩固市场,取得更多的效益。

当产品到了其生命周期的末期时,持有库存的成本就会上升。"库存持有成本"包括机会成本、保险费、税收、缩水、报废和仓储费。当产品经历生命周期到达其销售寿命末期时,报废成本就从很低的水平上升到 100%。与产品有关的仓储费也会继续累积。这意味着在产品的全部生命中,"库存的持有成本"并不是稳定的。在产品生命终期管理好产品是和在产品刚上市时一样重要的。在后期把库存管理好甚至比早期更重要。

在产品生命周期的末期,产品很可能会进入逆向物流系统。良好的逆向物流是"产品生命周期管理"的一部分。当产品的生命周期经历了"数量销售"后,企业需要运用良好的逆向物流作业清理销售链。和在生命周期的其他阶段一样,到了末期也必须制定计划。如果企业能在末期做出许多关于"管理要素"方面的计划,而不是对过旧的库存作滞后的反应,那么,它从某个产品所获的总利润会更加的丰厚。

延长产品生命周期是有条件的,对企业来说,应具备下列几点:第一,企业暂时尚无新产品进入市场,为了发挥企业现有的生产能力,防止出现亏损,保持一定的市场占有率,给研制新产品争取时间,在这种情况下运用营销策略,延长某一老产品的生命周期;第二,市场上消费者需求并未完全转移,并有一定的潜在需求可供挖掘,或企业的市场占有率较高时,应延长该产品的生命周期;第三,某一产品尚有一定的经济效益,不属于应完全放弃的产品,应延长生命周期。

为了延长产品生命周期,许多公司正在采用模块化的设计技术并使用标准化的产品接口。由大量标准化零部件组装而成的产品可以方便地进行升级,而不是废弃,仅仅用新部件替代过期部件就可以达到这样的目的。以老型号产品中的标准化部件和模块为基础进行新产品的设计制造,给企业有机会利用老型号产品中的零部件。

(四) 物理物流结构

对于企业来说,其必须有相应的组织以确保它们的逆向物流系统与前向物流系统具有同样的成效。尽管企业还需要一段时间进行发展逆向物流系统,但对于它们来说,建立一个允许它们快速收回物品,同时尽可能地降低成本的物理物流结构十分重要。这可能意味着最好由第三方组织管理逆向系统,或者由那些专注于配送中心建设的组织提供逆向物流服务。为了更好地管理逆向物流,企业需要改进它们的逆向物流信息系统。

逆向物流和正向物流的运作环境差别是很大的,因为正向物流所开发的信息系统一般不适用于逆向物流。大多数的逆向物流过程仍然停留在纸上。对这些过程实施自动化是很难的,因为逆向物流包含了太多的例外。逆向物流是典型的涉及同一公司不同部门的一项工作。因此,所开发的系统必须适合跨部门的运作,这更增加了难度。为了实现良好的运作,逆向物流信息系统必须灵活。

逆向物流信息系统应该包括关于重要的逆向物流措施的信息计划,比如商店的顺从性、回流率、再生利用率、回流商品的库存周转率等。有些要控制商品回流的系统会明显要求信息系统经过扩张和改进。

即使发展这样的系统现在还不现实,但企业以后会开发出更好的逆向物流信息系统。对许多公司而言,现在的信息系统不能使它们能监测它们的回流商品的状况。与单独的业务链相比,逆向物流系统将会变成一个复杂的网络。它将包含两个层次的用户,因为有些顾客购买的是新产品,而另外一些只买部件和再销售的产品。在某些情况下,顾客将成为供应商。随着越来越多的专注于废品处理和产品回收的供应商加入到逆向系统中,逆向网络将变得更加复杂。

(五)信息技术

发展逆向物流系统中的一个最重要的环节是应用信息技术。新技术和尖端技术可以帮助企业收集被回收产品的信息。信息的流动与产品本身的流动一样重要。将来,可以采用二维条码技术搜集产品信息。这种条码包含着产品所有权的多种信息,可以应用到单个产品上甚至是产品中的一个零部件。将微型条码应用于小件物品上意味着即便是个人电脑的芯片也是可以跟踪的。

对于逆向物流系统,使用条码技术使得物品管理非常简便。在任何时候都可以对所有产品进行追踪,实时的产品状况和损坏信息可以帮助物流经理理解逆向物流系统的需求。数据管理可以使企业追踪产品在客户之间的流动信息,同时,也允许企业辨识出于回收目的的产品返回比例。这些信息将会被利用到提高产品可靠性以及识别逆向物流系统中的特殊问题上。信息同样也可以运用到提高产品供应的预测水平上去。

逆向物流的发展还处于早期阶段。但是有迹象表明,现在就开始对逆向物流进行投资的企业比那些滞后者更容易主导发展潮流。逆向物流的市场是巨大的,同时更是开放的。国内对这一领域的专业开发,无论是服务或软件系统都存在着大量的空白和潜在空间,对于产品企业而言,拥有良好的逆向物流系统将使它们提高资源利用率,增加客户价值,提高竞争优势;对于第三方物流、软件开发商等服务提供商而言,逆向物流这桌丰盛和美味的大餐只是刚刚开席。

就业能力实训

（一）课题项目

校园里有哪些逆向物流行为。

（二）实践目的

了解逆向物流过程中有哪些是需要注意的。

（三）实践要求

观察校园里的逆向物流行为，例如食堂、商店等。

（四）实践环节

1. 分析现有逆向物流行为是否合理。
2. 根据教师布置的思考题进行参观准备。
3. 思考是否有欠考虑的逆向物流环节。

（五）实践成果

要求学生完成调查报告。

本章小结

"逆向物流"最早是由 Stock 在 1992 年给美国物流管理协会（CLM）的一份研究报告中提出的，逆向物流是与正向物流相对的物流过程以及管理。一般来说，逆向物流包括退货逆向物流和回收逆向物流两部分。退货逆向物流是指下游顾客将不符合要求的产品退回给上游供应商。回收逆向物流是指将最终客户所持有的废旧物品回收到供应链的各个节点企业。

逆向物流是现代企业物流系统的有效组成部分，是现代企业提高顾客满意度、降低成本、提高效益的有效途径。但逆向物流作为非常规业务，会对企业常规业务带来负面影响。如逆向物流中的退货和召回产品，它们具有价值递减性，即产品从消费者流向经销商或生产商，其中产生一系列运输、仓储、处理等费用都会冲减回流产品的价值。

经典案例

电子商务逆向物流的信息跟踪机制

电子商务以其高效、便捷、产品信息量大等特点，逐渐为人们所接受。但与传统市场相比，虚拟性的电子商务交易市场由于买卖双方信息不对称，极易发生由于实际物品与订购商品不符而造成的退货。从网络供应商的利益看,退货既有好的一面,也有不利的一面,形成了一个利益权衡问题。一方面,优惠的退货条例是被证明了的可以增加消费者满意度和忠诚度的有力武器,促使更多的消费者来购买商品,从而增加网络供应商的收入;另一方面,优惠的退货条例必然会增加退货量和经营成本,减少网络供货商的收入。

2005 年,美国的斯比格尔集团公司(Spiegel Group)从斯比格尔(Spiegel)当地运回了15 亿美元的退货,爱得·保尔(Eddie Bauer)公司网上退货高达 3 亿美元。回退商品中断了正常的物流,出现了反向物流,对供应链每个成员都是一个问题,并且要处理占总销量2%～50%的退货确实是一个头疼的商业问题,仅美国 2004 年,网上退货的价值已超过231 亿美元,直接经济损失达 25 亿～82 亿美元。

虽然我国的专家学者已经开始意识到逆向物流的重要性,但是逆向物流管理的空白、物流过程中高比例的产品损坏,加上通信系统的信息错位所造成的逆向物流成本,估计要占到物流总成本的 25% 以上。

资料来源:杨洋.基于 RFID 技术的电子商务逆向物流的信息跟踪机制.中国市场,2012(28)

课后思考

❖ 请思考我国的逆向物流做得是否到位。
❖ 生活中有哪些逆向物流环节是我们没有考虑到的?

第七章

物流电子商务市场分析

课前知识梳理

❖ 掌握营销理论的发展变化；
❖ 了解物流电子商务的市场分析；
❖ 熟悉物流电子商务的调查方法；
❖ 了解物流电子商务的市场预测；
❖ 了解物流电子商务的市场营销过程。

本章关键知识点

❖ 物流电子商务调查方法和步骤；
❖ 设计物流电子商务调查问卷；
❖ 物流电子商务市场营销管理。

引导案例

服务"三农"的电子商务模式创新

同一列车上，王老汉为卖苹果东奔西走，坐立不安。苹果熟透了，可是买家在哪儿？

车厢座位的另一头，李老板拿着青涩的苹果，一脸愁容。交货期快到了，苹果却还未熟。

这个镜头，相信熟悉中企动力的人，都不陌生了。这是中企动力宣传片的开场设计。在这以小见真的案例中，更应该引起的是我们对中国"三农"问题的思考。高速发展的网络经济为中国企业的发展带来了新的契机，"三农"问题是否也能从网络中寻求更多的突破呢？中企动力在全国的 70 多家分支机构,不但为中小企业提供了切实有效的电子商务解决方案,同时也深入占中国绝大多数人口的农村,通过引入有效的电子商务模式和面对面的 IT 应用服务,切实解决"三农"问题,建设网络时代的新农村。

1. 远离互联网造成的"三农"数字鸿沟

中国农村人口接近 9 亿人,占全国人口的 70%;农业人口达 7 亿人,占产业总人口的 50.1%。"三农"问题的解决必须考虑农业自身的体系化发展,还必须考虑三大产业之间的协调发展。"三农"问题的解决关系重大,不仅是中国几亿农民的期盼,也是关系民生的重大事情。

然而,在中国,"数字差距"已经成为继"工农差距、城乡差距和脑体差距"之后的又一个新的差距,尤其在过去的三大差距影响下,"数字差距"也表现得更为明显。"三农"远离互联网,已经成为一个基本现实,这种状况严重影响了我国社会主义新农村建设。

从我国城乡的"数字差距"比较来看,在中国网络的普及和应用的增长主要发生在城市,网络用户中农、林、牧、副、渔、水利业生产人员仅占用户总数的 0.76%,只有 0.3% 的用户是农民,城市普及率为农村普及率的 740 倍。我国农村地区完全成为了"数字边缘化"地区。这也反映了城乡居民获得信息公共服务机会的严重不平等。

因此,缩小数字鸿沟是当前新农村建设必须面临的重大问题。只有数字鸿沟缩小了,经济鸿沟才能随之缩小,信息化将通过缩小发达地区和不发达地区获取和使用信息的差异来达到既缩小数字鸿沟,又缩小经济鸿沟的目的。

2. "三农"电子商务面临的挑战

电子商务的发展势必为"三农"问题的解决带来新的生机。通过有效的信息化普及和电子商务的应用,加快农业信息化建设、健全信息服务网络,可以为农民提供及时有效的政策、科技、市场、就业等方面的信息,帮助农民科学决策、提高生产经营水平,拓宽市场渠道,实现增产增收。

但是,由于我国整体经济实力比较弱,信息技术水平比较低,农业生产方式落后,农民素质不高,农业电子商务还只能处于探索阶段。虽然我国农业网站已形成一定规模,部分发达地区已开始尝试农产品电子商务,一些企业虽有规模定向生产农产品的意向,但常常会在实地考察后,最后还是选择放弃。究其原因除企业自身因素外,还有许多的客观因素阻碍。

企业要大规模订单生产,必须集合众多分散的农户,而对在当地农村没有基础的企业特别是外省区企业来说,是缺乏这个组织能力的。再加上目前农村发展的一个现状是,大量高素质的人口涌向城市,真正滞留在农村的人口,相对素质较低,自由散漫,缺乏契约精神,他们很可能有了订单也不照合约履行生产或供给,由此企业需要承担的风险系数也增大。由于无法对分散的农户进行有效的组织、管理及约束,最终导致企业只好放弃直接对农民生产下订单的意向。农业电子商务发展的挑战依然严峻。

3. 供求信息互动为主的行业平台尝试

目前,发达国家的农业电子商务正朝着专业化方向发展,已有网站根据其市场和用户定位的不同,可以分为电子市场和信息咨询两大主要类型。前者的目标是实现农业商品交易的电子化,后者则以实现市场信息的网络化传播为主要目的。不同类型的农业电子商务的功能和技术优势也各不相同。

家在湖北秭归的周女士一直从事柑橘粗加工及商贸活动,头脑精明的她于 2006 年结识了中企动力的信息化顾问,在中国互联网络信息中心注册了"中国柑橘网"通用网址,由中企动力帮助她建设了技术先进、运营理念清晰的行业电子商务平台——中国柑桔网,她联合周边的柑橘种植户,农民经纪人,采取"农民+农民经纪人+电子平台"这种新型的电子商务模式,线上和线下相结合,使柑橘种植户和相关商贸企业聚集在这种行业性很强的电子商务平台上。2006 年下半年,当地 60% 以上的柑橘种植户都不同程度地得到了网上订单和益处,柑橘收购价格为历年来最高。全国各地的会员注册量达 2 000 多个。

4. 服务"三农"的聚众式平台大有作为

2006 年 8 月,秭归 6 名下岗工人聚到了一起,商量共同发展的事业。不同的经历让他们有了共同的话题,那就是求职难,外面的信息很难得到。珠江、长江三角洲闹"民工荒",而内地富裕的劳动力出不去,通过小的中介公司,出去又容易上当受骗。6 名下岗工人敏锐地感觉到了其中的商机,国家还没有专门针对农民工建立的就业网站。于是,6 人一拍即合,10 月,中国农民工就业网(www. lmgjy. com)——国内第一家专业性的农民工就业网站在秭归诞生了。

短短一个月之后,江苏劳动保障部门就打来电话,寻求劳务合作。紧接着,广东、浙江等多家人事机构和企业单位与之取得联系。春节期间,中国农民工就业网还参与了CCTV2"中国农民工最喜欢的十大打工城市"网上调查,使得网站建立 5 个月就迅速蹿红。到 2007 年 3 月,该网站已与 40 多家企业进行合作,提供工作岗位近一万个,5 000 多名农民工从中获益,相关的网络广告、图文链接、劳务中介也取得了相应的经济回报。

这种模式跳出了传统网站运营自主产品的圈,扩散到更广的周边产品和服务。我国2006 年外出打工有 2.4 亿人,农村中非农业工作的农民工已占极大比例,为这一网站运营模式提供了广阔的市场空间。利用网络技术手段,提供远程教育、医疗、就业、资源环境监控等信息,极大地提升了农村公共服务能力和质量,焕发出了"三农"经济的生机和活力,促进了"三农"经济的快速发展。

资料来源: http://luoyang. 300. cn/201005/25181804100010010000011074. shtml.

第一节 市场经营理念的概述

一、经典营销理念的变化

美国密歇根大学教授络姆·麦卡锡在 20 世纪 50 年代末提出了有关营销的 4P 理论，即产品(Product)、价格(Price)、渠道(Place)和促销(Promotion)。

随着经济的发展和消费者地位的上升，4P 已不能顺应时代的要求，4C 理论应运而生，即消费者的需要及欲望(Consumer's Wants and Needs)、消费者获取满意的成本(Cost of Satisfy Get)、用户购买的方便性(Convenience to Buy)与用户沟通(Communication)。

21 世纪初，美国学者舒尔兹还提出了包括市场反应(Reaction)、顾客关联(Relativity)、关系营销(Relationship)和利益回报(Retribution)的 4R 理论。而随着以 IT 技术为代表的高科技产业迅速崛起，营销理念又有了新的阐述，即差异化(Variation)、功能化(Versatility)、附加价值(Value)和共鸣(Vibration)的 4V 营销组合理论。从 4P 到 4C 到 4R 再到 4V(统称"4X")，代表了营销理论的发展和演变过程，它们都带有强烈的时代背景，也意味着企业所处的营销环境有了巨大的变革。

(一) 从 4P 到 4C 的演变

以 4P 为基本框架的传统营销是一种由内向外的推动式营销。4P 出现以后，曾经成为商业人士的经典理论。他们认为，进入市场的公司只要明确目标客户，提供相应的产品，选择合适的营销方案，就能获得预期的利润。为了实现这个目标，可供选择的竞争手段就是 4P，而且这 4 个方面都在企业控制范围内，所以有很好的可操作性。

然而，4P 的最大不足就是忽略了客户在企业成长中的重要性，它掩盖了消费大众的多样性，只适合用来销售大量制造的规模化产品。

4C 在对前者扬弃的基础上，将整个营销活动的重点目标置于现实消费者和潜在消费者身上。4C 理论的营销工具是营销过程中消费者、成本等基本因素的组合运用，努力做到产品、服务、成本的和谐统一，它拓展了原有的市场和营销的概念。

从 4P 到 4C 的营销理念具体表现在以下几方面：

1. 产品从"物质"到理念的变化

传统意义上的产品多是一种物理的概念，即一个个实实在在的东西。而信息化社会中产品的概念会发生变化，从"物质"的概念演变为一个综合服务和满足需求的概念。也就是说，企业售出的不光是物质型的产品，而是一种综合服务的理念。

例如，软件只是微软公司产品的一部分，透过软件产品公司还售出了一系列的技术标准和公司的形象、完善的售后服务体系等"无形"产品。例如，Office 的正式用户随时都可以反映或询问使用中的问题,并通过网络得到来自世界各地的解答。

2．产品生命周期的变化

产品的生命周期分为开发、引进、成长、饱和、衰退 5 个阶段。在这 5 个阶段中,厂家由于不直接接触消费者,所以,很难把握住新产品研制的正确性。另外,在掌握产品的饱和期和衰退期时总会不可避免地发生滞后。而在新的环境下,产品生命周期的概念会逐步淡化。

由于生产者和消费者可以在网上建立直接的联系,所以,满足大部分消费者的需求就是新产品开发的正确方向。从产品一投入市场,就知道了应改进和提高的方向。于是,老产品还处在成熟期时企业就开始了下一代系列产品的研制。系列产品的推出取代了原有产品的饱和期和衰退期,使产品永远保持旺盛的生命力。

3．定价策略的变化

传统商品的定价策略基本上是按"生产成本＋生产利润＋销售利润＋品牌系数"来确定的。在这种价格策略中生产厂家对价格起着主导作用,这种价格策略能否被消费者和市场所接受是一个具有很大风险的未知数。而新型的 4C 组合则相反,根据消费者和市场的需求来计算满足这种需求的产品和成本。由这种成本开发出来的产品和制定出来的产品价格风险相对是较小的。

4．地域观念的变化

在传统商业或营销策略中,企业不得不考虑营销渠道和地域的问题,一定要受到厂家所在地和目标市场所在地以及用什么样的渠道来售出产品的限制。而商家在制定营销策略时,一定也受到所在地区的商业覆盖范围、收入和消费水平、特点和职业结构等限制。在现代营销策略中,企业和商业的营销过程没有了地域的概念,营销策略中要考虑的重要问题就是如何在网络上用丰富的商品信息资源吸引用户,如何使所开发出的电子商务系统既安全又方便消费者购买。

从以上分析看出,4P 是站在企业的角度来看营销,它的出现一方面使市场营销理论有了体系感;另一方面它使复杂的现象和理论简单化,从而促进了市场营销理论的普及和应用。4C 理论以消费者为导向,4C 中的方便、成本、沟通、消费者直接影响了企业的运营,决定企业的未来,它是站在消费者的角度来看营销。

（二）4R 理论的长处

1．以竞争为导向

以竞争为导向,在新的层次上概括了营销的新框架,根据市场不断成熟和竞争日趋激烈的形势,着眼于企业与顾客的互动与双赢,不仅积极地适应顾客的需求,而且主动地创造需求,运用优化和系统的思想去整合营销,通过关联、关系、反应等形式与客户形成独特的关系,把企业与客户联系在一起,形成竞争优势。

2. 体现了关系营销的思想

体现并落实了关系营销的思想,可以提高顾客的忠诚度,赢得长期而稳定的市场。通过关联、关系和反应,提出了如何建立关系、长期拥有客户、保证长期利益的具体操作方式。通过某些有效的方式在业务、需求等方面与顾客建立关联,形成一种互助、互求、互需的关系,把顾客与企业联系在一起,这样,就大大减少了顾客流失的可能性。

3. 互动与双赢

反应机制为互动与双赢,为建立关联提供了基础和保证,同时也延伸和升华了便利性。

4. 实现低成本战略

兼容了成本和双赢两方面的内容。追求回报,企业必须实施低成本战略,充分考虑顾客愿意付出的成本,实现成本的最小化,并在此基础上获得更多地顾客份额,形成规模效益。这样,企业为顾客提供价值和追求回报相辅相成,相互促进,客观上达到的是一种双赢的效果。

4R 营销理论同样重视消费者的需求,但它更多的强调以竞争为导向,因为处于激烈竞争环境下的企业,不仅要听取来自客户的声音,还要时刻提防身旁的竞争对手,要求企业在不断成熟的市场环境和日趋激烈的行业竞争中,冷静地分析企业自身在竞争中的优、劣势并采取相应的策略。它通过实行供应链管理的营销模式,采用整合营销,快速响应市场,实现企业营销个性化和优势化,在竞争中求发展。

从导向来看,4P 理论提出的是由上而下的运行原则,重视产品导向而非消费者导向,它宣传的是"消费者请注意";4C 理论以"请注意消费者"为座右铭,强调以消费者为导向。4R 也是以消费者为导向,"便利"与"节省","沟通"与"关联",虽然紧密相关,但 4R 较之4C 更明确地立足于消费者,它宣传的是"请注意消费者和竞争对手"。

(三)4V 带来的新观念

在新经济时代,培育、保持和提高核心竞争能力是企业经营管理活动的中心,也成为企业市场营销活动的着眼点。4V 理论正是在这种需求下应运而生的。

差异化营销就是企业凭借自身的技术优势和管理优势,生产出性能上和质量上优于市场上现有水平的产品,或是在销售方面,通过有特色的宣传活动、灵活的推销手段、周到的售后服务,在消费者心目中树立起不同一般的良好形象。差异化营销所追求的"差异"是在产品功能、质量、服务和营销等多方面的不可替代性,因此,也可以分为产品差异化、市场差异化和形象差异化 3 个方面。

功能化指以产品的核心功能为基础,提供不同功能组合的系列化产品供给,增加一些功能变成高档品,减掉一些功能就变成中、低档产品,以满足不同客户的消费习惯和经济承受能力。其关键是要形成产品核心功能的超强生产能力,同时兼顾延伸功能与附加功能的发展需要,以功能组合的独特性来博取细分客户群的青睐。

附加价值指除去产品本身,还包括产品的品牌、文化内涵、技术含量、营销策略和配套服务等因素所形成的价值。

共鸣指企业为客户持续的提供具有最大价值创新的产品或服务,使客户能够更多地体验到产品或服务的实际价值效用,最终在企业和客户之间产生利益与情感关联。共鸣强调的是企业的创新能力与客户所重视的价值联系起来,将营销理念直接定位于包括使用价值、服务价值、人文价值和形象价值等在内的客户整体价值最大化。

二、距离经济理论

中国电子商务从盲目的实践阶段上升到一个理论的阶段来重新看待网络经济,"距离经济理论"是走向网络经济胜利的思想武器。这里所指的"距离"包含物理空间和虚拟空间的时间、空间、思维、交流等的差异。

人类从农业经济时代、工业经济时代,走到今天的信息经济时代。信息经济时代的显著特点使人们完全改变了工业经济时代的生产、经营、生活模式,大大缩短了人们在时间、空间、思维、交流等方面的距离。"短距离"的信息经济是对"长距离"的工业经济的扬弃和"背叛",是当今网络经济发展的理论依据。

网络的最终目的便是缩短距离。从工业经济时代过来的传统或新兴产业,若能利用网络特征与优势,完全解决传统工业经济模式下的"距离"问题,就找到了商机盈利点;基于这一理论,许多有先见之明的企业将会努力挖掘出"距离"的市场空白,寻找到适合网络经济发展的有效市场;基于这一理论,使人们可以有效地预测或评估一个网络、网站的经营状况和存在价值。

一个企业在传统的经济模式下,"距离"是其商业经营的主要障碍,若网络经营者并没有发现这种"距离"市场(如与其他企业经营思维的"距离"、信用"距离"、产品运输的距离等),并且不能很好地解决这些"距离",则这种电子商务就显得没有什么价值。所以,电子商务的开展应从最适合网络经济特征的行业,即产生"距离"经济的市场开始;在没有条件时,我们有必要努力挖掘和创造一种新的"距离"市场。

通过对距离经济理论的分析,可以得出一个结论:距离经济理论是网络经济时代的经济规律,"距离经济"即是需求分析。遵循这种规律,能够使我们认真地去寻找"距离"市场,使我们努力去创造"距离"市场。只有这样,网络经济才能为人类带来巨大的效益和价值。

小贴士

"距离经济理论"：一个企业在传统的经济模式下，"距离"是其商业经营的主要障碍，若能利用网络特征与优势，完全解决"距离问题"，就找到了商机和盈利点。谁先挖掘到"距离"市场的空白，寻找到了适合网络经济发展的有效要求，谁就抓住了美好的未来。这里的"距离"包括物理空间和虚拟世界中时间、空间、文化、需求等方面的差异；距离的长短决定着市场需求的大小；经济行为在多大程度上缩短了距离，就能在多大程度上创造出经济效益。

三、长尾理论

"长尾"是统计学中分布特征的一个口语化表达。美国学者克里斯·安德森首次探讨了"长尾"问题，并告诉我们，商业的未来不在热门产品，而在于过去被视为"失败者"的那些产品——一条无穷长的尾巴。

长尾理论的出现，根源于互联网的出现和个性化消费的兴起，打破了传统的消费观念。长尾理论认为，只要存储和流通的渠道足够大，需求不旺或销量不佳的产品共同占据的市场份额就可以和那些数量不多的热卖品所占据的市场份额相匹敌甚至更大。

长尾理论针对的市场目标，是以前被认为是边缘化的产品，现在共同占据了一块市场份额，足以与最畅销的热卖品匹敌，长尾理论实现的是许许多多小市场的总和，是80%的过去不值得一卖的东西

19世纪以来，帕累托的"二八定律"一直是商业中的黄金法则，如：20%的客户带来80%的销售额，20%的产品创造80%的利润等。长尾理论向"二八定律"发起了全面挑战。

21世纪后，全球的主要市场均进入了丰饶经济。一方面，商品供应极大丰富；另一方面，人们对消费的需求也产生了多样性的变化。在商品需求曲线上，高峰后的数据不会迅速下降到零，反而会拖着一条长长的尾巴，各种商品的种类之多，超乎人们的想象，而这些商品都能以合乎经济效益的方式满足消费者。因此，一旦这些商品结合在一起的话，同样创造出非常庞大的市场。

有时候我们可能轻易忽略一些很小的订单，感觉没什么利润的，其实有时候，这些订单往往潜藏着巨大的商机。长尾理论教会我们，需要抓住更多的非主流产品的销售，不以善小而不为，才能赢得更广阔的市场。

根据统计，亚马逊公司有超过一半的销售量都来自在它排行榜上位于13万名开外的图书；美国最大的在线DVD影碟租赁商Netflix公司有1/5的出租量来自其排行榜3000名以外的内容；而在线音乐零售商Rhapsody排行榜1万名以外的曲目下载数量甚至超过了在排行榜前1万名的曲目。

30 多年前,托夫勒在《第三次浪潮》中预言"不再有大规模生产。不再有大众消费。不再有大众娱乐",取而代之的是个性化的生产、创造和消费。如今,这个预言已经变成现实。

一种商品卖天下的盛况已经成为过去,继之而起的是一个多重选择的市场,以往人们在购物时必须精打细算,只买大路的商品。当我们回顾过去的年代,我们发现那个时候由于各种的限制使得我们只能生产少数的几种商品;这仅有的几种商品限制了我们的选择。

在商品供应匮乏的时代,我们并不是没有这些多样化的和个性化的需求,而是当时的产品限制了我们,我们的这些需求被掩盖了。但是随着生活的日益富裕,市场上有数以千计的产品可供挑选,我们可以尽情地挑选最符合我们口味的产品了。

小贴士

长尾理论是指,只要产品的存储和流通的渠道足够大,需求不旺或销量不佳的产品所共同占据的市场份额可以和那些少数热销产品所占据的市场份额相匹敌甚至更大,即众多小市场会聚成可产生与主流相匹敌的市场能量。也就是说,企业的销售量不在于传统需求曲线上那个代表"畅销商品"的头部,而是那条代表"冷门商品"经常为人遗忘的长尾。举例来说,一家大型书店通常可摆放 10 万本书,但亚马逊网络书店的图书销售额中,有 1/4 来自排名 10 万以后的书籍。这些"冷门"书籍的销售比例正以高速成长,预估未来可占整个书市的一半。这意味着消费者在面对无限的选择时,真正想要的东西和想要取得的渠道都出现了重大的变化,一套崭新的商业模式也跟着崛起。简而言之,长尾所涉及的冷门产品涵盖了几乎更多人的需求,当有了需求后,会有更多的人意识到这种需求,从而使冷门不再冷门。

四、精准营销的理论

(一)精准营销的表述

精准营销(Precision Marketing)就是在精准定位的基础上,依托现代信息技术手段建立个性化的顾客沟通服务体系,实现企业可度量的低成本扩张之路。

精准营销有 3 个层面的含义:

(1)精准的营销思想。营销的终极追求就是无营销的营销,到达终极思想的过渡就是逐步精准;

(2)实施精准的体系保证和手段,而这种手段是可衡量的;

(3)达到低成本可持续发展的企业目标。

精准营销就是通过现代信息技术手段实现的个性化营销活动,通过市场定量分析的手段、个性化沟通技术等实现企业对效益最大化的追求。

精准营销和以前的营销模式的区别主要有以下几点：

1. 关心客户的长久利益和终身价值

进入 21 世纪,电子商务已成为众多企业之间、企业与消费者之间进行信息沟通和贸易活动的重要形式,与消费者的生活联系也越来越密切。这种发展态势已经对企业的经营理念和营销方式构成了强大冲击,精准营销真正贯彻了消费者导向的基本原则,通过个性化的沟通技术实现顾客的个性需求、个性服务、个性关怀。

这些个性化的服务能比较准确地了解和掌握顾客的需求和欲望,实现和消费者的长期沟通,挖掘客户的长久价值以至终身价值。

2. 传统定性的营销转变成定量营销

以前的营销理论和实践是一种定性的科学,从 4P 到 4C,都是一种定性理论,通过它们实现服务的细分。精准营销通过现代数据库技术和现代沟通技术实现了对目标人群的精准定位,实现了对营销过程的定量跟踪,实现了对营销结果的定量预测,所以精准营销的一大贡献就是使营销理论从定性跃升到一个定量的高峰。

3. 个性沟通及新型顾客增值理论

精准营销借助现代网络和通信技术,采取一对一的沟通模式,在客户的沟通联系上实现了最短的直线距离传播方式。"让客价值"是指顾客总价值与顾客总成本之间的差额。其中顾客总价值是指顾客购买某一产品或服务所期望获得的一组利益,包括产品价值、服务价值和形象价值等。顾客总成本是指顾客为购买某一产品或服务所支付的货币及所耗费的时间、精力等,包括货币成本、时间成本及精力成本等。

由于顾客在购买时,总希望把有关成本降至最低,同时又希望从中获得更多的实际利益。因此,总是倾向于选择"让客价值"最大的方式。企业为在竞争中战胜对手,吸引更多的潜在顾客,就必须向顾客提供比竞争对手更多的"让客价值"。

(二)精准营销的作用

首先,精准营销提高了顾客总价值。在"一对一"营销的观念指导下,产品设计充分考虑了消费者需求的个性特征,增强了产品价值的适应性,从而为顾客创造了更大的产品价值。在提供优质产品的同时,精准营销更注重服务价值的创造,努力向消费者提供周密完善的销售服务,方便顾客购买。

其次,精准营销通过一系列的营销活动,努力提升自身形象,培养消费者对企业的偏好与忠诚。精准营销降低了顾客总成本,消费者购买商品,不仅要考虑商品的价格,而且必须知道有关商品的确切信息,并对商品各方面进行比较,还需要考虑购物环境是否方便等。所以,企业既要考虑商品价格的制定能否被消费者所接受,更要考虑消费者在价格以外的时间与精力的支出即交易费用。它的大小直接制约交易达成的可能性,从而影响着企业营销效果。因此,降低交易费用便成为营销方式变革的关键动因。

（三）精准营销的关注点

1. 关心客户细分和客户价值

精准营销强调企业对与客户之间的"关系"的管理,而不是客户基础信息的管理。关心客户"关系"存在的生命周期,客户生命周期包括了客户理解、客户分类、客户定制、客户交流、客户获取、客户保留等几个阶段。以前的大多数营销理论和实践,往往集中在如何吸引新的客户,而不是客户保留方面,强调创造交易而不是关系。

2. 精准营销关心客户忠诚度

客户保留最有效的方式是提高客户对企业的忠诚度。客户忠诚是客户对企业的感知、态度和行为。它们驱使客户与企业保持长久的合作关系而不流失到其他竞争者那里,即使企业出现短暂的价格上涨和服务上的过失。客户忠诚来源于企业满足并超越客户期望的能力,这种能力使客户对企业产生持续的满意。所以,理解并有效捕获客户期望是实现客户忠诚的根本。

3. 精准营销着重于客户增殖和裂变

把物理学的链式反应引入对精准营销的研究,精准营销客户保留价值更重要的是客户增殖管理,精准营销形成链式反应的条件是对客户关系的维护达到形成链式反应的临界点。这种不断进行的裂变反应使企业低成本扩张成为可能。精准营销的思想和体系使顾客增值这种"链式反应"会不断地进行下去,并且规模越来越大,反应越来越剧烈。

第二节　物流电子商务市场

在发达的经济社会中,商务活动的形式和内容被挖掘得淋漓尽致,而当科技进步创造出新的生产力后,又孕育出新的潜力,给我们展示了广阔的发展空间。

一、我国电子商务市场的发展

计算机网络应用的出现还不到 50 年,却已经创造了工业化以来价值增长的神话,在很大程度上改变了人们的生活方式,也提供了千千万万的就业机会。根据中国互联网信息中心（CNNIC）的统计,到 2008 年年底,中国互联网用户已经接近 3 亿。这使得中国超越美国,成为拥有网民人数最多的国家。

2007 年 6 月,在国家发改委和国务院信息化办公室共同发布的《电子商务发展"十一五"规划》中明确指出:要创新电子商务的发展模式,以促进模式创新、管理创新和技术创新的有机结合为着力点,面向发展前沿,立足自主创新,坚持需求导向,务求实用高效,探索多层次、多类型的电子商务模式,走出一条有中国特色的电子商务发展道路。

目前,我国电子商务市场已经渐渐走上健康发展的道路,并具有以下特点:

(一)互联网与传统产业融合酝酿新机遇

10 年前的电子商务还是以 IT 创业者为主角,以烧钱和炒作吸引眼球,进入 21 世纪后,经历了寒流后的反思和观念的调整,传统的商务已经开始熟练地把电子当作手段,形形色色的电子商务服务内容出现在人们的视野中,拉近了和百姓的距离。

我国出现了亚洲最大的电子商务企业,涌现了一大批成功的网商。尤其是数量众多的中小企业紧紧抓住新的机遇,将高科技的电子技术和传统的经营融合在一起。我们清楚地看到行业化、平民化的电子商务时代已经到来。

(二)电子商务已经成了一代人不可或缺的生活内容

由于计算机教育的普及,和计算机的发展同步成长起来的青年一代逐渐成为电子商务实践的主力,我国的网络用户中 18～24 岁的年轻人占据了 1/3 的比例,其中有不少人具有网络消费的经历,是电子商务的积极参与者。更有许许多多的学生投身网络创业,开拓出丰富多彩的网络人生和就业道路,具有中国特色、适合我国国情的电子商务供求市场蓬勃发展起来。

(三)新的技术平台引领电子商务追波逐浪

由计算机和通信技术的结合衍生出的种种软、硬件设备扩展了上网的形式,特别是无线通信技术的成熟,使手机用户已经超过 5 亿,移动商务的前景已经指日可待。中国移动、中国联通都积极地推出了自己的即时通信产品,并且积极地拓展自己的电子商务业务。加上数字电视带给互联网的机遇,这就由传统的互联网固网平台过渡到移动网络平台、有线电视网络平台。

(四)资本运作帮助企业实现跨越发展

资本运作一直是贯穿整个中国互联网产业的主题。阿里巴巴创造的神话使不少企业看到了风险投资盈利的前景。越来越多的网商找到了盈利模式,电子商务让曾经踯躅不前的投资者看到了希望之光。虽然目前电子商务在我国已开始形成热潮。但从整个社会来看,有两方面准备得还不足:

一方面,基础工作还不够实。主要是企业信息化程度不高。无论是工业企业、商业企业还是外贸企业,使用计算机进行业务处理与信息管理以及开展网上业务,都没有达到应有的规模,企业信息化是开展电子商务的基础,企业没有实现经营业务处理的数字化,就不能保持电子商务发展的后劲。

另一方面,政府的工作准备还不够,有助于电子商务发展的法规和标准等环境问题,还有网络的道德、商务诚信和网络安全等问题还困扰电子商务的健康发展。

二、物流电子商务市场的细分

市场细分就是指按照消费者欲望与需求把一个总体市场划分成若干个具有共同特征的子市场的过程。分属于同一细分市场的消费者,他们的需要和欲望相似;分属于不同细分市场的消费者对同一产品的需要和欲望存在着明显的差别。

(一)物流电子商务市场细分的一般原则

市场细分是物流电子商务进入平稳增长期后的必然趋势,消费者需求的差异是市场细分的内在依据。消费者在享受物流电子商务带来"便利"的同时,越发感到搜寻"适宜"目标的困难。物流电子商务要进一步发展,必须变得更加贴近消费者生活。消费者需要亚马逊、阿里巴巴、淘宝等综合性物流电子商务模式的同时,也需要专业性、细分化的物流电子商务模式。这样,消费者既能享受在琳琅满目的商品中畅游的快感,又可以规避选择的困扰。所以,迈向成熟的物流电子商务需要"细分"。

很少有一个产品能够同时满足所有客户的需要。既然只能满足一部分客户,那么,针对整个市场的营销就是一种浪费。在市场竞争中,一个企业不可能在营销全过程中都占绝对优势。为了有效地进行竞争,企业必须评价、选择并集中力量用于最有效的市场,这便是市场细分的外在强制。

市场细分对企业起着重要作用,首先,有利于选择目标市场和制定市场营销策略,市场细分后的子市场比较具体,容易了解消费者的需求,企业可以根据自己经营思想、方针和营销力量,确定自己的服务对象,即目标市场。

其次,有利于发掘市场机会,开拓新市场。通过市场细分,企业可以对每一个细分市场的购买潜力、满足程度、竞争情况等进行分析对比,探索出有利于本企业的市场机会,使企业及时做出科学的营销决策,更好地适应市场的需要。

最后,有利于发挥核心优势,通过细分市场,选择适合自己的目标市场,企业可以整合各种资源,使所推出的增值服务能够真正被目标客户所认同并接受。

目前,许多物流电子商务企业已不再单一地向所有客户群推销类同的商品,而是在专业领域内,针对一部分具有需求共性的消费群体,为其提供极具竞争力的商品和在此基础上的一体化的网上售货服务。可见,在网上购物需求渐已饱和、市场经营趋同的现状下,细分市场已经成为物流电子商务的必由之路。

(二)市场细分的趋势

当生产力水平提高,市场走出短缺经济后,消费者的个性选择就会加强,市场细分就成了消费者的期望和经营者竞争的手段。

传统市场细分的方法有很多种,除了最常见的以商品的自然属性划分外,也经常以地域划分和以经营环节划分。

在以人为本的思想指导和消费者个性需求的驱动下,以人的属性细分市场是今后发展的趋势和竞争的焦点。

在我国传统营销的市场上有过的人文属性市场并不多,保持下来的只有按照性别和年龄划分这两种。我国改革开放 30 年来的事实造成了群体的分化和观念的多元化,为了满足不同群体和心理的消费者,人的属性还可以按照这些特征细分:

收入——VIP、白领、工薪族、贫困者;

文化——按照不同学历、文化甚至学校里的年级;

爱好——车友、旅友、影迷等;

习俗——如全国不同身份的消费习惯和生活规律;

身体——如身材、皮肤、健康状况等;

家庭——如丁克、三代、标准户等;

职业——如社交活动者、技术人员、领导层等;

工作——如倒班者、出差者等;

居住——如楼房、平房、别墅、上班远近等;

特殊——如残疾人、孕妇、左撇子等。

也许上述的人文划分还不足以造成消费上的明显区别,商品式服务存在很多的重叠与交叉,但是可以预见,当人的个性化进一步释放和市场竞争充分体现的时候,也许商场上的规则就是细节决定成败。

这种人本主义对市场的要求是天然存在的,并不是物流电子商务的出现而被培养和萌发的,传统营销受物理空间的限制和成本的控制不可能做到如此细分,但是在网络的虚拟空间,实现这一切变得轻而易举,所缺的只是我们的敏感的嗅觉和独特的思维。

三、物流电子商务市场的类型

(一)专业型物流电子商务

专业型物流电子商务包括对现有专业市场的物流电子商务改造和物流电子商务市场专业化划分。其中,对现有专业市场的改造占专业型物流电子商务的绝大部分比重,因为物流电子商务本身就是传统商务的电子化改造。在信息经济下,传统意义上的商圈将被打破,客户扩展到全国乃至世界,促成真正意义上的国际化市场形成。

传统的专业市场供应链较短,首先,主要依靠经营户个人的商业渠道组织货源和联系客商,不能与全国乃至国际厂商建立有效的供应链关系,限制了专业市场的商圈半径;其次,部分商品的流通不再按照原来的行业和产业方式进行,也不再遵循传统商业的购进、储存、运销的模式运转。经营者可以实现先销后购、零库存的业务经营,也可以以虚拟企业的形式存在,作为经营传统产业的专业市场必然受到这种新购销方式的影响。另外,具有节省交易成本功能的专业市场,在物流电子商务时代,也会损失它的优势。

专业市场集聚了大量某一类商品或若干类具有互补和互替关系的商品,这是其他商业形态所不能比拟的,但是仅仅靠产品的陈列来吸引客户和集散信息是不够的。如果能将专业市场与物流电子商务结合,可以实现优势互补,将发挥强大的市场效应。

实体市场是产品摆设、客户谈判,看样、商品交易、仓储的场所,虚拟市场是商品信息交流、信息搜索、市场网络联系、信息发布、在线交易等手段的集合。传统市场缺乏现代物流电子商务,而网络交易市场缺乏现实平台,只有两者结合才是最好的办法。专业市场的物流电子商务化不仅能提高本身的经营管理能力,同时也没有失去它存在的价值,还能确保专业市场本身的服务质量,从而提高知名度。

(二)地域型物流电子商务

地域型物流电子商务就是利用地域优势,针对特定地域区间内的客户开展物流电子商务活动。一般认为网络就是要突破传统的地域束缚,充分发挥网络的超越时间、空间的优势来追求更大的客户群和利润空间。其实,就中国的现状来说,人们在这一点上将网络的超越地域性夸大了。网络的确具有全球性的特点,但物流电子商务,特别是中国现阶段的物流电子商务在跨越地域性方面所需具备的条件方面要差很多。因此,我们不能轻视或者无视物流电子商务地域划分的特点,一味地追求全国化、全球化。

事实上,中国现有的物流渠道和支付手段都严重阻碍了物流电子商务超越地域化发展,由此也给网民本不太信任的网上消费增添了几许担心,消费者对距离的认识是很敏感的,毕竟舍近求远不是明智之举。对于物流电子商务厂商来说,同样也要注重地域划分,不能盲目地将自己的销售范围圈得过大,否则不仅不能使利润最大化,甚至有可能走入卖出东西但不挣钱的怪圈。

(三)个性化型物流电子商务

互联网初期主要以提供大量信息和功能化产品为主,然而时至今日,为客户提供全方位的个性化服务则将占据主导地位。物流电子商务需要个性化,以往那种千篇一律的物流电子商务模式和忽视客户需求差异性的服务已经不能适应时代的需求。物流电子商务个性化的原因主要有3个方面:一是物流电子商务个性化是企业创造竞争优势的重要手段;二是消费者的需求个性化是企业物流电子商务个性化的推动力;三是物流电子商务个性化是物流电子商务自身发展的内在要求。

个性化推动了物流电子商务的发展,同时也使各种增值服务更具有竞争优势。如今,众多专业服务提供商都宣称"能提供个性化物流电子商务解决方案",而且一些开展了物流电子商务的企业也纷纷打出了个性化服务这张王牌。

个性化服务是实现商业利润的关键,是促进物流电子商务增值服务的驱动器。正因为个性化服务在改善顾客关系、培养顾客忠诚度以及增加网上销售方面具有明显的效果,一大批成熟企业已经在个性化服务的道路上迈出了脚步,个性化型物流电子商务开辟了物流电子商务市场的一个新天地。

(四)比较搜索型物流电子商务

比较搜索型购物网站是一种专业化的垂直搜索引擎,其主要功能是通过对海量信息的采集整理,向消费者提供精准的商品、商家资讯,从而帮助他们在进行网上购物时省时、省钱又省心。同时,比较搜索型购物为商家提供一个高效的网络营销平台,帮助商家以极低的推广成本获得大量针对性极高的目标用户。

比较型购物不同于传统意义上的网上购物,其商业价值在于提供给消费者一个购物选择和指导,能够让消费者在购物时确保自己得到相对较好的价格和服务。目前,国内的比较型购物在模式上与国外成熟的比较购物网站已经非常接近。如家电、手机、电脑等商品,每个品牌的主流型号都罗列出数十个经销商,其信息内容丰富,数据容量可观。比较型购物的模式对商家和消费者都具有极大的吸引力,它的兴起为茫茫网海建立了定位的"航标",不仅优化了物流电子商务资源,也为网上消费者与物流电子商务网之间架起了直通道。

购物搜索引擎与一般的网页搜索引擎技术实现相比的主要区别在于,除了搜索产品、了解商品说明等基本信息之外,通常还可以进行商品价格比较,并且可以对产品和在线商店进行评级,这些评比结果指标对于用户购买决策有一定的影响。

通过购物搜索引擎,不仅增加了被用户发现的机会,如果在评比上有较好的排名,也有助于增加顾客的信任。当用户使用购物搜索引擎检索商品时,可以获得比较丰富的信息,用户还可以对产品进行评比,发表自己的意见,对企业制定商品购买决策有较大的参考价值。这也从另一个角度说明,网上商店利用购物引擎进行推广可以增加被用户发现的机会,从而达到促销的目的,因而成为网上销售的一种常用促销手段。

第三节 物流电子商务市场调查

一、物流电子商务市场调查的概念

市场调查,是指系统地设计、搜集、分析并报告与企业有关的资料和研究成果。最主要的研究活动有市场特性的确定、市场潜量的开发、市场占有率分析、销售分析、市场竞争情况等。物流电子商务市场调查是物流电子商务企业取得市场信息、了解市场的重要途径和方法。企业为了进行科学市场预测和有效的经营决策,必须进行市场调查,也为了更好地制定物流决策而进行的系统的数据收集、分类和分析。

市场调查是在物流电子商务营销的整个领域中的一个重要元素。在市场调查过程中要明确所需的信息,设计收集信息的方法,监测和执行数据收集的过程,分析结果,并把调查中发现的问题提供给客户。通过物流电子商务市场调查以达到以下目标:了解客户要求和期望,制定服务标准,衡量满意度,识别发展趋势,与竞争者比较。

物流电子商务市场调查不仅包括传统的定量调查、定性调查、媒体和广告调查、用户和供应商调查,更重要的是对客户满意度调查,满意的客户会给公司带来广阔的前景,可以增加收入,降低经营成本。同时,还应运用调查及其他数据进行间接的交叉比较,使组织上下信息畅通,改进客户抱怨的方案,并改善公司对客户的承诺。物流电子商务市场调查是以市场营销功能与作用作为调查的对象,进行诸如产品调查、销售政策调查以及促销活动效果调查等工作。其内容主要包括以下 3 个方面:

(一)市场方面的调查

市场方面的调查涉及企业在市场营销活动中的各种不可控因素和可控因素的状况,主要包括市场营销环境调查和市场营销组合因素调查。市场营销环境调查可以了解影响企业市场营销的外部因素的内容和发展变化情况,以便于企业根据市场环境的要求组织营销活动。营销组合因素调查主要是了解企业各种可控因素对市场营销活动的影响,包括产品调查、价格调查、销售渠道调查和促销调查。

(二)客户方面的调查

客户是市场活动的主体,他们的需求状况直接关系到企业的命运。这方面的调查主要包括客户范围和结构调查、客户动机和行为调查与客户需求调查。市场需求包括现实需求和潜在需求两方面,具体表现在市场需求总量、市场需求构成以及市场需求的变动趋势等几个方面。

(三)竞争对手方面的调查

竞争对手方面的调查主要包括一般竞争状况调查和主要竞争对手调查两方面内容,重点是对主要竞争对手进行调查。调查的内容包括主要竞争者产品状况、价格状况、利润状况、市场占有率及其发展趋势、竞争战略和手段等。

二、物流电子商务市场调查的步骤

一个完整的物流供需市场调查活动一般包括 4 个阶段,即调查准备阶段、调查设计阶段、调查实施阶段和调查结果处理阶段。

（一）调查准备阶段

调查准备阶段要明确调查问题、目标，并在此基础上根据已掌握的资料做初步分析，确定调查的大致范围、可能性和难易程度，调查的基本框架，并制定调查进度安排计划。进度安排一般有如下几个方面：（1）准确定义要调查的客户；（2）将逻辑上有可能参与客户满意度调查的客户分类，如目前客户、过去客户、潜在客户或这些分类的组合；（3）列出客户名单的正确性或建立客户的计算机文件；（4）检查名单的正确性和完整性。

（二）调查设计阶段

调查设计阶段要确定调查的内容和方法、对资料准确度的要求以及调查所需的人力、物力和时间安排等。此阶段的具体工作包括抽样方案的设计、调查实施的各种具体细节的制定、选择访问方法（电话、邮寄等）、确定样本规模、确定是否需要某一样本或是否应访问每一位客户。建立有重要信息价值的等级分类，如客户规模、承销规模、地理区域、行业类型等。进行问卷的设计、测试、修改和最后定稿以及问卷的印刷、调查员的挑选和培训等。

（三）调查实施阶段

调查实施阶段要加强对调查人员的组织、考核和监督，提高调查人员的素质。在调查过程中应注意以下几点问题：（1）调查人员对信息来源的偏好不同；（2）调查人员对信息的需求欲不同；（3）调查人员的信息收集效率差异较大；（4）调查人员接受信息的重点不同；（5）调查人员在不同时期获取信息的兴趣不同。

（四）调查结果处理阶段

调查结果处理阶段包括两项基本工作，即资料整理分析和调查报告撰写。凡是进行特定目的的调查，都必须写出调查报告。调查报告应包括以下内容：

（1）封面：写明题目、承办单位和日期。

（2）序言：主要说明调查目的、过程与方法，以及其他需要说明的问题。

（3）主体：写出调查经过、情况分析、数据统计，作出适当结论，提出看法或意见。

（4）附件：主要是说明主体部分引用过的重要数据或资料以及必要的统计图表和参考资料，以便为预测和决策提供详细的情报来源。

三、确定收集调查的信息

（一）信息调查的分类

1. 按资料类型分

按资料类型分，可分为原始资料和二手资料。解决某一问题所需要的信息，也许目前已经存在，也许尚不存在。那些经过编排、加工处理的资料，称为二手资料。

二手资料是那些别人已经收集并且出版的资料。调查人员的主要任务是查找资料，并且评价这些资料是否适用于目前的决策过程。二手资料主要有两个优点：成本低和可以迅速获得。正确使用二手资料需要市场营销研究人员及管理人员对业已存在的二手资料必须进行严格审查和评估。审查与评估的标准有 3 个，即公正性、有效性和可靠性。

所谓公正性，是指提供该项资料的人员或组织不怀有偏见或恶意；所谓有效性，是指研究人员是否利用了某一特定的相关测量方法或一系列相关测量方法来搜集资料；所谓可靠性，是指从某一群体中抽取的样本资料是否能准确反映其整个群体的实际情况。

企业必须首次亲自搜集的资料称为一手资料或原始资料。搜集原始资料的主要方法有 3 种，即观察法、实验法和调查法。

观察法是指通过观察正在进行的某一特定市场营销过程，来解决某一市场营销研究问题。实验法是将选定的刺激措施引入被控制的环境中，进而系统地改变刺激程度，以测定客户的行为反应。调查法是对市场进行调查研究来获得所需信息。整个调查研究过程由 4 个主要步骤组成，即确定研究目的、制定研究策略、搜集资料、分析资料。调查方法主要有 3 种，即电话访问、邮寄问卷以及人员访问。

2. 按资料来源渠道分

按资料来源渠道分，可分为正式渠道来源资料和非正式渠道来源资料。正式渠道来源资料多来自公司年报、政府部门、杂志、报纸，如《物流技术》、《中国物资流通》、《现代物流》等刊物提供的经济方面的信息。非正式渠道来源资料多来自营销代表定期与用户的沟通。由于这样得到的信息包含了某种偏好，大部分信息可能不太真实，但却能有效地证实其他渠道的信息。与用户的关系越好，信息的数量就越多，质量就越高。

（二）信息调查的内容

信息调查可分为 4 个方面：宏观经济、商品特点、合作企业信息调查、内部信息。

1. 宏观经济信息调查

宏观经济信息调查可以通过下面的标准来衡量：(1)国家的经济政策和相关的交通运输、仓储法规；(2)生产者和用户期望的价格水平；(3)金融状况。同时，不要忽视整个社会中经济、技术、文化和政府因素的相互作用。其中的一个方面发生变化，无疑会在某种程度上影响其他几个方面。

2. 商品特点信息调查

商品调查有助于对未来的业务、运作做出预测。完整的商品调查应为下面的每一个问题提供数据与答案：

（1）现在及未来的状况，包括对商品的描述、需求预测、供应商、价格、期限、运费及运输成本、交通运输方式及现有合同。

（2）需求，包括公司现在及未来的需求、存货状况、未来信息的来源及提前期、行业、产成品用途及各公司的当前及预计的竞争需求。

3. 合作企业信息调查

物流电子商务管理者最应了解的是有关合作企业的知识。当建立具体的合作企业资料库时，每一个管理者都应掌握 4 个方面的基本知识：（1）合作企业规模；（2）合作企业能力。了解合作企业潜在的能力可以预测未来的需求，提高现有需求；（3）了解物流市场的价格走势；（4）在业务流程很多的情况下，还应了解合作企业的业务流程。

4. 企业内部信息调查

管理者必须熟悉有关自身公司的一切情况，为了了解公司自身情况，需要扩大到一个更广阔的基础上，如要熟悉自身产品或服务，哪些是成长较快的，市场情况如何等。

四、物流电子商务市场调查方法

物流电子商务市场调查的方法很多，最常用的调查方法有：

（一）询问调查法

询问调查法是指以询问的方式，通过面谈、电话、信函等手段直接从调查对象那里收集所需要的信息资料。具体可分为座谈会调查法、电话询问法、信函调查法等，其中信函调查最常用。询问调查法，须事先设计询问调查表格。其主要优点是调查范围广、调查费用低，被调查者有充分的时间考虑；其缺点是回收率较低、回收时间长，难以得到被调查者的配合。目前盛行的有奖评选活动询问调查法，该方法在一定程度上克服了上述不足，这是一种有奖收集信息的做法。

（二）现场观察法

现场观察法是调查人员在现场直接观察被调查者的行为、态度、反应等的一种方法。这种方法的优点在于被调查者是在没有意识、觉察不到的情况下被观察的，因此，收集到的资料比较客观、准确。其缺点主要表现在难以观察到决定这些外部反应的内在因素。常用的现场观察法有直接观察法、行为记录法和实际痕迹测量法。

（三）试验法

试验法是从影响调查问题的若干因素中,选择一两个关键因素,在小范围内将其改变,进行试验,观察能否得到积极的结果,然后决定是否值得大规模推广的一种方法。试验或"试点",是我国经济体制改革中常用的一种方法。试验法有两个优点:一是通过实地试验调查取得的资料客观实用,排除了主观估计的偏差;二是通过合理的试验设计,调查者可主动引起市场因素的变化并测定这种变化对市场的影响,而不是消极、被动地等待某种现象的发生。

五、设计合理的物流电子商务调查表

（一）一份理想的问卷应具备的条件

一份理想的问卷,应具备以下 3 项条件:

（1）能达到调查目的,即将调查目的、询问方式具体化、重点化地列举在问卷上;

（2）促使被访问者愿意合作,提供正确情报,协助达成调查目的;

（3）正确表达访问者与被访问者的相互关系。

（二）一份理想问卷应包括的部分

一份理想的问卷,在结构上按照顺序应包括以下两个部分:

（1）开场白。在问候后,表达主持调查机构及访查员的身份,说明调查目的及为什么访问受访者,并提示回答方法,确定受访者是否了解,必要时重复说明,并交代访问结果将如何处理。如果当时不方便进行访问,预约适当的访问时间。（2）示范答复例子。由访问员示范一个与访问主题无关的问题,如性别、教育程度等,根据调查目的而定。

（三）问卷设计的步骤

问卷设计共有 9 个步骤,依序重点介绍如下:

（1）确定所要搜集的资讯。

（2）决定问卷调查方式。因问卷调查方式的不同,问卷内容的繁简及问卷设计方式必有不同。

（3）决定问题内容。

（4）决定问题用语。询问用语在答卷调查中,对调查结果有绝对的影响,以下是值得注意的几个:询问的着眼点要明确、明朗;主观问句胜于客观问句;用平易语句,让被询问人易于回答;避免有诱导性作用的问题,使得答案和事实产生误差;避免过于涉及个人隐私。

（5）决定问题先后顺序。第一个问题必须有趣且容易答复；重要问题放在重要地方；容易的在前面，慢慢引入比较难答的问题；问题要一气呵成，且应注意问题前后连贯性，不要让被访问者情感或思绪中断；私人问题和易引起对方困扰的问题，应最后提出；避免被访者太劳累。

（6）决定检验可靠性问题。为了解被访问者之答题可靠与否，在访问结束时不妨对重要问题重新抽问。

（7）决定问卷版面布局。问卷形式及体裁的设计，对搜集资料成效关系很大，故应力求做到：纸质及印刷精美，留作填充空白处易于填写；日后处理作业方便。

（8）试查。在实地物流供需市场调查大体完成之际，有必要根据计划举例、规模试验检查。

（9）修订及定稿。将必要调查的问卷付之于印刷，编辑成册，以供相关人员参考。为了保证问卷的高质量，设计调查问卷应遵循以下原则：

要使调查对象容易并能充分理解问句的含义；

要使调查对象能够并愿意回答问题；

要对问句确定界限，避免理解偏差；

问句要过滤样本，发觉动机；

问句要尽量获得具体的答案；

问句要克服偏差，追求精确。

第四节　物流电子商务市场预测

一、物流电子商务市场预测

市场预测是市场营销管理的重要组成部分，它是在市场调查的基础上，对未来市场发展趋势进行的分析研究。也就是根据得到的有关市场经济活动的各种信息资料，运用一定的方法和数学模型，预测一定时期内市场对产品或服务的需求量及变化的趋势，为企业研究制定计划目标和经营决策提供客观依据的活动。市场预测在物流电子商务企业生产经营活动中起着重要作用。

首先，市场预测是企业进行经营决策的重要前提条件，物流电子商务要做出经营决策，必须掌握和做出市场环境及发展变化趋势的预测，这是企业正确决策的首要条件；其次，市场预测是物流电子商务制定经营计划的重要依据；最后，市场预测可使物流电子商务更好地满足市场要求，提高企业的竞争能力。

物流电子商务可以通过物流供需市场预测，揭示和描述市场变化趋势，从而为企业经营提供可靠依据，保证企业在经营中提高自觉性和克服盲目性，使企业增强竞争能力、应变能力,取得好的经济效益。

市场预测是估计的市场需求,但它不是最大的市场需求。最大的市场需求是指对应于最大的市场营销费用的市场需求。市场潜量是指在一定的市场营销环境条件下,当行业市场营销费用逐渐增高时,市场需求达到的极限值。

二、预测的基础和要素

预测理论与众多的学科有密切的关系,而且预测的对象范围也非常广泛,它建立在众多学科的基础之上。作为预测,自然有它的哲学基础、社会基础、信息基础、数学基础以及人的思考。从哲学的观点来看,事物的发展运动有其内在的规律,预测恰恰是依据事物内部固有的、本质的、必然的联系对其发展作出推测、判断。所以,哲学是预测赖以产生的根本条件。

从社会的角度看,社会要求与社会价值的标准在不断地变化,而且随社会制度、文化传统和民族习性的不同而有所不同。在某一局部、某一地区,同样的预测问题和预测方法,完全有可能得出截然相反的结论。所以,运用社会历史发展规律,对社会因素的异同进行具体分析,是预测可行的又一必要条件。能使预测达到定性和定量的统一。

数学模型的运用给预测插上了一双有力的翅膀。数学模型的完善与否,直接关系着预测的准确度。此外,当今信息量的剧增使得建立数学模型的难度不断增大,所以,新兴的模糊数学理论也在预测中得到了应有的重视。

作为预测,包括四大要素:预测人、预测依据、预测方法和预测结果的判断准则。人是预测活动的主体,没有人也就谈不上什么预测;预测依据是指人的经验、知识以及所收集到的情报资料,它们与预测质量密切相关;预测方法是进行预测的手段,方法本身是否科学,选择是否恰当,都直接影响到预测的准确度;对预测结果的评判是至关重要的,只有进行实质性的分析,才有可能达到预测最终的目的。

三、物流电子商务市场预测的类型和内容

物流电子商务市场预测的最终结果是市场商品需求量,而这种市场商品的需求量总是体现为一定的商品、一定的市场区域和一定的时间内的需求量,因此,物流电子商务市场预测通常按照商品层次、地域层次和时间层次3个标准来进行分类。市场营销活动受宏观和微观多种因素影响和制约,因而,物流电子商务市场预测的内容也相当广泛,涉及市场营销的各个方面,主要包括需求预测和市场销售预测两大类。

(一)需求预测

需求预测是制定企业营销战略的重要依据,其内容又可细分为国民经济发展趋势预测、市场需求量预测、购买力预测、市场占有率预测和产品生命周期预测。市场需求的确

切定义应当是：某个产品的市场需求是指一定的客户在一定的地理区域、一定的时间、一定的市场营销环境和一定的市场营销方案下购买的总量。为了正确地理解这个概念，可从以下方面予以考察：

（1）总量。市场需求大小有多种表述方法。我们可用绝对数值，如产品实体数量以及金额来表述市场需求。

（2）购买。测量市场需求还需要明确购买的含义，即这种购买是指订购规模、送达规模、付款规模以及消费规模。

（3）客户群。不仅要测量整个市场的需求量，而且市场的各个部分或子市场的需求也必须确定。

（4）地理区域。区域的限定范围不同，产品的销售额的预测结果也不同。

（5）时期。测量市场需求必须规定时期。

（6）市场营销环境。

（7）市场营销方案。

认识市场需求概念的关键在于市场需求不是一个固定的数值，而是一个函数，即市场需求受以上讨论的诸多因素的影响。因此，市场需求也被称为"市场需求函数"或"市场反应函数"。即使没有任何需求刺激，不开展任何市场营销活动，市场对某种产品的需求仍会存在，这种情形下的销售额称为基本销售量（亦称市场最小量）。一般把市场需求的最高界限称为市场潜量。

（二）市场销售预测

市场销售预测是对本企业产品销售量、价格以及营销效益进行预测。企业从事销售预测，一般要经过 3 个阶段，即环境预测、行业预测和企业销售预测。环境预测就是分析通货膨胀、失业、利率、消费者支出和储蓄、企业投资、政府开支、净出口以及其他一些重要因素，最后做出对国民生产总值的预测。

以环境预测为基础，结合其他环境特征进行行业销售预测。然后，根据对企业未来市场占有率的估计，预测企业销售额。企业销售预测，就是根据企业确定的市场营销计划和假定的市场营销环境确定的企业销售额的估计。

企业潜量是当企业的市场营销力量相对于竞争者不断增加时，企业需求所达到的极限。很明显，企业需求的绝对极限是市场潜量。总市场潜量是指在一定期间内、一定水平的行业市场营销力量下、一定的环境条件下，一个行业中所有企业可能达到的最大销售量，即企业产品可达到并可吸引到的所有购买者。企业不仅要计算总的市场潜量，还要选择欲进入的最佳区域，并在这些区域内最佳地分配其市场营销费用，评估其在各个区域的市场营销效果。为此，企业有必要估计各个不同区域的市场潜量。

目前，市场销售预测普遍使用的两种方法如下：

（1）市场累加法。所谓市场累加法，是指先确认某产品在每一个市场的可能购买者，之后将每一个市场的估计购买潜量加总合计。

（2）购买力指数法。所谓购买力指数法，是指借助与区域购买力有关的各种指数来估计其市场潜量的方法。

四、物流供需市场预测方法

（一）定性预测方法

定性预测方法是根据个人的知识、经验和主观判断，对环境的未来发展趋势做出估计。这种方法的优点是时间短、费用省、简便易行，能综合多种因素；其缺点是预测结果在很大程度上取决于人们的经验，不易提供准确的数据。由于在影响市场环境变化的因素中，有许多是定性的、难以量化处理的，所以，定性方法在物流供需市场预测中仍有用武之地。综合判断法、用户期望法、专家调查法均属此类。

1. 综合判断法

综合判断法即由预测人员召集企业的若干了解环境情况的人员，要求他们根据对客观情况的分析和自己的经验，对市场的未来状况做出各自的估计，然后将每个人的预测值进行综合，得出预测结果。这种方法的优点是能综合不同个人的知识，充分吸收他们的意见，得出的预测结果比较全面；其缺点是可能受到预测者了解情况的限制。

2. 用户期望法

用户期望法是指有些企业，其服务对象范围有限，或规模较大但数量不多。在这种情况下，只要根据这些用户对企业未来的服务需要就可以预测企业未来活动。

3. 专家调整

专家调查法是依靠专家的知识、经验和分析判断能力，对过去发生的事件和历史信息资料以及市场信息进行综合分析，从而做出预测。专家调查法亦称德尔菲法，可用通信方式将所需预测的问题征询专家的意见，经过多次信息交换，逐步取得比较一致的预测结果。

（1）专家调查法的基本步骤

① 拟定调查表。组织者确定需要预测的课题，据此设计调查表，并准备可供人员参考使用的背景资料。

② 选择专家。选择与预测课题有关的在年龄、地区、专业知识、工作经验、预见分析能力以及学术观点上有代表性的专家参与预测。参加预测的专家数量可适当多些，至于究竟要到何种规模，则需根据预测课题的特点而定。

③ 通信调查。将调查表和背景资料寄给选定的专家，要求他们在规定的时间填好寄

回给调查的组织者。第一轮的调查表全部收回后,组织者要进行综合整理,分析出几种不同的预测意见,然后将这种初步结果反馈给每位专家,要求他们修改完善自己的意见,再次预测。这样经过反复几个来回后,便可逐步取得基本一致的预测结果。

④ 预测结果的处理。在预测过程的每一阶段,对收集到的专家意见都要利用科学的方法进行整理、辨析、归纳、分类等工作,以求对下一轮的预测提供有用的参考资料,或取得准确的最终预测结果。

（2）专家调查法具有下述优势

① 由于采用通信调查的方式,因此,参加预测的专家数量可以多一些,具有较强的代表性。

② 由于经过反复几个来回,而且从第二轮预测开始,每次预测时专家都从背景资料上了解别人的观点,这时是继续坚持自己的观点,还是修正自己的预测意见,需要每个专家进行认真的思考。在思考过程中,专家必然要大量地调动头脑中库存的知识来说服自己或"批驳"别人的观点。在此基础上得出的预测结果,其科学成分、准确程度必然较高。

③ 由于这种方法具有匿名性质,参加预测的专家完全根据自己的知识或经验提出意见,因此预测结果受权威的影响较小。

④ 由于最终的预测结果综合了全体专家的意见,集中了全体预测者的智慧,因此具有较高的可靠性和权威性。

（二）定量预测方法

定量预测方法是通过市场调查收集的资料,用数学模型来描述影响市场环境变化的多种因素之间的关系,并据此预测市场环境发展趋势。这类方法一般在利用已知的历史和现状方面的资料预测未来时使用。其优点是比较客观,得出的结论比较精确;缺点是难以考虑非定量因素的影响,同时对资料的完整性、可靠性和精确性的要求也比较高。

定量预测方法又可分为时间序列预测和因果关系分析两种,时间序列预测包括移动平均、加权移动平均、指数平滑法等;因果关系分析常用方法有回归分析、基数叠加等。

第五节　物流电子商务企业市场营销

一、物流电子商务企业市场营销过程

（一）收集、研究营销信息,分析、评价营销机会

物流电子商务企业处在动态变化的市场中,适应这种动态变化的唯一途径是迅速了解市场的变化,分析、评价各种营销机会,及时捕捉有利于企业发展的机会。发现和评价营销机会是营销管理人员的主要任务,也是营销管理过程的第一步。

物流电子商务企业必须建立营销信息,营销信息系统通过制度化、日常化、程序化的信息工作,可避免信息工作的临时性和随意性。它通过对信息需求的评估、营销情报、营销研究、营销分析、内部报告以及系统和信息的分送等工作,保证了信息的全面、准确和及时。

要善于发现和识别营销机会。在任何市场环境中,都经常存在一些"未满足的需要"。这些"未满足的需要",可能是长期以来就存在的,如人们对治疗某些疾病的药物的渴求,也可能是由于市场的变化而产生的。在通过营销信息系统掌握信息的基础上,营销管理人员要善于发现和识别"未满足的需要"和各种营销机会,并对营销机会做出评价。

市场上出现的机会,未必就是本企业的机会,即未必适合于本企业。营销管理人员要对发现的营销机会进行评价,从物流成本与客户能接受的价格,从企业的任务和目标与要求的一致性,从企业利用此机会与竞争者利用此机会的优劣势对比等方面进行综合评价。

（二）研究和选择营销目标

发现营销机会后,营销管理人员就要对企业面对的市场进行研究,如消费者市场、生产者市场、转卖者市场、政府市场各有其市场特点,营销管理人员要了解这些特点,并对市场中客户行为、心理、决策过程等加以研究。只有这样,才能保证对市场真实、客观、准确的认识。

在研究市场的基础上确定营销目标。目标是营销过程的先导。所谓目标是指营销活动所期望实现的成果或所需完成的任务。它是营销活动的出发点和归宿,是针对营销中的主要问题提出来的。目标必须定得具体明确,既不能含糊不清,也不能抽象概念化。否则,方案的设想和选择都会感到无所适从。

确定目标,要对经营环境和自身能力进行调查,对目前的经营状况进行分析,明确所要解决的问题,找出问题的关键所在。一般用差距的形式表示,即"差距—标准—现状",标准是指本企业历史同期的最高水平,或同行业的先进水平,或预先确定的水平标准;现状则是指目前达到的水平。差距揭示了经营中存在的问题,再通过横向分析和纵向分析,找出问题的本质原因,为决策目标提供依据。

由于企业发展的多元化,带来多元的决策目标。决策目标多,决策标准也相应增加,目标间的协调比较困难,可按照如下步骤:首先,把要确定的目标按重要程度排列,先确定最重要的目标;其次,要把次要的目标进行合并或综合,或转化为约束条件;最后,将确定的少数重要目标进行相互间的平衡协调。

（三）制定营销计划,决定营销组合,选择最佳方案

营销组合是现代营销理论中的一个主要概念。所谓"营销组合",就是根据目标市场的需要,全面考虑企业的任务、目标、资源以及外部环境,把企业"可控制的因素"——产

品、价格、分销和促销策略加以最佳组合和应用,以满足目标市场的需要,实现企业的任务和目标。

产品策略即指企业制定经营战略时,首先要明确企业能提供什么样的产品和服务去满足消费者的要求,也就是要解决产品策略问题。它是市场营销组合策略的基础,从一定意义上讲,企业的成功与发展关键在于产品满足消费者的需求的程度以及产品策略正确与否。

价格策略是指企业通过对客户的需求的估量和成本分析,选择一种能吸引客户、实现市场营销组合的策略。价格策略的确定一定要以科学规律研究为依据,以实践经验判断为手段,在维护生产者和消费者双方经济利益的前提下,以消费者可以接受的水平为基准,根据市场变化情况,灵活反应,实现买卖双方共同决策。

促销就是企业为了激发客户的购买欲望,影响他们的消费行为,扩大市场而进行的一系列联系、报道、说服等促进工作。促销在企业的最初一年经营活动中是从信息传递开始发展起来的。然而,物流电子商务企业市场营销在向消费者传递信息过程中,已不仅仅将企业自身和产品的有关信息不加筛选地传递给所有消费者,它要求企业在对消费者潜在需求进行调查分析的基础上,将最能激发消费者购买欲望的信息以恰当的方式传达给目标消费者。

所以,促销通常又可理解为:企业在了解客户需求基础上,为扩大和保持服务市场,将特定信息在特定时间和特定地点、以特定的方式传达给特定的客户。商品和劳务只有到达消费者和用户手中才是现实的产品。停留在生产者手中的产品只具有最初形式。

物流电子商务企业还需要运用一定的市场分销渠道,分销渠道策略就是将产品在适当时间、地点,以一定的价格转移到目标消费者手中。通过前面的机会分析、目标市场选择、营销组合的确定,营销管理人员结合企业的营销目标,制定出围绕营销目标、贯彻营销策略的行动方案和预计的盈亏报表,最终形成营销计划。

(四)组织实施和控制

组织实施和控制是营销管理过程中关键的、极其重要的一步,因为计划不进行实施,等于废纸一张。在营销中,是否在按计划要求进行,时间、费用如何,环境是否发生了变化,应该怎样应对,这些问题要通过营销组织、营销控制来解决。

组织实施和控制主要应做好以下几个方面的工作:做好思想舆论宣传,组织调整工作;按照计划,把决策方案具体化;推行目标管理,按照各职能部门的工作,将总目标层层分解,落实到个人,协调上下关系,创造必要条件,制定实施的具体措施和细则;建立、健全信息反馈系统,进行控制和协调,保证决策的全面实现。

二、物流电子商务企业市场营销管理

物流电子商务企业要在复杂多变的市场环境中求得生存和发展,必须适应环境和市场需求搞好市场营销活动。如何搞好市场营销活动,如何做到适宜或适当,这就是市场营销管理。市场营销管理过程,也是企业为实现企业任务和目标而发现、分析、选择和利用市场机会的管理过程。

1. 市场营销管理过程包括的步骤

(1)发现和评价市场机会;

(2)细分市场和选择目标市场;

(3)发展市场营销组合和决定市场营销预算;

(4)执行和控制市场营销计划。

发现市场就是寻找潜在市场,也就是客观上已经存在或即将形成而尚未被人们认识的市场。要发现潜在市场,必须做深入细致的调查研究,弄清市场对象是谁,容量有多大,消费者的心理、经济承受力如何,市场的内外部环境怎样等。要发现潜在市场,市场营销管理人员可采取以下方法来寻找、发现市场机会:

① 广泛搜集市场信息;

② 借助产品/市场矩阵;

③ 进行市场细分。

市场营销管理人员不仅要善于寻找、发现有吸引力的市场机会,而且要善于对所发现的各种市场机会加以评价,要看这些市场机会与本企业的任务、目标、资源条件等是否相一致,要选择那些比其潜在竞争者有更大的优势、能享有更大的"差别利益"的市场机会作为本企业的目标市场。

目标市场营销,即企业识别各个不同的购买者群,选择其中一个或几个作为目标市场,运用适当的市场营销组合,集中力量为目标市场服务,满足目标市场需要。目标市场营销由3个步骤组成:一是市场细分;二是目标市场选择;三是市场定位。

市场细分的利益表现在:首先,市场细分有利于企业发现最好的市场机会,提高市场占有率;其次,市场细分还可以使企业用最少的经营费用取得最大的经营效益。市场细分的有效标志主要有:

① 可测量性,即各子市场的购买力能够被测量;

② 可进入性,即企业有能力进入所选定的子市场;

③ 可盈利性,即企业进行市场细分后所选定的子市场的规模足以使企业有利可图。

2. 确定目标市场营销战略

(1)无差异市场营销

无差异市场营销是指企业在市场细分之后,不考虑各子市场的特性,而只注重子市场的共性,决定只推出单一产品,运用单一的市场营销组合,力求在一定程度上适合尽可能多的客户的需求。这种战略的优点是产品的品牌、规格、款式简单,有利于标准化与大规模生产,有利于降低生产、存货、运输、研究、促销等成本费用;其主要缺点是单一产品不可能以同样的方式广泛销售并受到所有购买者的欢迎。

(2)差异市场营销

差异市场营销是指企业决定同时为几个子市场服务,设计不同的产品,并在渠道、促销和定价方面都加以相应的改变,以适应各个子市场的需要。有些企业曾实行了"超细分战略",即许多市场被过分地细化,导致产品价格不断增加,影响产销数量和利润。于是,一种叫作"反市场细分"的战略应运而生。反细分战略并不反对市场细分,而是将许多过于狭小的子市场组合起来,以便能以较低的价格去满足这一市场的需求。

(3)集中市场营销

集中市场营销是指企业集中所有力量,以一个或少数几个性质相似的子市场作为目标市场,试图在较少的子市场上占较大的市场占有率。企业在选择时需要考虑5个方面的主要因素,即企业资源、产品、市场同质性、产品所处的生命周期阶段、竞争对手的目标市场涵盖战略等。

确立物流电子商务企业市场营销管理的指导思想——物流电子商务企业市场经营战略,是市场营销管理的主要基础。要在此基础上建立一整套市场营销管理系统,包括计划、组织和控制等,来保证市场营销管理思想的贯彻落实和市场营销活动的顺利展开。

第一,企业必须明确经营战略和计划系统;第二,企业必须为执行和完成市场营销计划任务提供组织保证,建立市场营销组织系统;第三,企业必须了解任务的完成情况,评估市场营销活动的绩效,从而保证市场营销目标的顺利实现,这就要求建立市场营销控制系统;第四,在高度竞争的市场环境下,信息对企业来说非常重要,这就要求建立市场营销管理信息系统。

就业能力实训

(一)课题项目

校园经济圈物流电子商务市场创业。

(二)实践目的

利用物流电子商务进行校园创业。

(三)实践要求

1. 深入市场调研。

2. 分析创业设想的可行性。

（四）实践环节

1. 通过各种方法对校园市场进行调研分析。
2. 分析校园创业的空白部分，仔细观察设想是否可行。
3. 对对象人群进行记录和调查询问。

（五）实践成果

要求学生完成调查报告。

本章小结

经典营销理念的变化是根据社会经济的发展而变化的，具有一定的社会印记。距离经济理论、长尾理论和精准营销的理论是现代社会最新的研究成果，特别适合于物流电子商务营销，换句话说，物流电子商务的营销理论是基于以上 3 个营销理论的。

物流电子商务市场调查是物流电子商务企业了解市场的重要途径。企业为了进行市场预测和经营决策，必须进行市场调查。没有物流电子商务市场调查，一切决策将会失去依据，电子商务市场调查的方法主要包括市场方面的情况调查、客户需求方面的情况调查和竞争对手方面的调查 3 个方面。

收集物流电子商务调查问卷后，就要对调查进行分析，其中分析应包括对物流电子商务的市场预测。物流电子商务的市场预测方法有定性预测方法和定量预测方法。

最后，根据预测结果实施物流电子商务市场营销。

经典案例

Web2.0 撬开营销新世界的大门

网络日志、BBS、社交网站，以及虚拟社区正成为企业启动创新营销模式的"新战场"。网络新营销之旅并不只依靠网络日志、传统 BBS、社交网站，以及虚拟社区等均成为企业启动创新营销模式的"战场"。

有调查显示，以展示成本计价的传统网络广告形式正逐渐失去广告主的信任，其广告效果逐渐降低的趋势也十分明显。超过 70% 的点击者认为是自己误点了网络广告，而非主动阅读。更精准的广告投放一直是广告主持之以恒追求的目标，而"精准"牌正是网络社区拿来吸引这些广告主的有力武器。

"匹配性、精准性正是社区论坛营销最大的优势，"奇酷公司（Qihoo）市场总监韩笑表示。奇酷公司旗下的奇虎网和网络社区技术与服务提供商 Discuz 合作，联合了 42 万家中文社区,建立了奇虎社区营销联盟,这一社区营销联盟日均总流量高达 16 亿,论坛里活跃用户 1.3 亿。

为了将营销价值最大程度发挥,奇虎将社区论坛细分为 20 个社区生活圈,来针对不同人群进行精确传播,例如,汽车、手机等。针对论坛用户的高停留特征,奇虎对应开发了多种创新广告形式,例如,帖内嵌入迷你页面;帖内画中画广告;置顶帖——网民论坛中,绝大多数用户一定会浏览置顶帖和精华帖,信息到达率极高等。

又比如,奇虎为别克君越建立的君越官方网站;同时,病毒式创意在社区论坛的传播也成为奇虎社区营销的手段,其为联想集团开发的"千万老客户分享计划"Flash 病毒传播,推出一周内就达到了日均点击 3 万人/次以上。

为了凸显自身的价值,以及突破"传统"之处,Web2.0 社区服务商往往绞尽脑汁研发创新型的营销产品,以吸引挑剔的广告客户。"Web1.0 的常规广告包括硬广告、文字广告、视频广告等,Web2.0 网站包括传统式的软文置入、置顶帖、常规广告,以及创新式的功能置入、虚拟道具置入、品牌替换置入、线上互换活动。"虚拟网络社区爱情公寓(iPart)的广告营销总监吴政宪这样区分自己与传统网站不同的产品策略。

与很多基于社会性网络(SNS)的网络社区略显不同,爱情公寓为自己的用户提供虚拟形象和虚拟物品交易。这些用户大多是 19~24 岁的年轻人群,他们的共同特征是愿意花钱建立自己的虚拟形象,喜欢表现自我,追求时尚。在为用户提供的虚拟物品中,爱情公寓开发了一系列商业化的品牌道具,包括雅诗兰黛化妆台、eBay 购物车、阿尔卑斯糖果盒等。爱情公寓甚至为 AMD 公司开设了其"虚拟旗舰"店,让网友体验动手组装电脑的乐趣。

每年拥有大量市场费用的企业主也在思考如何将品牌、产品推广与新的网络媒体相结合。百事公司(Pepsi)去年在中国发起了一次影响巨大的网络选秀活动"百事我创,我要上罐":任何人只有获得足够多的网络票数支持,就可以将自己的照片印上百事可乐的易拉罐,而以往,只有明星们才拥有这种特权。

百事可乐的这一创意模仿了《超级女声》之类的电视选秀节目,并最终获得了巨大的成功。借助猫扑网、51.com、占座网等参与该活动的网络社区,百事可乐的品牌影响力通过网络互动及口碑传播迅速放大,在活动举办期间,总共有 1 亿多人次参与了投票。

伴随着企业市场部门对 Web2.0 工具的关注,有人开始提出营销 2.0 的概念。百度公司"百度更懂中文"系列短片的作者陈格雷,目前正专注研究营销 2.0 给企业带来的影响。在陈格雷看来,营销 2.0 是基于人们的"交往互动、口碑和社群关系"上的传播。营销 1.0 是有限的广告位置,有限的媒体焦点,有限的货架,而营销 2.0 是无限的口碑传播,无限的社群分享,以及无限的电子商务。

陈格雷最为得意的是其"百度更懂中文"系列创意及传播,因为这一系列短片并没有投放在传统的电视媒体上,而是利用互联网,利用网友之间的口碑相传及自发传播获得了很高的认识度。他将营销1.0的主题归结为"广告化";营销2.0的主题归结为"游戏化",而品牌、传播及用户管理形式在Web2.0环境中的改变,导致了这样的变化的产生。

陈格雷认为,以前,品牌形象主导品牌关系,广告是塑造品牌的主要载体;而现在,顾客体验和持续互动决定品牌,通过互动体验和网络社交形成的品牌关系,可以实现双向及多向传播。以前,媒体就是媒体,渠道就是渠道;而现在,网络在2.0化,以互动和关系为中心的Web2.0则将媒体、渠道、个人交互合一。

以前,客户关系管理系统(CRM)主要作用是售后服务和市场调研,而现在社会关系管理(SRM)兴起,可以实现自我增长、行销推广等本来是广告和公关才能做到的事情。他预言,在这样的背景下,精准化广告、帮客户实现用户关系管理,以及"游戏化的电子商务"将成为未来Web2.0的营销收入来源。

营销2.0在形式和内容上都迥异于传统广告形式,因此,也难以照搬以往的效果评估及定价模式。传统广告效果的衡量标准主要看受众覆盖率、信息到达率,通常以初次传播到达人数、目标人群所占比例、引发的关注/反馈比例等为衡量尺度。在以社区和互动为核心的营销2.0的创新环境下,这些标准均难再发挥以往的作用,社区用户活跃度、社区用户营销切合度则上升为度量传播效果的标尺。

资料来源:http://www.vsharing.com/k/marketing/2008-3/609856.html.

课后思考

❖ 长尾理论在网络营销中的表现是什么?
❖ 精准营销在电子商务中怎样应用?
❖ 物流电子商务营销过程是什么?
❖ 物流电子商务市场预测有哪些方法?
❖ 物流电子商务调查问卷的制作过程是怎样的?

第八章

物流电子商务客户服务

课前知识梳理

❖ 认识客户关系管理在企业经营中的重要作用；
❖ 了解客户关系管理软件 CRM 的主要功能。

本章关键知识点

❖ 掌握客户关系管理的基本内容；
❖ 能进行客户满意度的调查分析。

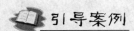 引导案例

CRM 为奇瑞提升管理水平

奇瑞汽车公司利用 SAP 公司的 mySAP 客户关系管理解决方案（mySAP CRM）全面提升了公司的客户关系管理水平。作为全球最大的企业管理和协同化商务解决方案的供应商之一，SAP 的客户关系管理解决方案 mySAP CRM 在中国拥有较大的客户群体。本着以客户为核心的理念，mySAP CRM 具备了跨部门集成、协同高效、为不同行业专门制定的优势和特点，并在中国具有较强实施能力和咨询队伍。

奇瑞汽车股份有限公司是由安徽省及芜湖市共同投资兴建的国有大型股份制企业。据了解，奇瑞汽车有限公司成立于 1997 年，现拥有年产 40 万台发动机和 30 万辆整车的生产能力，是国内首家通过当前国际上最严格、最先进的汽车生产质量控制体系——ISO/TS16949 标准认证的整车制造企业。奇瑞公司还积极开拓海外市场，自有品牌轿车累计出口量位居国内各大轿车厂家之首。

奇瑞公司一向把客户关系管理（CRM）作为公司整体管理战略的重要组成部分。随着奇瑞车主数目的快速增长，原先奇瑞客服中心的系统日渐难以胜任对大量用户信息及业务数据的处理，也无法与其他信息系统中的资料实现共享。客户关系管理亟待突破。

经过大量调查比较，奇瑞公司决定采用 SAP 公司的 mySAP CRM 解决方案以彻底改进企业的客户关系管理水平。由 SAP 公司在成功实施 SAP 系统的经验基础上总结出的 Accelerated SAP（ASAP）快速实施方法，提供了对奇瑞公司 CRM 项目从项目准备、业务蓝图、实现过程、最后准备到启动与技术支持各个环节详细的实施指引。

"ASAP 这种成熟的实施方法让我们能够对 CRM 项目的各个环节都了然于胸，帮助我们对 CRM 项目实施过程逐阶段进行控制，这也让我们了解到规范化实施对于成功地快速实施大型企业管理系统是多么的重要。"奇瑞 CRM 项目经理、奇瑞销售公司管理部部长张传书感叹道。

据张传书介绍，奇瑞公司 mySAP CRM 采用了为运行在 AIX 操作系统下的 IBM RS6000 企业级服务器，安装了 ORACLE 数据库；相关的电话响应（IVR）系统、电脑电话集成（CTI）系统采用了由西门子公司提供的 HiPath4000 系列。受益于 SAP 公司与这些公司之间长期深入的合作，奇瑞在实施 mySAP CRM 项目期间，这些庞大的系统之间集成非常顺利。

在 mySAP CRM 系统的帮助下，目前奇瑞公司客服中心职员在 CRM 系统中对与客户沟通的全程进行管理的同时，还可随时查阅该客户的详细信息、历史记录，并在解决方案数据库的帮助下回答客户的问题，极大地提高了对处理客户问题速度和质量。

mySAP CRM 系统还改变了将客户问题转交其他相关售后服务部门处理的方式——由以前的客服人员手工联系相关部门变为相关部门直接在 CRM 系统中获得待处理任务并进行处理，客服人员亦可以实时在 CRM 系统中得到处理结果，大大加快了对客户问题的处理速度，提高了客户满意度。同时，借助 mySAP CRM 与后台 ERP 系统（mySAP R/3）的完美集成，奇瑞公司还实现了对客户关系管理各个业务环节的管理——处理客户关系可通过电话、传真、E-mail、手机短信和互联网等多种方式进行联系；处理客户问题可向相关部门分派任务及获取反馈并跟踪客户问题的解决情况等。

目前，奇瑞公司正计划利用 mySAP CRM 系统中强大的渠道管理功能（Channel Management）加强对奇瑞公司的销售、服务渠道的管理——实现对渠道的销售、服务、库存及财务等业务信息的实时监控，同时将奇瑞公司中央数据库的数据共享给具有相应权限的渠道商使用，帮助数百家经销商、服务站最大程度地提升其营销、销售及售后服务水平。

张传书还表示，奇瑞公司除了 mySAP CRM 和 mySAP ERP 系统之外，正在实施 mySAP HR（人力资源管理）系统，公司的目标是采用 mySAP Business Suite 商务套件，其中包括 ERP、CRM、HR 等企业管理的各个方面来管理奇瑞公司的全部业务流程。他说："我们认为从一开始就采用业界最先进的集成管理信息系统,无疑可以使我们少走弯路、少犯错误,而对这种事关企业立身之本的管理系统来说,任何弯路和错误都可能是致命的。"

资料来源:中华硕博网.http:WWW.CHINA-B.COM.

第一节 电子商务客户的管理

受物流市场复杂多变的影响,物流服务企业不得不时时面对新的挑战,迫切需要物流企业重视对客户的研究和分析,以适应形势发展的需要和自身生存发展的需要。这其中,有两个重点内容需要考虑。

首先,物流业是服务性行业,物流企业必须采纳以客户为中心、为客户提供完美服务的经营理念,因此,必须遵循这样的解决程序:接受客户的特殊需求—分析整理—提供相应服务;其次,物流企业必须分析划分客户群,分析出每一客户群与企业的利润关系,并按此调整企业的销售方向和重点。

经济发展和科技进步使生产力不断提高,产品越来越丰饶,但是市场需求总量的大小是相对稳定的,这使得客户的争夺比商品开发更艰巨,竞争更激烈。

一、电子商务时代客户关系管理的特点

在传统条件下实现客户关系管理有较大的局限性,主要表现在客户信息的分散性以及企业内部各部门业务运作的独立性,电子商务环境下的客户关系管理是在传统商务环境下的客户关系管理的基础上,以信息技术和网络技术为平台的一种新兴的客户管理理念与模式,是一个完整的收集、分析、开发和利用各种客户资源的系统。

电子商务时代客户关系管理的主要特点有:

(一)高效的信息沟通

互联网及时的沟通方式,有效支持客户随时、准确地访问企业信息。客户只要进入企业网站,就能了解企业的各种产品和服务信息,寻找决策依据及满足需求的可行途径。同时营销人员借助先进的信息技术,及时、全面地把握企业的运行状况及变化趋势,以便根据客户的需要提供更为有效的信息,改善信息沟通效果。

(二)较低的客户关系管理成本

在电子商务模式下,任何组织或个人都能以低廉的费用从网上获取所需要的信息。在这样的条件下,客户关系管理系统不仅是企业的必然选择,也是广大在线客户的要求。因此,在充分沟通的基础上,相互了解对方的价值追求和利益所在,以寻找双方最佳的合

作方式,无论对企业或在线客户,都有着极大的吸引力。

(三)集成的解决方案

在电子商务模式下,企业内部的信息处理是高度集成的,为了使企业业务的运作保持协调一致,需要建立集成的解决方案。该方案使后台应用系统与电子商务的运作策略相互协调,原来分散的各种客户数据形成了正确、完整、统一的客户信息为各部门所共享,客户能够通过电话、传真、Web、E-mail 等渠道与公司联系并获得快速的响应,客户与企业任一个部门打交道都能得到一致的信息。

(四)最大限度地满足客户个性化需求

客户与公司交往的各种信息都能使客户数据库中得到体现,能最大限度地满足客户个性化的需求;公司可以准确判断客户的需求特性,以便有的放矢地开展客户服务,提高客户忠诚度。

二、客户关系管理带给企业的利益

(一)降低成本、增加收入

在降低成本方面,客户关系管理使销售和营销过程自动化,大大降低了销售费用和营销费用。并且,由于客户关系管理使企业与客户产生高度互动,可帮助企业实现更准确的客户定位,使企业留住老客户,获得新客户的成本显著下降。

在增加收入方面,由于客户关系管理过程中掌握了大量的客户信息,可以通过数据挖掘技术,发现客户的潜在需求,实现交叉销售,带来额外的新收入来源;并且由于采用了客户关系管理,可以更加密切与客户的关系,增加订单的数量和频率,减少客户的流失。

(二)提高业务运作效率

由于信息技术的应用,实现了企业内部范围内的信息共享,使业务流程处理的自动化程度大大提高,从而使用业务处理的时间大大缩短,员工的工作也将得到简化,使企业内外的各项业务得到有效的运转,保证客户以最少的时间,最快的速度得到满意的服务。所以,实施客户关系管理可以节省企业产品生产、销售的周期,降低原材料和产品的库存,对提高企业的经济效益大有帮助。

(三)保留客户并提高客户忠诚度

客户可以通过多种形式与企业进行交流和业务往来,企业的客户数据库可以记录分析客户的各种个性化需求,向每一位客户提供"一对一"的产品和服务,而且企业可以根据客户的不同交易记录提供不同层次的优惠措施,鼓励客户长期与企业开展业务。

(四)有助于拓展市场

客户关系管理系统具有对市场活动、销售活动的预测、分析能力,能够从不同角度提供有关产品和服务成本,利润数据,并对客户分布、市场需求趋势的变化,做出科学的预测,以便更好地把握市场机会。

(五)挖掘客户的潜在价值

每一个企业都有一定数量的客户群,如果能对客户的深层次需求进行研究,则可带来更多的商业机会。客户关系管理过程中产生了大量有用的客户数据,只要加以深入利用即可发现很多客户的潜在需求。

三、电子商务发展中的客户关系管理实施要点

(一)统一思想并提高认识

这不仅需要企业高层领导的支持和推动,也需要提高员工对客户关系管理重要性的认识。要让员工充分认识到客户是企业最为宝贵的财富,没有满意的客户,就不可能有员工的前途,同时客户的满意度与忠诚度需要靠每一位员工通过积极的努力去精心地培育,客户关系管理需要充分发挥每一个员工的自觉行动,才能保证客户关系管理真正落到实处。

(二)组建项目实施团队

客户关系管理系统的实施必须有专门的团队来具体组织领导,这一团队的成员既应包括公司的主要领导,以及企业内部信息技术、营销、销售、客户支持、财务、生产研发等各部门的代表,还必须要有外部的顾问人员参与,有条件的话还应邀请客户代表参与到项目中来。最后,进行业务需求分析。

从客户和企业相关部门的角度出发,分析他们对客户关系管理系统的实际需求,可以大大提高系统的有效性。因此,对客户关系管理系统进行业务需求分析是整个项目实施过程中的重要环节。

(三)利用网络特有的功能

电子商务离不开因特网,网站是电子商务中企业与客户进行联系的特殊且重要的平台和沟通工具。网站将提供产品和服务的厂商与最终客户之间的距离消除了。作为客

户,可以通过网站直接向厂商咨询信息,投诉意见,发表看法;作为厂商,则可以利用网站实现向客户提出一对一的个性化服务。

另外,企业通过网站可以了解市场需求和客户信息,加快信息传递,在一定程度上可以说,正是由于电子商务网站提供了企业与客户(包括潜在客户)之间的新的沟通渠道和沟通方式,才使电子商务具有如此旺盛、鲜活的生命力。

为了和客户沟通,在电子商务中采取如下措施:

1. 电子邮件联系

电子邮件链接,便于客户和网站管理者通过邮件联系。

邮寄目录,请客户签署邮寄单,让所有在邮寄单上的人及时了解企业所提供的最新产品。为了把客户放在邮寄单上,在做第一次交易的时候就应该询问客户的电子邮件地址,可以提供给他们两种选择,一种是明确列在邮寄单上;一种是不明确的,一旦有了地址,勾画出他们的购买行为,就可以传送适当的信息。使用这种方法可以快速获得顾客的反馈信息。

2. 网络社区培养稳定的客户群

社区建立的原则基于基本的心理学常识,人类不喜欢改变,不喜欢决策。一旦他们寻求某种大目标的时候,就会融入一个团体中去,他们不愿意轻易放弃。考虑到客户第一次决定购买你的产品的难度,如果使下一次购买的障碍尽可能的低,他们就会非常满足,创造一种环境,让客户在其中培养良好的感觉,认识到他们是被理解的,成为了一种强势集团的成员;运用电子公告板,供客户在网上公开发表意见。

通过邮件列表,定期或不定期向不同的客户群体发送不同信息;网上调查,了解市场需求和客户消费倾向的变化;网上呼叫服务,及时解答客户的问题和投诉。

3. 存放客户的购物信息

客户购物专区,存放每一个客户的购物信息,便于客户跟踪、查询订单的执行。与顾客进行成功互动的一个先决条件是:需要向客户提供其购物全过程的全面情况,以推动他的购买决策。应当非常明确地告诉客户何时预订,一旦预订了商品,就要告诉它的价格。这种说明应该包括购买前、购买中、购买后。这样,提高了购物过程的透明度。

无论产品多么好,无论品牌多么有名,如果要保持对竞争对手的优势,吸引一批又一批的回头客,做好客户服务是唯一选择。实际上任何产品和服务,从生产到会计核算,都有可能成为商品,每一个竞争者都希望自己在各方面都做得很好,尽量消除缺陷。如果企业要想从竞争中胜出,那么,可以使企业保持持续优势的一项就是优秀的客户服务。

许多企业客户关系管理的实践表明:在电子商务发展时代,有效实施客户关系管理是企业保持旺盛生命力的强劲动力,只有客户关系管理的成功,才有电子商务的成功,也才有企业持续、快速、健康的发展。

四、电子商务环境下客户关系管理的流程

电子商务的迅速发展给企业的客户关系管理带来了无限的发展空间,企业可以在可承受的成本范围下来管理更多的客户资源,实现更高的客户满意度。在电子商务环境下的客户关系管理流程是充分利用这一工具的保证,它包括客户的充分吸引、客户的数据分析、客户的反馈处理以及客户的忠诚强化。

(一)客户的充分吸引

过去通过大众媒体进行的广告促销,只要能保持在电视和报纸上经常曝光,就可以树立品牌形象,就有可能成为畅销的商品,而不必考虑每个客户的专门需要。但随着社会的发展,面临信息爆炸、网络社会,面临热衷于电子游戏和网上交友的十七八岁青少年成长为消费主体的时候,他们获得信息的渠道天然地包括了网络、无线通信和数码影像等。

要适应这样的消费者,要想竞争中保持优势,我们就必须利用电子商务系统来对传统的渠道和促销进行"充电",双管齐下,尽可能地吸引更多的客户对公司的产品或服务进行尝试,开拓更大的市场空间。

(二)客户的数据分析

当客户在你的吸引下跨出了勇敢的第一步,事情才刚刚开始。由于有了电子商务系统,我们可以轻松地知道客户的一些消费或者个人资料,在当今社会,这些对于商家来说是一种稀缺资源,企业一定要好好地利用。

企业的资源有限,如果企业与任意的客户都进行电子商务活动,在时间上、人力上和硬件条件上都是不可能的。从著名的客户 8/2 法则可以得出:在顶部的 20% 的客户创造了企业 80% 的利润,而这些利润的一半让最底部的 20% 不盈利的客户丧失掉了。因此,企业可以通过对客户数据的分析,找出哪些对企业来说是重要的客户,哪些是需要争取的客户,哪些是可有可无的客户,进行有针对性的管理,使企业获得尽量多的利润。

(三)客户的反馈处理

客户的反馈可以有很多种方式,比如电话投诉、口头抱怨等,企业可以利用电子商务系统对客户的反馈进行综合处理,找出有价值的信息。客户的意见是企业前进的动力,很多创新都是来源于客户的抱怨,处理好客户的反馈是客户满意的一个很重要的因素,积极与企业沟通的客户是企业需要争取的,也是最有价值的。

企业应该充分利用电子商务这一平台,建立一套成熟的客户反馈处理机制,不但能让客户可以自由和方便地反馈他们的意见,而且通过这一系统可以迅速地对客户反馈进行分析和处理,并且能马上让整个公司共享这一信息。

（四）客户的忠诚强化

客户关系管理的目标就是要形成客户的忠诚，只有忠诚的客户才是企业长期利润的来源。客户的忠诚可以分为行为忠诚和心理忠诚，而心理忠诚也不是在一个级别上的，它也有强弱之分。企业的目标就是要让客户从满意到忠诚，并且程度越来越深。越是忠诚的客户对企业的贡献就越大。

所以，客户的忠诚是需要维护和强化的，电子商务的发展为我们提供了和更多客户沟通的技术，使我们可以通过很多虚拟的工具和客户进行有效和充分的沟通，我们要把忠诚的客户看成是财神爷一样的关注和关心，及时挖掘他们的潜在需求，使他们不断地感到满意，实现对企业始终的忠诚。

企业千万不要以为从满意到忠诚后就可以放松对这些客户的投入，客户关系管理是一个连续的、长期的、循环的过程，千万不要急功近利，否则就会前功尽弃，被客户所抛弃。

第二节　客户关系管理

一、CRM 客户关系管理的兴起

CRM 指的是企业利用信息技术，通过有意义的交流来了解并影响客户的行为，以提高客户招揽率、客户保持率、客户忠诚度和客户收益率。客户关系管理体系就是为保证服务企业与客户良性互动而设计的有效工具，是物流企业为客户提供增值服务而制作的程序链，是物流企业提高反应能力的先决条件。

CRM 首先是一种管理理念，其核心思想是将企业的客户（包括最终客户、分销商和合作伙伴）作为最重要的企业资源，通过完善的客户服务和深入的客户分析来满足客户的需求，保证实现客户的价值。

CRM 又是一种旨在改善企业与客户之间关系的新型管理机制，它实施于企业的市场营销、销售、服务与技术支持等与客户相关的领域。通过向企业的销售、市场和客户服务的专业人员提供全面、个性化的客户资料，并强化跟踪服务、信息分析的能力，使他们能够协同建立和维护一系列与客户和生意伙伴之间卓有成效的"一对一关系"，从而使企业得以提供更快捷和周到的优质服务、提高客户满意度、吸引和保持更多的客户，从而增加营业额。

CRM 也是一种管理软件和技术，它将最佳的商业实践与数据挖掘、数据仓库、一对一营销、销售自动化以及其他信息技术紧密结合在一起，为企业的销售、客户服务和决策支持等领域提供了一个业务自动化的解决方案，使企业有了一个基于电子商务的面对客户的前沿，从而顺利实现由传统企业模式到以电子商务为基础的现代企业模式的转化。

从长远来看,推广客户关系管理对于物流企业来说是大势所趋,是企业生存发展、取得竞争优势的必备利器。制定完整的客户关系管理战略、细化客户关系管理程序、为客户提供量体裁衣式的服务,是未来物流企业生存发展的必由之路。

二、客户关系管理系统的内容

建立并实施客户关系管理系统最重要的目的是取得竞争优势。建立综合、系统的客户数据库,保持和提高同客户的合作关系,是取得竞争优势的关键因素。建立客户关系管理体系可以促使企业更加合理分配、利用各种资源,并可通过弥补隔阂将失去的客户争取回来。

(一)客户关系管理资料的内容

1. 客户概况分析

客户概况分析,包括客户的层次、风险、偏好、习惯等。

2. 客户忠诚度分析

客户忠诚度分析,指客户对某个产品或商业机构的消费忠实程度、持久性、变动情况等。

3. 客户利润分析

客户利润分析,指不同客户所消费的产品或服务的边缘利润、利润总额、净利润等。

4. 客户性能分析

客户性能分析,指对不同客户按照所消费的产品或服务的种类、渠道、地点等指标划分的销售额。

5. 客户未来分析

客户未来分析,包括客户数量、类别等情况的未来发展趋势,争取客户的手段等。

6. 客户产品分析

客户产品分析,包括提供给客户的产品或服务的设计、关联性、供应链等分析。

7. 客户促销分析

客户促销分析,包括广告、宣传等营销活动的管理。

(二)客户数据的管理

建立客户数据库并进行系统分析是企业留住老客户、争取新客户的重要措施。对于潜在的新客户,通过研究分析数据库,可以清晰地勾画出他们的发展潜力及可能为企业带来的效益,从而锁定目标客户、实施重点攻关。客户数据库是实施客户关系管理的基础,也是 CRM 的灵魂。

客户关系管理系统可以划分为数据源、数据库系统和 CRM 分析系统 3 个部分。

1. 数据源

数据主要来自 4 个方面：客户信息、客户行为、生产系统和其他相关数据。

2. 数据库系统

数据库系统的作用是将与客户相关的数据集中到数据库中，在此基础上进行客户的整体行为分析和企业运营分析，并将分析结果传递给相关数据库的用户。

3. CRM 分析系统

CRM 分析系统由数据准备、客户分析数据集市、客户分析系统和调度监控模块构成。在数据库的基础上，由分析数据准备模块将客户分析所需要的数据形成客户分析数据集市。在客户分析数据集市上，客户分析模块进行客户行为分组、重点客户发现和性能评估模板的设计和实现。调度监控工具，负责控制客户分析系统的更新和维护。

三、客户关系管理的过程

（一）客户行为分析

客户的行为分析可以划分为两个方面：整体行为分析和群体行为分析。整体行为分析用来发现企业的所有客户的行为规律。然而，只有整体行为分析是不够的。企业的客户千差万别，可以划分为不同的群体。行为分组是 CRM 的一个重要组成部分。

行为分组是按照客户的不同种类的行为，将客户划分成不同的群体。通过行为分组，CRM 可以更好地理解客户，发现群体客户的行为规律。在这些基础上，市场专家可以制定相应的市场策略。同时对不同客户的组之间的交叉分析，可以发现客户群体间的变化规律。因此，行为分组是分析的开始。

（二）客户理解

客户理解又可以被称为群体特征分析。通过行为分组，将客户划分成不同的组，这些客户组在行为上有着许多的共同特征。这些行为特征，必须和已知的资料结合在一起，才能被 CRM 所利用。因此，需要对这些不同的行为分组的特征进行分析。这样通过对不同群体客户的特征分析，使企业更加了解客户，更加了解客户的需求。

（三）行为规律分析和组间交叉分析

通过对群体客户的特征分析、行为规律分析使企业在一定程度上了解客户。而客户的组间交叉分析，对企业来说有着非常重要的作用。例如，一些客户在两个不同的行为分组中，且这两个分组对企业的价值相差又较大；然而，这些客户在基本资料等其他方面非常相似,这时,企业就要充分分析客户发生这种现象的原因,这就是组间交叉分析的重要内容。

(四)重点客户发现

重点客户的发现主要是发现对企业来说重要的客户。这些重点客户主要有:

潜在客户——发现有价值的新客户;

交叉销售——同一客户更多消费;

增量销售——更多地使用同一种产品或服务;

客户保持——保持客户的忠诚度。

(五)性能评估

根据客户行为分析,企业可以准确地制定市场策略和市场活动。然而,这些市场活动是否能够达到预定的目标是改进市场策略和评价客户行为分组性能的重要指标。因此,CRM 中必须对行为分析和市场策略进行评估。同样,重点客户发现过程也需要对其性能进行分析,在此基础上修改重点客户发现过程。这些性能评估,都是建立在客户对市场反馈的基础上的。

第三节　客户关系管理方案

一、方案目标

客户是企业赖以生存之本,客户管理不仅仅是对于客户信息的简单录入,而且还要对客户进行分级和分类管理;对客户的联系人进行管理;对客户的信息进行审核;并且将客户的维护落实到公司的业务人员,记录客户联系和拜访情况,从而做到对客户全方位的管理。

一个完善的客户关系管理系统应该实现以下目标:

(一)全面的客户信息管理

为了对客户信息进行分析,实现客户价值发现,有价值的客户信息就成为企业财富的重要组成部分。对于客户重要信息的采集、验证、分析、管理是 CRM 系统有效运作的基础。

(二)实现客户接待与反馈

"以客户为中心"是客户关系管理系统的灵魂,对于实施了客户关系管理的企业来说,将客户关系管理的体系和理念灌输给员工非常关键。

只有直接接触客户的员工态度和行为符合客户关系管理程序,其他相关措施(如客户数据库等)才能产生效果。同时要求企业内部的所有部门,尤其是直接服务客户的部门

（如营销部、服务部等）严格按客户关系管理程序运作。

（三）进行客户信息分析

建立客户数据库是搞好客户关系管理体系的前提。建立客户数据库并进行系统分析是企业留住老客户、争取新客户的重要措施。对于潜在的新客户,通过研究分析数据库,可以清晰地勾画出他们的发展潜力及可能为企业带来的效益,从而锁定目标客户、实施重点攻关。真正实施了客户关系管理的物流企业并不太多,但大多数接受调查的企业都建立了客户数据库,这一点非常重要,它是实施客户关系管理的基础。

二、客户关系管理方案功能分析

客户关系管理基本功能:

（一）呼叫中心

呼叫中心,或称客户接触中心、客户互动中心。它是客户与企业沟通的中介,配有电话交换设备和客户应答服务设备。为适应互联网的发展,呼叫中心还可以自动处理网络客户呼叫,这种自动化的呼叫中心摆脱了人工接听的麻烦,呈现出智能化的特点。

呼叫中心不仅能解答客户的请求,也可以起到销售中心或现场服务运作中心的作用,涉及的服务内容也很全,包括呼叫转移、分派管理、排队管理、呼叫追踪、授权程序、工作流、问题解决、性能衡量、服务管理等。

1. 客户信息调查和客户留言功能

客户信息调查和客户留言功能,主要是为新客户和一般客户设置的。这些客户可以登录网站,但是不能够进入业务系统。如果他们想获取业务信息,可能的途径只有两条:一是填写客户信息表,说明自己的意向;二是只填写客户留言,说明自己的情况和意向,等待企业的答复。

这两个功能是企业收集新客户和一般客户信息的重要途径,对于企业增加会员客户、了解市场信息、扩大客户市场,都有重要的意义。因此,这两个功能也是必需的。

2. 客户呼叫和客户沟通功能

这是一个内容更广泛、更实用,也更复杂的功能。客户呼叫和客户沟通,除了包括登录网站、填写信息的单向文字操作功能外,还包括电话、传真、电子邮件等双向交互语音和文字操作功能,由于电话、传真的普遍使用,所以,这种功能更加具有普遍性和实用性。

客户呼叫,包括客户呼叫企业和企业呼叫客户两个方向,从呼叫形式上包括电话、传真和电子邮件和信件等基本形式。客户沟通,也叫信息交互,包括信息往来和当面交谈两种形式。信息往来,可以通过信件、传真、电子邮件、客户留言和答复等形式,这些形式的信息交互在时间上不连续、可以相互错开,交互双方不需要同时在场。当面交谈则可以通过电话、聊天室等形式进行,它们在时间上是连续的、交互双方同时在场。

这两个功能,有的需要进入业务系统,留下记录或者执行业务系统的某些功能。例如,客户通过传真、信件、电子邮件等传来的订货合同与汇款信息等,通过电话等传送来的客户信息等都要在业务系统中留下记录,企业呼叫客户转送有关的业务信息,需要执行业务系统的有关功能,提取信息发给用户。因此,企业的网站应当具有多媒体转换功能,把语音信息转换成文字信息,把非格式化信息转换为格式化信息,这样才能够留下记录。

另外,在有的比较高级的客户沟通功能中,还具有会员俱乐部的功能。即为所有会员客户设立了一个专门页面,让他们自由发表意见,相互交流经验和意见。

(二) 销售管理

销售管理,即对销售的全部流程进行控制和管理以及对客户和潜在客户的跟踪,实现销售管理的自动化,帮助销售人员获取和保留客户,减少管理时间,监督整个销售过程,减少销售成本,提高管理效率。具体包括线索管理、机会管理、销售预测工具、报价和订购、定制服务、数据同步、账户管理、接触管理和销售渠道管理等。

企业的电子商务网站一个重要功能就是企业的业务处理信息系统。这是一个最基础的功能,企业的业务处理不好,则一切都谈不上。物流配送中心最基本的业务就是为客户储运配送客户的物资。储运配送的效果如何,是客户最关心的事情。要根据企业的业务处理流程,追踪每一笔业务,留下记录,这些记录可以提供客户查询。客户看到自己的业务处理的进度和处理质量,就能够放心。

如果质量处理得好,就可以提高客户满意程度,培养忠诚客户。忠诚客户的宣传,最容易吸引新客户,扩大客户市场,形成良性循环。当然如果处理质量不好,也会形成恶性循环,丧失客户。

1. 注意物流作业的质量

注意物流作业的质量,特别注意物流业务作业的运作质量。承接的每一笔客户业务,一定要按照客户的要求不折不扣地圆满完成,不要出现差错。

2. 努力做好售前、售后服务

努力做好售前、售后服务工作。事前多联系、多协调、提供技术咨询,为客户着想,主动搞好自己的协助服务工作;售后主动配合客户的装卸、搬运、落地的工作,提供技术咨询、征求客户意见,改进自己的工作。每一笔业务运作完成以后,都能够为客户留下美好的印象,达到客户满意。

3. 做好客户的信息收集

配合同上的客户服务手段,做好客户的信息收集和反馈、咨询等服务工作。

（三）客户分析与管理

这里所说的客户包括当前客户、流失客户、潜在客户、合作伙伴、供应商以及企业职工等。根据数据库提供的数据，进一步分析客户状况，有针对性地采取措施，加强管理。尤其是对当前客户，还应建立客户价值模型，计算其终身价值，进一步关怀客户，提高客户满意度。

三、实现客户关系管理的过程

（一）客户档案管理

1. 建立完整客户档案

企业在建立客户档案时就应该严格审查客户翔实的资料，诸如一证一照、联系方式、发货地点等，建立起完整的客户档案，从而保证随时和客户联系。先进的企业在客户资讯库中，可以对客户的特征、事件、经营状况都能了如指掌。

2. 跟踪客户资讯

由于把权利下放到销售人员身上，往往忽视了对客户资讯的跟踪。在这方面，企业更应该建立起自己的客户资讯队伍，随时跟踪客户最新动态。只有掌握了客户的资讯，才能对客户关怀到位，"客户关系"才能久经考验。

3. 重视销售合同的签订

事实上，企业是委托销售人员与对方客户签订合同，但无论怎样，在签订合同时要高度重视合同签订的条款，给客户传递一种资讯，是我公司与贵公司所签订的合同，而销售人员只是执行者，否则，客户容易忽视公司，而注重销售人员。

4. 树立起品牌形象

企业的品牌至关重要，即使销售人员辞职，因为企业的品牌效益，客户仍然会考虑到企业品牌形象所能给自己带来的利益。所以，企业的品牌在客户关系管理中是起很重要作用的，企业通过自己的品牌魅力留住顾客是其他手段所不能代替的。

（二）客户的生命周期管理

1. 把客户请进来

企业采取招商、代理等方式请客户融入企业中。进行品质融合、资源分享从而使双方获益。在把客户请进来时，我们的企业应考虑到客户的承受能力，是否愿意与自己承担市场风险，是否具有较高的生存能力及尽可能所延续的生命周期。

2．把客户留下来

如果仅仅从利益的角度出发来刺激客户的积极性往往起不到预期效果,优秀的企业善于捕捉客户资讯,了解客户目前所处的环境,尽量伸出援助之手进行帮助。一方面,双方信任程度增强;另一方面,客户生存能力增强并且生命周期也会相应地延续。

（三）客户价值提升管理

有营销学者将企业的客户比喻成一个金字塔形,最具有价值的是最上面的一层,最次价值或者负面价值的是最下面一层。而位于中间的客户是潜在客户或者正发挥价值的客户。因此,企业应把重点放在中层及上层的客户身上,提升他们的价值。

1．对最具价值客户进行投入

对有价值的客户进行投入,通过资金费用来帮助他们,使客户认识到企业对自己的重要性,从而使客户的积极性得以提高。企业也善于把价值客户推到前台,共同和企业谋发展。一些企业通过年终奖励等方式来鼓励价值客户与自己合作的信心。

2．对具有潜力的客户进行培养

具有潜力的客户在企业销售过程中起到的作用相当重要。如果企业忽视这部分客户,造成客户的流失,企业的利润会明显减少。所以,精明的企业善于在这部分客户上下功夫。他们通过各种方式的合作试图来建立良好的关系,把客户培养成最具价值客户。

3．对负价值客户进行沟通

企业应对负价值客户进行调查了解,尽力与他们沟通,通过走访、对话等方式来掌握客户资讯,同时寻找自身原因,是不是在服务、价格等方面没有满足他们,尽量扶持起一些在目前看来还没有起色的客户。

第四节　客户服务标准

一、制定物流服务标准的目的

1．用物流标准来控制物流过程

物流管理的目的是向客户提供物流服务并让客户满意,所以,制定物流标准的目的首先就是规范和控制物流服务过程。过程的规范、可见和可控是保证物流服务质量的重要手段。其次,是降低服务成本,提高服务的可靠性。普遍地采用标准化技术来运作还有利于物流企业服务知识积累和专项技能的提高。

2．用物流标准来整合物流服务的"不标准"

物流企业是通过功能整合来为客户服务的。不仅包括对客户物流功能的整合,对众多物流服务供应商的功能整合,而且也包括对客户的不同标准的设备和设施的整合,以及对客户的不同标准的信息管理系统的整合。

3. 用物流标准来推进物流产业的发展

物流标准化对物流企业来说,实际上是服务技能的模块化和市场竞争能力的品牌化。这有利于物流企业与客户企业的接口,有利于客户服务的专业化定位,有利于对客户需求的变化做出有效的快速响应,有利于实际物流成本的核算,也有利于确立物流企业的市场形象,更有利于物流企业的市场营销和提高市场竞争力。

二、制定物流服务标准的原则

1. 客户至上原则

物流服务标准的制定要面向客户需求。要对客户的生产和营销体系有透彻的了解,要建立客户物流服务需求的尽职调查规范,要有利于为客户提供高效经济的物流解决方案,要方便客户获得和使用物流服务,要与客户共担风险和共享收益。

2. 注重过程原则

物流服务标准的制定要面向服务过程。要对流程进行细致的分析,要设计与客户互动的机制和程序,要建立合适的关键绩效指标控制体系,要明确过程控制的方法,要选定物流信息管理系统,要考虑客户服务的知识管理。

3. 有限范围原则

物流服务标准的制定要明确适用范围。物流服务的个性化特点决定了物流标准适用范围的有限性,所以,物流标准化建设一定要遵从有限范围的原则。要对不同的客户服务要求做出不同的服务标准安排,要用标准的物流服务模块搭建个性化的物流服务平台。

4. 简化环节原则

物流服务标准的制定要方便操作。企业营销所追求的是在稳定渠道关系前提下的多渠道营销。而物流管理的任务则是在少环节的前提下建立稳定的渠道关系。物流标准应在满足客户要求的前提下尽可能对物流服务过程做出简化的规定,要有利于供应链战略联盟的建立,要方便客户的使用和物流企业自身的管理。

5. 方便接轨原则

物流服务标准的制定要考虑未来的发展。由于经济全球化已经成为潮流,所以,物流标准化体系应尽可能为物流服务采用其他标准体系预留接口,以便与客户接轨,与国际标准接轨并打破市场壁垒。

三、实现客户服务标准化的过程

1. 分析客户对物流服务的需求

通过调查了解顾客的需求信息,对信息来源进行分析。把握顾客的特点,分析顾客满意与不满意的因素。此外,还要了解内部员工、竞争对手等思想因素。透彻理解顾客物流服务需求,为顾客创造满意价值。

客户对缺货的反应是不同的,为了评估不同服务方针所带来的不同成本与收益,制造商要确定顾客的反应如何。物流服务应与顾客的特点、层次相符。在确定物流服务水平时,要权衡服务、成本和企业竞争力之间的关系。

2. 建立物流服务战略

设定客户服务水平的一种流行的做法是瞄准竞争对手的客户服务水平。公司可以把特定竞争对手的主要客户定为目标,并且避免自己的主要客户被竞争对手抢走。

开发差别化物流服务企业在制定物流服务要素和服务水准时,应当保证服务的差别化,即与其他企业物流服务相比具有鲜明的特色,这是保证高服务质量的基础,也是物流服务战略的重要特征。要实现这一点,就必须具有对比性的物流服务观念,注重了解和收集竞争对手的物流服务信息。

小贴士

ISO(国际标准化组织)在 1995 年提出制定服务标准,用技术标准来支持或促进服务贸易的开展,实行服务标准化。欧盟国家对此高度重视,采取先由一国制定,后上升为欧盟标准的做法开始了其抢占"标准话语权"的历程。

目前,由德、法、英等国制定的标准,有些已上升为欧盟标准,而 45% 的 ISO 标准是参考欧洲标准制定的。国外服务标准已经涵盖到与消费者的生活密切相关的诸多行业,越来越多的国家不但意识到而且更体会到了先进标准是强大的市场开拓工具的力量。

第五节 物流客户服务策略

物流公司在制定自己的物流战略时,应时时处处想到客户的利益和要求,以客户为核心。确立以客户为核心的目标,就要制定出行之有效的物流服务策略,因为它们往往影响具体的物流服务水准和能力。所以,科学合理地进行物流服务策略的分析和策划是物流服务管理的一项十分重要的职能。

一、了解客户需求

顾客要求的不断变化和市场竞争的压力意味着顾客需求在不断地改变,物流公司必须预期这些变化,并对此做出积极反应,不断地改变业务目标。随着需求的改变,物流作业必须适应这种改变以保证顾客满意。

物流配送人员必须切实了解顾客对于配送的需求和期望。不同顾客有不同的要求。例如,顾客对于配送的每个环节的要求可能包括适时和可靠的送货、良好的沟通、高频率送货、准时送货、订单状态信息的可得性、高效的反馈过程、紧急情况的及时处理、货物的完好率、出现问题后的态度、精确和及时的结账、对咨询的答复等。

了解顾客需求的过程比较复杂,可以细分为以下两个步骤:

1. 站在客户的角度和位置理解顾客的需要

在多数较大的公司,购买部门不是最终用户,因此可能会存在不同的满意标准。如果是由采购部门来购买商品,可能会受到像生产、质量控制、物流、产品开发和财务等部门的影响,买方可能更关心价格和送货时间;其他部门可能会对质量更感兴趣,而用户会认为产品的效力和特征更重要。了解购买部门和用户在购买过程中所扮演的不同角色,有助于供应商确定需求和满足他们的期望。

2. 鉴别顾客需求和愿望

物流公司必须同顾客一起探讨哪种服务的特性更为关键,并提出一些定性的、开放型的问题,从而使客户能够灵活地表达他们真正的需求。例如,这些问题可以大致包括:

购买过程中你会考虑哪些要素,这些要素中你认为哪些最重要;物流公司采取哪些措施会增加你的购买? 评价的标准是什么,哪些问题是不能容忍的,会使你减少购买或不再与之合作;本公司能满足你的要求吗? 本公司的竞争对手能满足你的要求吗?

诸如此类的问题能够使物流服务的提供者和服务的接收者之间增加了解,供应商提供的服务能切实得到客户的认可,从而避免了投资的浪费并且可以赢得客户的信任。

二、分析当前服务和顾客要求的差距

了解了顾客的想法以后,物流公司必须找出他们当前的服务能力和实际要求之间的差距,这还包括采取什么步骤来满足特定的服务目标和了解竞争对手所提供的服务。

许多公司会认为顾客需求与他们提供的服务之间差距很小,调查之后,他们通常会发现自己曲解了顾客需求。当公司做出了改进服务的正确决定后,还必须认真分析服务水平的提高可能导致的成本支出情况、收益增加情况,以及有可能的风险,最后得出一个平衡点,也就是最终确定的服务水平。

除了显性的支出和收益,公司还会使顾客的忠诚度增加,也提高了竞争优势。公司要仔细权衡,才能确保收益超出成本。

三、制定物流服务组合

对顾客需求进行类型化之后,首先需要做的是针对不同客户群体制定出相应的物流服务基本方针,从而在政策上明确对重点顾客群体实现经营资源的优先配置。

此后,进入物流服务水准设定的预算分析,特别是商品单位、进货时间、在库服务率、特别附加服务等重要服务要素的变更会对成本产生什么样或多大的影响,这样,既可以使物流公司实现最大程度的物流服务,又能将费用成本控制在公司所能承受或确保竞争优势的范围之内。

在预算分析的基础上,结合对竞争企业服务水准的分析,根据不同的顾客群体制定相应的物流服务组合,这里应当重视在物流服务水准变更的状况下,企业应事先预测这种变更会对顾客带来什么样的利益,从而确保核心服务要素水准不能下降。

小贴士

提升客户满意度,建立忠诚的客户关系

物流企业只追求客户满意是不够的,必须提升客户的忠诚度。有关对美国汽车制造业的调查表明,客户满意度达 85%~95%,但其再次购买率仅为 40%,这表明客户满意并不意味着客户忠诚。

有专家估计,企业 65% 的销售来自于老客户,而发展一个新客户的费用平均是保留一个老客户所需费用的 6 倍。因此,建立忠诚的客户关系是物流企业减少总成本,获取竞争优势的重要途径。

就业能力实训

实训一:

(一)课题项目

CRM 在物流企业的应用。

(二)实践目的

了解客户服务在物流电子商务中的应用。

(三)实践要求

选择一个应用 CRM 管理有效的物流企业进行调查。

(四)实践环节

1. 阅读本章有关章节。

2. 拟订调查提纲。

3. 深入一个企业调查情况。

4. 检索相关资料。

（五）实践成果

要求学生完成实践总结报告。

实训二：

（一）课题项目

客户关系管理。

（二）实践目的

通过使用客户关系管理软件，学生知道如何简单录入客户信息和管理客户。

（三）实践要求

客户关系管理实际是一个较为复杂的问题，学生应结合软件与其他相关理论加以理解，才能熟练掌握。

（四）实训内容及实训过程

1. 实训内容

学会使用简单的客户关系软件。

2. 实训过程

（1）启动计算机，启动客户关系软件，如图 8-1 所示。

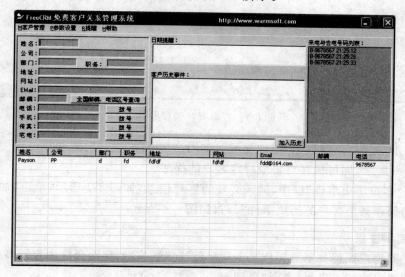

图 8-1　FreeCRM 免费客户关系管理系统

（2）单击"客户管理"菜单栏中的"增加"，进入增加客户资料界面录入客户资料，如图 8-2 所示，按照提示填写客户资料后，如图 8-3 所示。

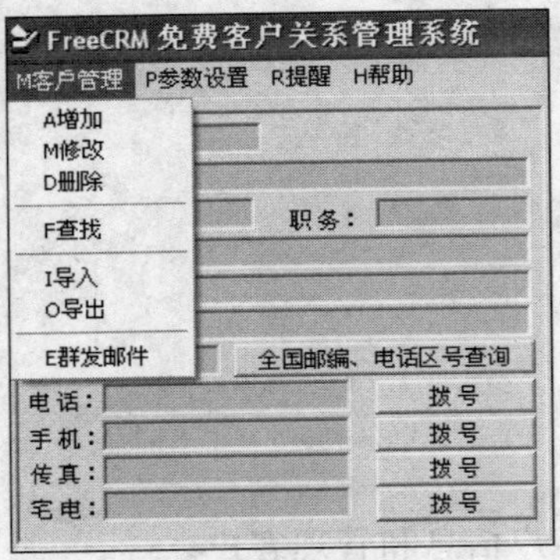

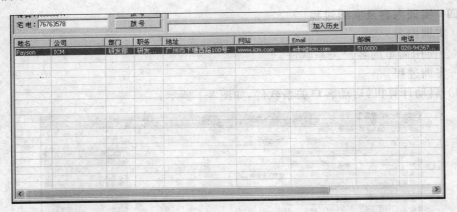

图 8-2　增加客户资料界面 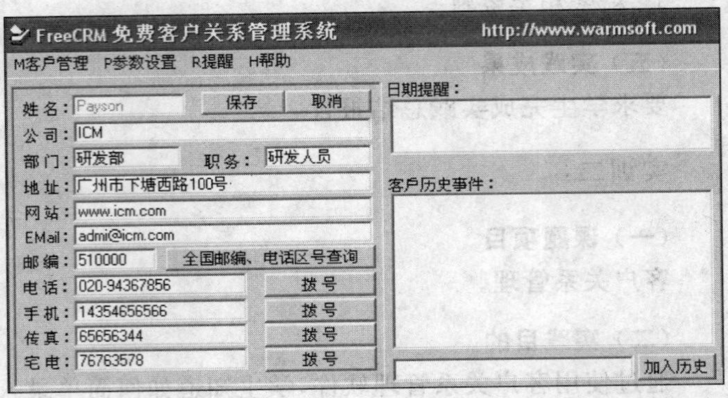　　　　　　图 8-3　客户资料填写界面

（3）资料填写完后，单击"保存"，系统将会自动把客户的资料保存至数据库中，如图 8-4 所示。

图 8-4　客户资料保存界面

（4）单击"提醒"菜单栏中"增加提醒"，如图 8-5 所示，填写时间和事件说明，单击"保存"，如图 8-6 所示，即可保存对每个特定客户的提醒。

（5）在"客户历史事件"框中，输入必要的客户信息，如图 8-7 所示，单击"加入历史"。系统将自动保存某个客户的历史事件资料，如图 8-8 所示。

（五）实训注意

客户关系管理课程并不是操作一个软件就能熟练掌握，里面牵涉内容繁多，希望同学们可以查阅更多的相关资料一起加以理解。

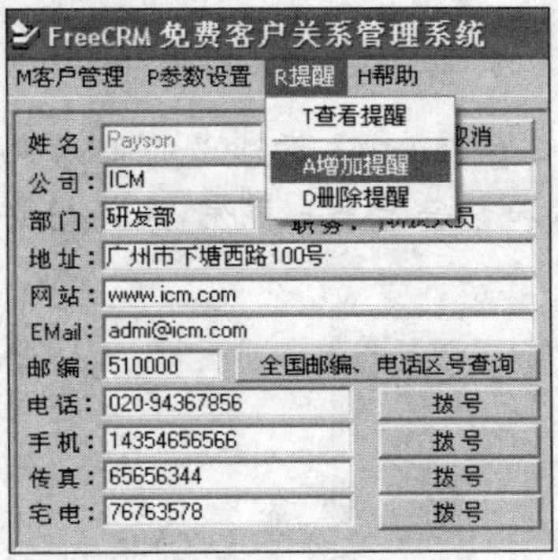

图 8-5　"增加提醒"按钮

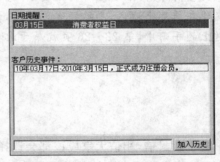

图 8-6　提醒日期输入界面

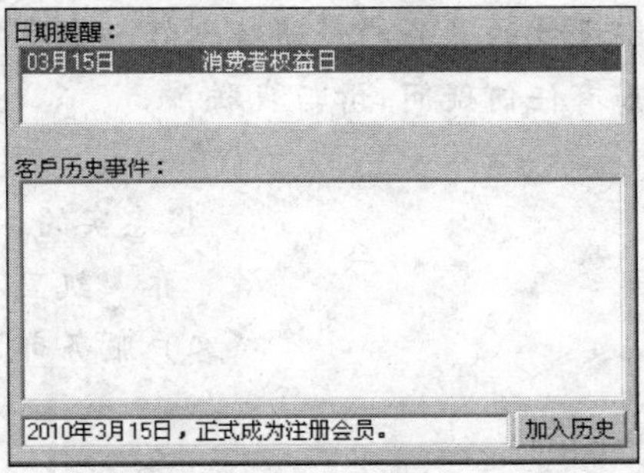

图 8-7　客户历史事件输入界面

图 8-8　客户历史事件保存界面

（六）实训练习

在软件上录入 3 条以上的信息。

实训三：

（一）课题项目

客户关系管理中的沟通技巧实训。

（二）实践目的

随着信息技术与客户关系管理的开展，越来越多的与客户的互动都是通过电子形式进行的，通过本实训让学生熟练掌握这种沟通形式。

（三）实训案例

美国某公司是一个专门生产海滩休闲用品的公司，该公司已经成功向英国的多家海滨城市的商店宣传和推销他们的产品，下面是该公司的员工起草的两种版本的销售信函，打算发给英国南部沿海的新客户。从客户关系管理的角度看，哪一封信更好，为什么？

［草稿1］

尊敬的客户：

希望您能喜欢我们前段时间给您的试销产品。夏日已经来临,贵店必将迎来大量的旅游者,也该考虑进货了吧。您是希望自己商店的橱窗和竞争对手一样呢,还是想要在销售旺季中脱颖而出?

此致

××公司

［草稿2］

尊敬的乔治先生：

上次我给您发去的试销太阳帽、T恤衫短裤,希望您喜欢。夏日已经来临,贵店必将迎来大量的旅游者,也该考虑进货了吧。您可能还需要订购与上次同类型的产品。我们还发现在您那个地区,高龄顾客比较多,专门为他们设计的产品的销路特别好。在我们随信送上的手册中,第22~26页就属于此类产品。如有任何疑问,请与我联系。

您忠实的,

乔·凯里

客户服务部

看了两封信,相信大家应该都会选择第二封信,因为:

(1) 信头称呼客户的名字而不是一个对谁都行的称呼;

(2) 称呼先生(此处假定该客户为男性)因为客户喜欢这种称呼;

(3) 试销产品订单信息相当详细;

(4) 署名是一个实实在在的人的签名;

(5) 总而言之,是直接针对这名顾客的。

(四) 实训内容及实训过程

海尔家电是我国著名品牌电器,在山东一直有着良好的销售市场。为了针对山东的目标购买群体宣传海尔的产品促销和服务理念,进一步提升海尔在山东地区的品牌知名度,扩大市场销售份额,海尔公司决定通过电子邮件向新老客户们再次宣传他们的产品,假如你是海尔的一名业务人员,请你起草一份能与客户互动沟通的邮件。

技能应用时间:1课时。

技能应用要求:在实验室完成。

技能应用方式:

(1) 每个学生写一封邮件,群发给老师和同学;

(2) 全班共同评选出5封写得比较好的邮件。

本章小结

物流业是服务性行业,物流企业必须采纳以客户为中心、为客户提供完美服务的经营理念。客户服务是企业强有力的竞争武器,客户服务在被有效的利用之后,它可以为企业带来有益帮助,可以帮助提高产品的市场占有率并同时增加公司的利润,保持客户忠诚度,可以为产品及其他服务带来创新。

推广客户关系管理对于物流企业来说是大势所趋,是企业生存发展、取得竞争优势的必备利器。制定完整的客户关系管理战略、细化客户关系管理程序、为客户提供量体裁衣式的服务,是未来物流企业生存发展的必由之路。

经典案例

中外运空运公司为摩托罗拉公司提供第三方物流服务特点

中外运空运公司是中国外运集团所属的全资子公司,下面是该公司为摩托罗拉公司提供第三方物流服务的特点。

1. 制定科学规范的操作流程

摩托罗拉公司的货物具有科技含量高,货价高,产品更新换代快,运输风险大,货物周转快以及仓储要求零库存的特点。

为满足摩托罗拉公司的服务要求,中外运空运公司从 1996 年开始设计并不断完善业务操作规范,并纳入了公司的程序化管理。对所有业务操作都按照服务标准设定工作和管理程序进行,先后制定了出口、进口、国内空运、陆运、仓储、运输、信息查询、反馈等工作程序,每位员工、每个工作环节都按照设定的工作程序进行,使整个操作过程井然有序,提高了服务质量,减少了差错。

2. 提供 24 小时的全天候服务

针对客户 24 小时服务的需求,实行全年 365 天的全年候工作制度,周六、周日(包括节假日)均视为正常工作日,厂家随时储货,随时有专人、专车提货和操作。在通信方面,相关人员从总经理到业务员实行 24 小时的通信畅通,保证了对各种突发性情况的迅速处理。

3. 提供门到门的延伸服务

普通货物运输的标准一般是从机场到机场,由货主自己提货,而快件服务的标准是从门到门、库到库,而且货物运输的全程在严密的监控之中,因此收费也较高。对摩托罗拉公司的普通货物虽然是按普货标准收费的,但提供的却是门到门、库到库的快件服务,这样既保证了摩托罗拉的货物的运输及时,又确保了安全。

4. 提供创新服务

从货主的角度出发,推出新的、更周到的服务项目,最大限度地减少货损,维护货主的信誉。

为保证摩托罗拉公司的货物在运输中减少被盗,在运输中间增加了打包、加固的环节;为防止货物被雨淋,又增加了一项塑料袋包装;为保证急货按时送到货主手中,还增加了手提货的运输方式,解决了客户的急、难问题,让客户感到在最需要的时候,外运公司都能及时快速地帮助解决。

5. 充分发挥外运的网络优势

经过 50 年的建设,中外运在全国拥有了比较齐全的海、陆、空运输和仓储、码头设施,形成了遍布国内外的货运营销网络,这是中外运发展物流服务的最大优势。通过中外运网络,在国内为摩托罗拉公司提供服务的网点已达 98 个城市,实现了提货、发运、对方派送全过程的定点定人,信息跟踪反馈,满足了客户的要求。

6. 对客户实行全程负责制

作为摩托罗拉公司的主要货运代理之一,中外运对运输的每一个环节负全责,即从货物由工厂提货到海、陆、空运输及国内外的一切配送等各个环节,负全责。对于出现的问题,积极主动协助客户解决,并承担责任和赔偿损失,确保了货主的利益。

资料来源:http://wenku.baidu.com/view/da037514866fb84ae45c8d7f.html

课后思考

❖ 客户关系管理在物流企业的经营中处于什么地位?

❖ CRM 是一种什么样的管理技术?

❖ 客户关系管理系统包括哪些主要内容?

❖ 制定物流客户服务策略有哪些步骤?

参 考 文 献

一、相关图书

[1]　张劲珊.网络营销实务[M].北京：电子工业出版社,2006.

[2]　中国物品编码中心.自动识别技术导论[M].武汉.武汉大学出版社,2007.

[3]　陈福集.物流信息管理[M].北京.北京大学出版社,2007.

[4]　葛晓敏.电子商务物流管理[M].北京：水利水电出版社,2007.

[5]　薛红.条码技术[M].北京：中国轻工业出版社,2008.

[6]　单玉峰.射频识别(RFID)原理与应用[M].北京：电子工业出版社,2008.

[7]　赵立群.计算机网络安全与管理[M].北京：清华大学出版社,2008.

[8]　张瑞君.财务管理信息化[M].北京：中信出版社,2008.

[9]　谢金龙.条码技术及应用[M].北京：电子工业出版社,2009.

[10]　王爱英.智能卡技术[M].北京：清华大学出版社,2009.

[11]　杨路明.客户关系管理理论与实务(第2版)[M].北京：电子工业出版社,2009.

[12]　张劲珊.物流信息技术应用[M].北京：清华大学出版社,2009.

[13]　杨永杰.物流客户管理[M].北京：中国劳动社会保障出版社,2009.

[14]　徐杰.采购管理[M].北京：机械工业出版社,2009.

[15]　董铁.电子商务[M].北京：清华大学出版社,2010.

[16]　燕春蓉.电子商务与物流[M].上海.上海财经大学出版社,2010.

[17]　张劲珊.网络营销操作实务(第2版)[M].北京：电子工业出版社,2010.

[18]　王广宇.客户关系管理(第2版)[M].北京：清华大学出版社,2010.

[19]　程永生.物流系统分析[M].北京：中国物资出版社,2010.

[20]　冯耕中.物流成本管理[M].北京：中国人民大学出版社,2010.

[21]　中国物品编码中心.物流标准汇编:物流基础、管理与服务卷[M].北京：中国标准出版社,2010.

[22]　任志刚.逆向物流网络选址优化策略研究[M].北京：中国社会科学出版社,2011.

二、推荐网站

[1]　全国物流信息管理标准化技术委员会 http://www.tc267c.org.cn

[2]　中国物流与采购联合会 http://www.chinawuliu.com.cn

[3]　信息化在线 http://it.mie168.com

[4]　中国快递网资讯中心 http://www.exdak.com

[5]　物流天下 http://www.56885.net/

[6]　中国物流联合网 http://www.un56.com

[7]　新物流 http://www.56new.cn

[8]　中国物流电子商务网 www.elogistics.com.cn

[9]　中国电子商务物流论坛 bbs.eyunshu.com

[10] 电子商务网 www.lusin.cn

[11] 环球物流网 www.global56.com

[12] 商务部网站 http://www.mofcom.gov.cn

[13] 中国应急物流网 http://www.cnel.cn

[14] 电子商务圈 http://www.ecsoo.com

[15] 中国物流网 www.china-logisticsnet.com

[16] 中国海关网 http://www.customs.gov.cn

[17] 中国物流与采购网 www.cflp.org.cn

[18] 110 法律咨询网：http://www.110.com